BREVE HISTÓRIA
DA JUSTIÇA

David Johnston

BREVE HISTÓRIA DA JUSTIÇA

tradução FERNANDO SANTOS

Esta obra foi publicada originalmente em inglês com o título
A BRIEF HISTORY OF JUSTICE
por Blackwell Publishing Limited
Copyright © David Johnston para texto
Copyright © 2018, Editora WMF Martins Fontes Ltda.,
São Paulo, para a presente edição.

Todos os direitos reservados. Este livro não pode ser reproduzido, no todo ou em parte, nem armazenado em sistemas eletrônicos recuperáveis nem transmitido por nenhuma forma ou meio eletrônico, mecânico ou outros, sem a prévia autorização por escrito do Editor.

1ª edição 2018
2ª tiragem 2020

Tradução *Fernando Santos*

Acompanhamento editorial *Márcia Leme*
Revisões *Marisa Rosa Teixeira e Letícia Braun*
Projeto gráfico *A+ Comunicação*
Edição de arte *Katia Harumi Terasaka*
Produção gráfica *Geraldo Alves*
Paginação *Studio 3 Desenvolvimento Editorial*
Projeto gráfico da capa *Katia Harumi Terasaka*

Dados Internacionais de Catalogação na Publicação (CIP)
(Câmara Brasileira do Livro, SP, Brasil)

Johnston, David
 Breve história da justiça / David Johnston ; tradução Fernando Santos. – São Paulo : Editora WMF Martins Fontes, 2018.

 Título original: A brief history of justice.
 ISBN 978-85-7827-922-6

 1. Justiça (Filosofia) – História 2. Justiça social – Filosofia I. Título.

17-03436   CDU-172.2

Índices para catálogo sistemático:
1. Justiça : Filosofia   172.2

Todos os direitos desta edição reservados à
Editora WMF Martins Fontes Ltda.
Rua Prof. Laerte Ramos de Carvalho, 133 01325-030 São Paulo SP Brasil
Tel. (11) 3293-8150 e-mail: info@wmfmartinsfontes.com.br
http://www.wmfmartinsfontes.com.br

Para

Charles E. Lindblom
Especialista Mentor Amigo

e para

os alunos e a equipe do curso
Introdução à Civilização Contemporânea

SUMÁRIO

Agradecimentos IX
Introdução 1
Prólogo: Do modelo clássico ao senso de justiça 7

1. A ESFERA DA JUSTIÇA 17

2. TELEOLOGIA E TUTELAGEM N'*A REPÚBLICA* DE PLATÃO 45

3. A TEORIA DA JUSTIÇA DE ARISTÓTELES 75

4. DA NATUREZA AO ARTIFÍCIO: DE ARISTÓTELES A
 HOBBES 107

5. O SURGIMENTO DA UTILIDADE 139

6. A TEORIA DA JUSTIÇA DE KANT 171

7. A IDEIA DE JUSTIÇA SOCIAL 201

8. A TEORIA DA JUSTIÇA COMO EQUIDADE 237

Epílogo: Da justiça social à justiça global? 271
Glossário de nomes 283
Notas 289
Índice remissivo 303

AGRADECIMENTOS

Este livro nasceu de um descontentamento há muito existente com o pensamento acadêmico contemporâneo a respeito da justiça e, especialmente, com o distanciamento existente entre esse pensamento e um senso de justiça que tem sido, e continua sendo, amplamente compartilhado por um grande número de culturas, desde os tempos imemoriais dos quais temos registros escritos. A fim de romper a bolha acadêmica em cujo interior o diálogo especializado tem se mantido pelo menos durante as últimas décadas, mergulhei nos últimos anos tanto em textos famosos como em textos relativamente obscuros, procurando recapturar as diversas percepções que motivaram as ideias de justiça das pessoas ao longo dos séculos. Espero que os resultados desse esforço joguem um pouco de luz sobre a ideia mesma de justiça e também revelem indícios para uma história das ideias, alguns dos quais foram esquecidos há muito tempo ou foram sumária e injustificadamente descartados.

Embora seja um livro sucinto, ele abrange um território considerável, especialmente do ponto de vista cronológico. A fim de tornar a narrativa e os argumentos tão acurados, claros e incisivos quanto possível com relação ao tema, tomei a liberdade de ouvir as opiniões de outras pessoas, das quais, consequentemente, en-

X · BREVE HISTÓRIA DA JUSTIÇA

contro-me devedor. Danielle Allen, Robert Goodin, Ira Katznelson, Jennifer Pitts, Thomas Pogge, Melissa Schwartzberg, Annie Stilz, Katja Vogt, Jeremy Waldron, Gareth Williams, Jim Zetzel e os membros do Seminário Colúmbia sobre Pesquisas do Pensamento Político e Social, especialmente Jerry Schneewind, todos leram e fizeram sugestões sobre pelo menos um capítulo do livro e, em alguns casos, até quatro. Essa ajuda permitiu que o livro se tornasse um produto muito melhor. Luke MacInnis fez sugestões para o Capítulo 6, Liz Scharffenberger ajudou a aprimorar minha compreensão de uma passagem do Capítulo 2, e Isaac Nakhimovsky auxiliou-me com o Epílogo. David London pediu que os alunos de seu curso expositivo sobre justiça que aconteceu no outono de 2009 na Universidade da Califórnia, *campus* de Berkeley, lessem os capítulos, dando-me, no final daquele semestre, um *feedback* útil e estimulante.

Wendy Johnston leu cada capítulo à medida que ia ficando pronto; suas opiniões colaboraram bastante para a clareza do resultado final. Bryan Garsten dispôs generosamente de seu tempo, lendo o manuscrito todo quando ele estava quase completo e oferecendo sugestões valiosas que contribuíram significativamente para a qualidade do livro. Agradeço também os relatórios que me foram enviados por dois leitores não identificados da Wiley-Blackwell; ambos me estimularam bastante e deram opiniões que me ajudaram a aperfeiçoar o manuscrito. Katherine Johnston revisou o texto inteiro comigo.

Gostaria de agradecer também a Nick Bellorini, o editor da Wiley-Blackwell que me convenceu a escrever este livro e trabalhou comigo nas etapas iniciais do projeto; e Jeff Dean, que contribuiu, de maneira atenciosa e eficaz, para que o projeto fosse concluído. Andreas Avgousti deu um auxílio valioso na pesquisa, além de sugestões úteis e uma grande ajuda na preparação das notas e do glossário. Sou imensamente grato pela ajuda que Elisa Maria Lopez ofereceu, reunindo e organizando o material para a edição e correção final do manuscrito e das notas. Manuela Tecusan ofereceu um auxílio bastante valioso na edição final do texto, propondo correções e acréscimos importantes ao texto, pelos quais lhe sou muito grato. Também quero manifestar meu agradecimento ao Fundo Warner dos Seminários Universitários da Universidade de Colúmbia, pelo apoio à publicação. Material presente nesta obra foi apresentado no Seminário Universitário sobre Pesquisas do Pensamento Político e Social.

Durante os últimos oito anos tive o privilégio de servir como diretor e presidente do Conselho Administrativo da Associação de Pares nas Humanidades da Universidade de Colúmbia. A Associação e o Centro Heyman, onde ela está abrigada, proporcionaram um ambiente para conceber e escrever este livro como poucos em termos de coleguismo e estímulo intelectual. Gostaria de agradecer também ao grande número de alunos e assistentes de ensino que têm passado maus bocados com meu curso expositivo sobre justiça desde que comecei a oferecê-lo, na primavera de 2001. Eu não teria conseguido escrever este livro se não tivesse tido a oportunidade de lidar antes, ali, com muitas das ideias, de forma inacabada e experimental.

Minha dívida maior não está relacionada especificamente ao tema deste livro. Desde o início de minha carreira como professor, Ed Lindblom tem me estimulado e apoiado firmemente, além de ter me orientado bastante de maneira direta. Acima de tudo, ele tem me servido de exemplo como uma das mentes mais admiráveis, perspicazes e obstinadas que eu conheço. Ninguém me ensinou mais do que ele. Também devo muito aos alunos e ao corpo docente do curso Introdução à Civilização Contemporânea, da Faculdade de Colúmbia. Por quase um século, esse curso

XII · BREVE HISTÓRIA DA JUSTIÇA

tem aberto os olhos de inúmeros professores e alunos para questões relacionadas à justiça, e eu tenho sido o beneficiário de sua generosidade intelectual por mais de um quarto desse período. Dedico o livro a estes dois últimos modelos de excelência.

INTRODUÇÃO

Há muitos anos que os especialistas têm retratado, de maneira persistente, praticamente todas as ideias sobre justiça em um de dois continentes. Segundo essa cartografia, o território utilitarista é habitado por pontos de vista que estipulam uma meta e deduzem um conceito de justiça dessa meta ou objetivo, normalmente especificando um conjunto de princípios, regras e instituições que, espera-se, sejam úteis para sua realização. A meta mais comentada nos últimos tempos tem sido a maximização da felicidade. Essa meta está formalizada no princípio de utilidade (ou princípio da maior felicidade), que é a ideia central da tradição utilitarista clássica. Embora o rótulo "utilitarista" seja aplicado a esse continente em reconhecimento ao predomínio recente dessa escola de pensamento, a terra também é habitada por inúmeras outras escolas, dedicadas a variações sobre esse tema ou a objetivos que são completamente diferentes dele.

O continente "deontológico" (no jargão da filosofia moral moderna) é o outro único território reconhecido. A categoria dos pontos de vista deontológicos está unida pela convicção de que a justiça é uma questão de deveres precisos que não podem ser sobrepujados por nenhuma outra consideração, nem mesmo pelo propósito de alcançar objetivos altamente desejáveis. O raciocínio

2 · BREVE HISTÓRIA DA JUSTIÇA

rudimentar de onde brota esse conjunto de pontos de vista é que algumas coisas são *corretas*, sejam elas *boas* ou não.

Embora os principais pontos de vista identificados por essa divisão tenham linhagens relativamente longas, a noção de que todas as ideias significativas acerca da justiça podem ser representadas como encarnações de um desses dois tipos não vai além do final do século XVIII, quando as duas principais tradições da filosofia moral moderna – a utilitarista e as escolas kantianas – adquiriram as identidades distintas que mantiveram, com notável coesão, desde aquele período de formação.

Essa representação geográfica de ideias a respeito da justiça omite, ou mesmo esquece, os 4 mil anos precedentes de reflexão sobre o tema. Ela é, de fato, espantosamente a-histórica. Mais preocupante ainda é que esse mapeamento nega o reconhecimento de um conjunto de ideias e percepções acerca da justiça que tem sido amplamente compartilhado por muitas pessoas que não são intelectuais profissionais (assim como por muitas que são) ao longo da história escrita e no interior de numerosas culturas. Falta um continente inteiro na geografia de ideias a respeito da justiça que é normalmente transmitida e recebida por meio da comunidade contemporânea de especialistas.

Meu principal objetivo neste trabalho é oferecer um mapa conciso e acurado das principais ideias sobre justiça que capturaram a imaginação das pessoas no mundo "ocidental" no decorrer de sua história escrita. O mais antigo e, é provável, mais amplamente defendido entendimento de justiça não se concentra numa meta abrangente da qual os princípios e regras de justiça supostamente devam se originar, nem numa concepção do correto e num conjunto de deveres inegociáveis que derivam dela – mas nas características das relações entre as pessoas. Esse entendimento tem origem no conceito de reciprocidade, um conceito que, sendo su-

INTRODUÇÃO · 3

ficientemente maleável, pôde ser modelado e enriquecido ao longo dos séculos, tornando-se um conjunto considerável de concepções elaboradas de justiça, mas que conserva um significado central que une todas essas concepções como membros de uma única família ampliada de ideias.

Espero, mais adiante, dar ao leitor alguns motivos para acreditar que vale a pena restabelecer uma concepção de justiça cujo foco é a natureza das relações entre as pessoas – em vez de uma única meta predominante ou um conjunto de deveres rígidos – como uma alternativa louvável às duas abordagens que, tomadas em conjunto, dominaram as discussões acadêmicas sobre a justiça durante as últimas gerações. Não pretendo sugerir que as concepções particulares de justiça como reciprocidade, que desempenharam o papel de maior destaque na história das ideias antes de nossa era, possam, sem que sejam modificadas, servir de guias confiáveis para resolver os enigmas existentes acerca da justiça no mundo de hoje. Se pretendem dar uma contribuição construtiva às reflexões e ações que irão moldar o nosso futuro, elas precisam ser revistas. No entanto, para reconstruir uma concepção de justiça com foco na natureza das relações entre pessoas que possa desempenhar um papel significativo na conformação de nossas ideias, primeiro precisamos recuperar algumas das ferramentas intelectuais a partir das quais antigas concepções foram adaptadas, escrutinando seus pontos fortes e fracos na esperança de que seremos capazes de adaptar ideias sobre justiça que nos sejam úteis. Nesse sentido, o presente livro é, ao mesmo tempo, uma tentativa de recuperação e um levantamento do passado.

Ao longo desta investigação, perceberemos que, durante os primeiros 1500 anos – ou mais – de história escrita, as ideias dos seres humanos a respeito da justiça basearam-se, em grande medida, no conceito de reciprocidade – uma interpretação que Platão

4 · BREVE HISTÓRIA DA JUSTIÇA

combateu e que procurou substituir por uma concepção de justiça nova e teleológica (isto é, voltada para um objetivo). Da época de Platão em diante, a história das ideias acerca da justiça tem sido marcada por uma constante tensão entre interpretações baseadas na reciprocidade e teorias teleológicas que têm sido desenvolvidas com o propósito de derrotar essas interpretações.

Também perceberemos que duas inovações momentosas do pensamento que apareceram primeiramente nos tempos antigos – mas que só se tornaram predominantes na era moderna – transformaram de maneira decisiva o panorama das ideias a respeito da justiça ao longo dos últimos séculos. Essas inovações são a noção de que os seres humanos são capazes de remodelar seus mundos sociais de modo a deixá-los de acordo com seus projetos intencionais – uma noção que parece ter surgido primeiro entre os sofistas de Atenas, no século V a.C. – e a ideia de que todos os seres humanos têm o mesmo valor, cuja origem é a tradição estoica da filosofia antiga, a qual se espalhou de maneira bastante gradual, principalmente por meio das conquistas do movimento cristão. Também teremos a oportunidade de observar que essas duas inovações – consideradas junto com o *insight* de que praticamente toda a riqueza gerada nas sociedades modernas é um produto social, em vez de uma simples agregação dos produtos dos indivíduos considerados isoladamente (um *insight* que se identifica de maneira muito próxima com Adam Smith) – levaram à formulação da ideia moderna de justiça social. Durante uns dois séculos, essa ideia teve um papel fora do comum nas opiniões a respeito da justiça.

Ninguém está mais consciente das limitações deste estudo do que eu. Não me estendo muito sobre a justiça estritamente legal, que é a forma mais evidente com a qual as pessoas normalmente se deparam com algo parecido com justiça na vida diária.

INTRODUÇÃO · 5

Além das restrições de espaço, o motivo dessa omissão é que não estou convencido de que a comparação entre justiça estritamente legal e justiça seja menos desfavorável à primeira do que a comparação geral entre música militar e música. Pode ser que, em condições ideais, a justiça legal leve, com certa regularidade, a resultados relativamente justos, mas não é isso que tem ocorrido, ao longo dos séculos, na maioria dos sistemas legais de que temos conhecimento. Também não me detenho muito no ceticismo a respeito da justiça que podemos encontrar na tradição filosófica, da voz de Trasímaco (tal como foi descrito por Platão em *A república*) aos textos de Nietzsche e de outros. Embora conceba o estudo em parte como uma resposta a esse ceticismo, pareceu-me que a melhor maneira de moldar a resposta seria apresentar as afirmações positivas sobre justiça que foram articuladas ao longo dessa tradição do modo mais compreensível que eu pudesse. A visão cética baseia-se numa deturpação do conhecimento que se esquece que, embora a ideia de justiça seja uma ferramenta criada e aperfeiçoada pelos seres humanos, ela, assim como outras ferramentas, não é infinitamente maleável e não pode ser reinventada para assumir qualquer forma que se deseje, ao menos se quisermos que ela execute o tipo de tarefa para a qual foi criada. Concedo o que alguns podem considerar um espaço e uma atenção exagerados a um punhado de pensadores "canônicos" ou "importantes", e só um pouco de espaço e atenção ao contexto de suas ideias e às ideias de outros que recentes tratamentos clássicos da história da filosofia política consideram menos eminentes. Não tive receio de distribuir minha atenção dessa maneira porque acredito que os autores nos quais resolvi me concentrar expressam os principais métodos de pensamento acerca da justiça com pelo menos a mesma integridade e clareza que se poderia encontrar em qualquer outra seleção. Como acredito que algumas eras foram

6 · BREVE HISTÓRIA DA JUSTIÇA

muito mais fecundas do que outras no que se refere às ideias a respeito da justiça, não fiz nenhuma tentativa de ser imparcial com relação a períodos da história do pensamento político. Limitei minha atenção às ideias "ocidentais" (incluindo, no entanto, o pensamento dos antigos babilônios, que se apropriaram bastante do legado de assírios e sumérios que os precederam, e o dos antigos israelitas). Minhas únicas desculpas para essa falha são o número limitado de palavras com o qual concordei quando me comprometi com este estudo, o formato da coleção da qual este livro faz parte e, de longe o mais importante, minha competência limitada.

Apesar dessas limitações, espero que este estudo seja considerado de algum interesse e utilidade. Pois, não obstante suas inúmeras omissões, a história que ele conta revela um conjunto de ideias acerca da justiça que é tão significativo quanto desprezado – ideias cujo estudo pode possibilitar que, futuramente, nós formulemos problemas a respeito da justiça de modo mais construtivo do que temos sido capazes de fazer pelo menos durante as últimas duas ou três gerações.

PRÓLOGO

DO MODELO CLÁSSICO AO SENSO DE JUSTIÇA

É frequente pressupormos que as ações das pessoas procuram, invariavelmente, promover seus próprios interesses. Esse pressuposto influencia a percepção que temos tanto das figuras públicas como de nossos conhecidos do dia a dia. Quando percebemos uma conduta difícil de explicar, em geral supomos que, se ela for examinada mais detalhadamente, veremos que existem motivos egoístas por detrás. Acreditamos que os políticos e as celebridades são movidos pelo desejo de obter vantagens pessoais na forma de riqueza ou de fama – ou ambas –, e vemos com desconfiança as declarações de que esses personagens são motivados principalmente pelo interesse no bem comum ou por outros objetivos altruístas. Filósofos e cientistas sociais têm apresentado afirmações impressionantes a respeito do pressuposto do egoísmo. Na obra mais elogiada de filosofia política jamais escrita em inglês, Thomas Hobbes declarou que, "dos atos voluntários de cada homem, o propósito é algum *Bem para si próprio*"[1]. Cento e vinte e cinco anos depois, no livro que é amplamente considerado a obra fundadora da verdadeira tradição da ciência econômica, Adam Smith proclamou:

> Não é da bondade do açougueiro, do cervejeiro ou do padeiro que esperamos nosso jantar, mas da consideração que eles têm

8 · BREVE HISTÓRIA DA JUSTIÇA

com seu próprio interesse. Não nos dirigimos à sua humanidade, mas a seu amor-próprio, e nunca falamos com eles a respeito de nossas próprias necessidades, mas das vantagens deles.[2]

Autores recentes seguiram a mesma linha. Richard Alexander, por exemplo, ao escrever sobre a biologia evolutiva, defende que não entenderemos o comportamento humano se não compreendermos que as sociedades são "conjuntos de indivíduos que buscam seu próprio interesse"[3] – uma afirmação que repete a proclamação anterior de Richard Dawkins, no mesmo campo de pesquisa, de que "nascemos egoístas"[4].

Na época atual, o pressuposto do egoísmo foi aprimorado de modo significativo por autores que perceberam que os interesses de alguém podem abranger objetivos que estão além de seu próprio bem-estar individual. Essa observação é fundamental para a teoria da escolha racional – uma ampla corrente de pensamento que assumiu, nos últimos anos, papel central numa área das ciências sociais. De acordo com essa teoria, o comportamento individual pode ser mais bem explicado recorrendo-se a três fatores: os objetivos que o indivíduo determina de forma subjetiva, sejam eles quais forem[5], incluindo o modo pelo qual ele os compara ou classifica entre si; o conjunto de alternativas disponíveis para o indivíduo; e a estrutura causal da situação que o indivíduo enfrenta. A ação racional para dado indivíduo em qualquer situação particular, então, é definida como a ação que mais bem alcance os objetivos do indivíduo, quaisquer que sejam eles.

O pressuposto do egoísmo, tal como aperfeiçoado na moderna teoria da escolha racional, é a característica principal daquilo que se tornou o modelo clássico do comportamento humano. Defensores sérios da teoria da escolha racional admitem que as ações humanas nem sempre são racionais. Uma quantidade de fatores pode promover a irracionalidade. Às vezes os objetivos do indivíduo podem não estar claramente definidos, ou podem não estar ordenados de maneira clara e coerente, de tal forma que ele é incapaz de classificá-los ou compará-los de modo lógico um com o outro. Ou as crenças do indivíduo acerca das alternativas disponíveis ou da estrutura causal da situação podem ficar distorcidas por meio de processos irracionais como o autoengano e a identificação dos desejos com a realidade. As pessoas também podem se comportar de maneira irracional como resultado do preconceito no modo como elas coletam indícios a respeito de fatos que pesam em sua tomada de decisão. Mesmo que elas *pretendam* as ações favoreçam seus objetivos, essas ações podem não ser planejadas da maneira ideal para fazê-lo. Se as ações não conseguem ser planejadas da maneira ideal que favoreça os objetivos da pessoa, elas são irracionais, segundo o modelo clássico.

O fato de que as pessoas agem às vezes com a intenção de beneficiar os outros, um pouco em detrimento da capacidade de alcançar seus próprios objetivos, e de que o fazem de um modo que parece racional do ponto de vista do senso comum, eis aí uma verdade que podemos considerar levemente embaraçosa para o modelo clássico. Aqui está um exemplo. Numa experiência, cobaias humanas foram informadas de que elas estavam formando dupla com um parceiro (que, na verdade, era fictício); em seguida, pediram-lhes que realizassem uma tarefa simples num ambiente industrial, enquanto seus "parceiros" desempenhavam a mesma tarefa num lugar diferente. Após terminar a tarefa que lhes fora determinada, as cobaias foram informadas de que seus parceiros tiveram a possibilidade de repartir seu pagamento comum de $3 (essa experiência foi conduzida há alguns anos). Também lhes disseram que elas e seus parceiros haviam tido o mesmo desempenho. Então, as cobaias foram levadas a acreditar que, do total de $3, seus parceiros haviam repartido com elas $1, $1,50 ou $2, guardando o resto do dinheiro para eles.

10 · BREVE HISTÓRIA DA JUSTIÇA

Após tomarem conhecimento da repartição, pediu-se que as cobaias respondessem a uma série de perguntas a respeito da maneira como elas se sentiam (alegres, agradecidas, culpadas etc.), como se sentiam com relação a seus parceiros, quão justa era a repartição, e assim por diante. Os resultados revelaram um padrão evidente. As cobaias ficavam mais felizes e gostavam mais de seus parceiros quando recebiam $1,50, que elas acreditavam ser um pagamento equitativo, tendo em vista seu desempenho. Não ficavam tão felizes quando recebiam $2, que entendiam ser uma compensação excessiva, e menos felizes ainda quando recebiam só $1, que julgavam ser menos do que mereciam. Parece que as cobaias humanas dessa experiência foram afetadas por dois motivos: o desejo de atuar tão bem quanto pudessem em prol delas próprias *e* o desejo de que as remunerações conjuntas fossem repartidas de maneira justa entre elas e seus parceiros. As cobaias preferiam receber $2 em vez de $1 porque elas preferiam atuar tão bem quanto pudessem em prol de si mesmas. No entanto, preferiam receber $1,50 em vez de $2 porque consideravam injusta a quantia maior de retribuição, mesmo que fossem elas as beneficiadas pela injustiça[6].

Temos aqui outro exemplo. Num levantamento sobre as gorjetas que eram dadas nos restaurantes, foram feitas duas perguntas às pessoas, cujas respostas são apresentadas aqui de maneira agregada (observem que esse levantamento foi realizado na década de 1980, quando o preço das refeições nos restaurantes era mais baixo do que é hoje):

PERGUNTA 1. Se o serviço for satisfatório, quanto de gorjeta você acha que as pessoas deixam após terem pedido uma refeição que custa $10 num restaurante ao qual elas vão com frequência?

RESPOSTA MÉDIA: $1,28

PERGUNTA 2. Se o serviço for satisfatório, quanto de gorjeta você acha que as pessoas deixam após terem

PRÓLOGO · 11

pedido uma refeição que custa $10 num restaurante ou numa viagem para outra cidade a que elas nunca mais esperam voltar?

RESPOSTA MÉDIA: $1,27

Os entrevistados que responderam a essas duas perguntas parecem acreditar que as probabilidades de que o comportamento com relação à gorjeta possa ser recompensado na forma de um serviço excepcionalmente solícito ou sofra uma retaliação embaraçosa por meio de um garçom enraivecido não têm praticamente nenhuma influência no comportamento das pessoas com relação à gorjeta. Suas respostas tendem a apoiar o senso comum de que esse comportamento é guiado por um sentimento de retribuição justa por um serviço de qualidade, sem levar em conta qualquer vantagem que possa advir no futuro para a pessoa que dá (ou recusa) uma gorjeta[7]. Essas descobertas são reforçadas por uma leva de experiências mais recentes baseadas na teoria dos jogos. Um conjunto de jogos contendo diversas variáveis (um exemplo é o chamado "jogo da confiança") reproduz situações da vida real em que pessoas transferem coisas entre si numa ordem sequencial, sem que exista algum verdadeiro mecanismo de coação que evite que elas "trapaceiem", recusando uma transferência que outro jogador teria como prever. Apesar da presença de estímulos à trapaça, o padrão geral nesses jogos é que a maioria dos jogadores faz as transferências esperadas, as quais beneficiam outros jogadores à custa de certo prejuízo para o jogador que faz a transferência. Esse padrão de comportamento é chamado às vezes de "recompensa altruísta". Ele é complementado por um padrão chamado "punição altruísta", demonstrado em outro conjunto de jogos dos quais o mais conhecido é o "jogo do ultimato". O padrão geral de resultados nesses jogos mostra que muitas pessoas – em alguns casos,

12 · BREVE HISTÓRIA DA JUSTIÇA

a maioria – estão dispostas a punir outros jogadores por um comportamento que elas entendem ser desleal; e que elas agem assim mesmo tendo de pagar um preço por isso, e mesmo quando a atividade vista como desleal foi infligida a uma terceira parte que não o jogador que aplica a punição. Essas experiências deixam claro que às vezes as pessoas agem de uma maneira que não visa a promover seus próprios interesses. Na verdade, uma taxa relativamente alta de pessoas deixa de lado seus interesses e se mostra disposta a incorrer em prejuízo a fim de agir de modo correto ou de punir outros que ajam incorretamente[8].

Esses padrões também ficam evidentes em muitas circunstâncias normais e extraordinárias da vida real. Todos sabem que as pessoas às vezes fazem o impossível para se vingar, em prejuízo próprio, nos casos em que os indivíduos as ofenderam ou agiram de forma clamorosamente injusta contra elas ou contra outros. De maneira semelhante, algumas pessoas (embora, talvez, não muitas) se arriscaram seriamente e fizeram grandes sacrifícios para ajudar os outros, incluindo estranhos, nos casos em que estes últimos se encontravam em perigo ou haviam se tornado vítimas de injustiça[9].

A disposição de se sacrificar a fim de agir corretamente ou de punir outros por agirem incorretamente varia muito de pessoa para pessoa[10]. Do mesmo modo, a percepção do que constitui a equidade parece variar de maneira significativa entre as culturas[11]. No entanto, apesar das diferentes interpretações de equidade, a sensibilidade a considerações a respeito dela parece ser onipresente. O modelo clássico de comportamento humano sofre de uma carência sistemática: não consegue explicar o comportamento em situações nas quais a equidade é uma característica evidente.

É óbvio, então, que os seres humanos se comprometem muito mais com um comportamento pró-social (um comportamento que beneficia os outros, às vezes em detrimento daqueles que o

PRÓLOGO · 13

assumem) do que o modelo clássico nos levaria a prever. O comportamento pró-social não é exclusivo dos seres humanos[12]. Não obstante, eles também fazem avaliações e emitem opiniões a respeito da justiça ou da equidade de seu próprio comportamento e do comportamento dos outros, opiniões essas que supostamente moldam ou canalizam seu comportamento pró-social de maneiras distintas. Parece que a capacidade de ser motivado por avaliações e opiniões acerca da equidade que transcendam, ou pareçam transcender, aquilo que os indivíduos consideram ser seu interesse está fora do alcance do modelo clássico de comportamento humano.

Podemos comparar as avaliações e as opiniões a respeito da justiça e da equidade com as avaliações e as opiniões sensatas. Se eu considerar que, para manter meu bem-estar no longo prazo, é prudente que eu siga uma dieta nutritiva e pratique exercícios regularmente, essa é uma opinião sensata. Igualmente, se eu decidir apoiar a aspiração de minha filha em seguir uma carreira na área de música pagando pelas aulas, essa decisão estará baseada num raciocínio sensato. Conclusões e decisões desse tipo são sensatas porque se baseiam em objetivos que são incertos. Nossa vida está cheia de ocasiões que exigem avaliações sensatas a respeito de todos os tipos de assunto. Muitos desses assuntos são banais: devo ouvir música agora, e, caso decida que sim, que música eu provavelmente apreciaria mais? Outros são significativos: com quem devo me casar (se quiser me casar)? Apesar da variedade, as avaliações sensatas têm em comum o fato de que os objetivos à luz dos quais nos envolvemos com elas dependem das metas e prioridades que possamos ter, metas e prioridades essas que uma outra pessoa pode não compartilhar conosco.

Em comparação, as avaliações e as opiniões acerca da equidade baseiam-se, em última análise, em padrões que os seres hu-

14 · BREVE HISTÓRIA DA JUSTIÇA

manos constroem, de maneira bastante diversa daquela em que eles refletem sobre os objetivos incertos. Normalmente, acreditamos que os critérios fundamentais que estão por trás das opiniões a respeito da equidade deveriam ser compartilhados por todos. Também acreditamos que as prescrições de conduta baseadas nesses critérios deveriam, ao menos em alguns casos importantes, ter precedência sobre as, ou "passar na frente" das, prescrições baseadas em opiniões sensatas. É claro que as pessoas geralmente discordam quanto aos critérios que estão por trás das opiniões sobre a equidade. Mas o fato de elas discordarem a respeito desses critérios é compatível com o fato de elas os considerarem objetivamente válidos (no sentido de que não dependem das metas subjetivas dos indivíduos). As pessoas discordam o tempo todo a respeito de questões objetivas, incluindo questões factuais. Na verdade, a própria discordância tem como premissa o pressuposto de que existe uma questão objetiva acerca da qual é possível discordar. Na falta desse pressuposto, as pessoas não encaram suas diferenças como discordâncias, mas como meras divergências de opinião ou gosto.

A capacidade de se comprometer com avaliações a respeito de questões de justiça ou de equidade e de ser influenciado por opiniões sobre essas questões é conhecida como a capacidade de senso de justiça. Faz tempo que a capacidade de senso de justiça tem sido associada à capacidade de linguagem, e ambas têm sido geralmente consideradas típicas dos seres humanos. Em *Política*, Aristóteles apresenta o seguinte argumento:

> A natureza, como gostamos de afirmar, não cria nada sem um propósito, e o homem é o único animal dotado de fala [...] O objetivo da fala [...] é demonstrar vantagem e desvantagem e, portanto, justiça e injustiça também. Pois a característica que diferencia o homem de todos os outros animais é que só ele é capaz de discernir entre bem e mal, justiça e injustiça, e assim por diante.[13]

O filósofo do século XVII Thomas Hobbes também acreditava que a capacidade de senso de justiça é típica do ser humano, e ele a associava à linguagem:

> É verdade que alguns seres vivos, como abelhas e formigas, vivem socialmente entre si [...] e, no entanto, sua única orientação vem de suas opiniões e desejos particulares; nem fala, por meio da qual um deles possa expressar ao outro o que considera útil para o bem comum: e, portanto, algum homem talvez deseje saber por que a espécie humana não pode fazer o mesmo. A que eu respondo [...] [entre outras coisas, que] seres irracionais não são capazes de diferenciar injúria de dano; e, portanto, enquanto estiverem despreocupadas, não se sentem ofendidas por seus semelhantes [...][14]

Embora no conjunto de sua obra Aristóteles enfatize que a capacidade de senso de justiça torna possível compartilhar, de forma substancial, normas e critérios, enquanto Hobbes chama a atenção para o fato de que a discordância acerca desses critérios cria ocasiões de conflito, ambos concordam que a capacidade de senso de justiça é típica dos humanos, que ela está associada à igualmente típica capacidade de linguagem, e estando essa capacidade entre os principais atributos das sociedades humanas.

Apesar de questões relacionadas às origens tanto da linguagem como do senso de justiça terem alimentado durante séculos as especulações, não temos nenhuma interpretação aceitável dessas origens, principalmente porque os indícios aos quais podemos recorrer para provar ou refutar qualquer interpretação são pré-históricos e extremamente incompletos. Uma hipótese recente sugere que, à medida que as sociedades hominídeas se ampliavam e se tornavam mais complexas, a capacidade de linguagem pode ter evoluído em resposta à necessidade de que houvesse um modo barato de transmitir estimativas acerca da confiabilidade

16 · BREVE HISTÓRIA DA JUSTIÇA

de cuidar dos parceiros e de outros assuntos semelhantes[15]. Embora essa hipótese pareça interessante e seja compatível com a pequena quantidade de evidências relevantes que possuímos, ela está longe de ser convincente. Consequentemente, não podemos explicar como as capacidades paralelas de linguagem e de senso de justiça se desenvolveram nos humanos. Se algum dia conseguirmos obter uma interpretação convincente dessas origens, ela irá constituir o primeiro capítulo de alguma futura história das ideias a respeito da justiça. Pois é com a aquisição da capacidade de senso de justiça que nossa história idealmente começaria. Na falta de tal interpretação, devemo-nos contentar com a observação de que a história das ideias acerca da justiça começa com a capacidade de senso de justiça firmemente instalada dentro do repertório de atributos humanos. Felizmente, possuímos, de fato, sólidas evidências de ideias a respeito da justiça que remontam a milhares de anos, aos tempos da escrita pré-alfabética. Podemos iniciar nossa história, então, dando uma olhada em alguns dos mais antigos documentos escritos da história humana.

CAPÍTULO 1

A ESFERA DA JUSTIÇA

Da perspectiva favorável do século XXI, ideias antigas a respeito da justiça são surpreendentes por dois motivos importantes. Primeiro, os textos antigos que chegaram até nós revelam uma preocupação com a desforra e, em alguns casos, com a vingança desmesurada, que perturba os leitores de hoje. Segundo, as fontes antigas aceitam, invariavelmente, estruturas rígidas de poder, posição social e riqueza como encarnações de uma ordem política e social justa. Os compromissos com a liberdade e a igualdade que são amplamente compartilhados nas regiões do mundo profundamente moldadas pelo pensamento europeu não são encontrados em lugar nenhum, pelo menos nas fontes mais antigas.

O registro de ideias a respeito da justiça remonta a muitos séculos antes das origens da filosofia, que foi uma invenção grega. Dos diversos reinos que existiram outrora na antiga Mesopotâmia – entres eles Assíria, Acádia, Suméria e a própria Babilônia (na qual os territórios da Acádia e da Suméria se fundiram) – foram preservadas coletâneas de leis que datam do final do terceiro e do início do segundo milênio a.C. Semelhanças entre essas fontes apresentam uma forte evidência da existência, no terceiro milênio, de um direito consuetudinário mesopotâmico comum que superava as divisões políticas. A mais extensa dessas coletâneas é

18 · BREVE HISTÓRIA DA JUSTIÇA

o direito babilônico, às vezes conhecido como Código de Hamurábi, embora ele se pareça mais com uma série de emendas à lei consuetudinária da Babilônia ou com um conjunto de normas do que com um código ou uma coletânea de estatutos.

As normas legais compiladas no Código de Hamurábi são precedidas de um prólogo, redigido num estilo semipoético, e seguidas de um epílogo no mesmo estilo, os quais louvam o papel de Hamurábi como promulgador das leis e exortam o leitor a conservá-las para a posteridade. Embora Hamurábi diga que foi designado pelos deuses para ser o legislador da Babilônia, ele (ou o escritor que se apresenta como Hamurábi) declara ter escrito ele próprio as leis em vez de tê-las recebido de um deus. O prólogo afirma que os deuses Anu (chefe do panteão) e Ellil (diretor-geral do panteão)

> Deram-me o nome de Hamu-rabi,
> o reverente príncipe temente a Deus,
> para fazer que a justiça aparecesse na terra,
> para destruir o mal e o perverso
> de tal forma que o forte não oprima o fraco,
> para erguer-se, na verdade, como o sol sobre o povo de cabelo
> negro
> para trazer luz à terra.[16]

Percebemos aqui, claramente, temas que podem ser encontrados em textos sobre a justiça durante o terceiro, segundo e primeiro milênios a.c. ao longo de todas as terras que foram descritas como o Crescente Fértil. A palavra "justiça" (*mi-ša-ra-am*) e suas variantes perpassam pelo prólogo e pelo epílogo. O propósito fundamental da justiça é evitar que o forte oprima o fraco. E o principal instrumento para realizá-lo é a ameaça de uma violenta desforra, dirigida àqueles que possam tirar partido dos fracos.

Essa representação do propósito da justiça pode dar a impressão de, no mínimo, acenar na direção das preocupações igualitárias que são familiares às atuais concepções de justiça social. Na verdade, ela não faz nada disso. O conceito de justiça social – embora não se encontre completamente fora de lugar, a frase é anacrônica neste contexto – que está incorporado nos textos remanescentes da Babilônia e de outras sociedades desse período não tinha que ver com igualdade, nem mesmo com assistência à pobreza. A justiça social era concebida como uma proteção dos fracos, para impedir que fossem destituídos injustamente do que lhes era devido, ou seja, a posição social legal, os direitos de propriedade e a condição econômica a que tinham direito em virtude da posição que ocupavam na hierarquia existente. Nada indica que os direitos ou a condição dos fracos devesse ser igual ou comparável à dos outros de posição social superior na sociedade.

A concepção hierárquica que perpassa a compilação de leis pode ser percebida, entre outros lugares, nas cláusulas de punição. Eis aqui um exemplo:

> 196: Se um homem arrancar o olho de um homem livre, deverá ter seu olho arrancado.
>
> 197: Se ele quebrar o osso de um homem [livre], deverá ter seu osso quebrado.
>
> 198: Se ele arrancar o olho de um servo ou quebrar o osso de um servo, deverá pagar uma mina de prata*.[17]

O aristocrata não pode agir impunemente contra alguém de posição social inferior, pois aqueles que são inferiores têm direitos. Mas a punição pela violação desses direitos é muito menos grave do que a infligida à violação dos direitos de um semelhante.

---

* Antiga medida de peso grega, equivalente a 324 gramas. (N. do E.)

20 · BREVE HISTÓRIA DA JUSTIÇA

O endosso que o direito babilônico dá às diferenças hierárquicas percorre uma escala que vai do mais alto ao mais baixo, como podemos ver num segundo exemplo:

> 8: Se um homem [livre] roubou um boi, uma ovelha, um asno, um porco ou um [b]ode, se [isto é a propriedade] de um deus [ou] de um palácio, ele deverá pagar 30 vezes; se [isto é a propriedade] de um servo, ele deverá substituir [isto] 10 vezes. Se o ladrão não tiver os meios para pagar, ele deverá ser condenado à morte.[18]

Como essas duas passagens representativas mostram, no direito babilônico, as penalidades pela violação dos direitos de outra pessoa (ou instituição) variam enormemente de acordo com a posição social tanto da vítima do delito como do transgressor. As punições prescritas para crimes contra pessoas de posição social elevada são muito mais severas do que para crimes contra pessoas de posição social inferior. Quando o próprio transgressor ocupa uma posição social elevada, a punição é menos severa do que para os transgressores de posição social inferior. Profundas desigualdades de posição social e de poder são inteiramente aceitas e incorporadas pelas leis babilônias.

As normas legais babilônias também são notáveis pela severidade das penas que elas prescrevem. A morte é recomendada como uma punição apropriada para muitas infrações, especialmente aquelas cometidas contra a Igreja ou o Estado. Por exemplo,

> 6: Se um homem roubou propriedade pertencente a um deus ou a um palácio, esse homem deverá ser condenado à morte, e aquele que recebeu a propriedade roubada de sua mão deverá ser condenado à morte.[19]

A mutilação é apresentada como a punição adequada para muitas infrações menores. Embora em alguns casos as punições pareçam proporcionais às transgressões pelas quais elas são impostas – perda de um olho por arrancar o olho de outra pessoa, um osso quebrado como retribuição por ter quebrado o osso de outrem –, em outros casos elas são extremamente desproporcionais: por exemplo, a morte para o criminoso que não tem condições de ressarcir a vítima, ou para o infeliz ladrão que saqueou a Igreja ou o Estado. Uma concepção de justiça francamente retributiva também dá suporte ao epílogo do Código de Hamurábi. As linhas iniciais do epílogo reafirmam a caracterização que o prólogo faz de Hamurábi como o defensor da justiça e dos fracos:

> Tenho trazido em meu peito o povo da terra da Suméria e Acádia,
> eles se tornaram imensamente ricos sob a guarda de meu espírito,
> eu suporto calmamente seu fardo;
> Com minha profunda sabedoria eu os protejo,
> Que o forte não oprima o fraco
> Para [que] se faça justiça ao órfão [e] à viúva [...][20]

Em seguida o epílogo estimula os sucessores de Hamurábi a preservar suas leis, dando a entender, em dezesseis versos, que o governante que assim o fizer gozará de prosperidade e reinará tanto quanto o próprio Hamurábi – e depois, em mais de 280 versos suplementares, ameaça com consequências terríveis o governante que falhar na defesa das leis de Hamurábi: revoltas, fome, morte súbita, destruição de sua cidade, dispersão de seu povo e ruína de sua terra, entre outras. Essa ênfase na retribuição para qualquer governante que falhar na preservação e na aplicação das leis de Hamurábi reproduz a ênfase, contida no próprio Código, nas punições severas para os transgressores – especialmente aqueles que violam os direitos das pessoas que ocupam uma posição social mais elevada.

22 · BREVE HISTÓRIA DA JUSTIÇA

A associação de justiça com retribuição severa, por um lado, e o endosso indiscutível ou a aceitação tácita de sólidas hierarquias de poder e de posição social, por outro, estão presentes em todos os textos antigos que podem ser encontrados muito além do Crescente Fértil. O Código de Hamurábi foi promulgado num Estado antigo com um aparelho de poder extremamente centralizado; a *Ilíada* de Homero foi composta numa sociedade descentralizada organizada em clãs ou tribos. No entanto, a concepção de justiça que se pode perceber na *Ilíada*, a qual ganhou forma mais de um milênio depois do governo do rei Hamurábi, compartilha dessas duas características.

Justiça (*díke* na *Ilíada*; outro termo grego, posterior e mais abstrato, é *dikaiosýne*) não é a principal virtude na *Ilíada*; essa honraria cabe a *areté*, que geralmente se traduz como "virtude" ou "excelência". Nos poemas homéricos, *areté* está intimamente associada às qualidades de um guerreiro: força, astúcia e habilidade no manuseio dos instrumentos de guerra. Quando a justiça entra em cena, ela o faz num contexto caracterizado pela ênfase nessas qualidades guerreiras.

A obra tem início com uma disputa entre Agamenon e Aquiles. Quando se descobre que a peste, que ultimamente grassava nos exércitos gregos que sitiavam Troia, fora consequência da recusa do rei Agamenon de libertar uma jovem mulher que ele tomara como prisioneira, ele, relutantemente, concorda em libertá-la, insistindo, porém, em receber como compensação Briseis, uma jovem presa de Aquiles, um dos comandantes militares. Este último se opõe:

> E agora você ameaça, em pessoa, roubar de mim minha presa, por quem eu tanto sofri, o presente que os descendentes dos aqueus me deram. Quando os aqueus saqueiam uma cidadela bem equipada dos troianos, eu nunca recebo uma presa que seja igual à sua. A parte mais importante da árdua luta sempre é obra

A ESFERA DA JUSTIÇA · 23

de minhas mãos; mas, quando chega a hora de distribuir o espólio, sua é, de longe, a maior recompensa, e eu, com alguma coisa pouca, ainda que cara a mim, retorno a meus navios quando estou exausto de lutar.[21]

Quando Agamenon responde à queixa de Aquiles sequestrando Briseis, Aquiles se vinga retirando suas forças e seus próprios talentos extraordinários de guerreiro da campanha de Agamenon contra Troia. As desgraças que caem sobre o exército grego preparam o cenário para a trágica história que ocupa o restante do épico. Para Aquiles, a avidez com que Agamenon quer tirar proveito da guerra é injusta; a arrogância que o poderoso comandante demonstrou ao privar Aquiles de seu precioso espólio constitui uma injustiça profundamente pessoal, para a qual a resposta apropriada é a vingança.

A justiça está associada à vingança ao longo de toda a *Ilíada*. Numa cena de batalha descrita mais adiante na obra, um dos inimigos troianos que é feito prisioneiro apela a Menelau, irmão de Agamenon, para que ele poupe sua vida. Ciente desses acontecimentos, Agamenon entra rapidamente em cena e declara:

> "Ó Menelau, irmão querido, você está tão ternamente preocupado com essas pessoas? Você recebeu, em sua casa, o melhor dos tratamentos da parte dos troianos? Não, não permita que nenhum deles escape da morte súbita e de nossas mãos; o menino que a mãe ainda carrega no ventre, não, nem mesmo ele; permita, entretanto, que todo o povo de Ílion pereça, totalmente destruído e sem que ninguém o pranteie."
> Assim falou o herói, amolecendo o coração do irmão, uma vez que instou por justiça. Menelau empurrou o guerreiro Andrestos de perto de si com a mão, e o poderoso Agamenon apunhalou-o no flanco; e, enquanto ele se debatia, Atreides, apoiando o calcanhar em seu diafragma, arrancou de supetão a lança de freixo.[22]

24 · BREVE HISTÓRIA DA JUSTIÇA

O apelo de Aquiles à justiça como equidade na distribuição de recompensas, na primeira dessas passagens, parece tão familiar como uma rixa entre um grupo de crianças entreouvida ontem. Em compensação, as réplicas vingativas registradas nas passagens, especialmente o gesto mortal de Agamenon na última, parecerão arcaicas e repugnantes para muitos leitores.

A *Ilíada* não chama a atenção para hierarquias de poder, posição social e riqueza da maneira explícita em que encontramos essas distinções reconhecidas no direito babilônico. Seria supérfluo que o fizesse. É óbvio que as sociedades gregas representadas pelos acampamentos do lado de fora de Troia estão organizadas em elaboradas hierarquias compostas de fracos, poderosos e mais poderosos ainda, que são consideradas normais e parecem ser aceitas como naturais e justas. A rixa com a qual a obra se inicia é uma disputa que acontece nas margens dessa ordem aceita por todos, na qual Agamenon exige o direito a uma parcela superior do espólio de guerra baseado em sua condição de líder máximo dos aqueus, e Aquiles exige o direito a uma parcela maior do que a que ele até então recebeu baseado em seu reconhecido mérito superior como guerreiro e por ter contribuído de modo mais significativo para a batalha. Não se levanta nenhuma questão a respeito da legitimidade da ordem hierárquica como um todo.

Essas características fundamentais – aceitação da legitimidade das hierarquias e uma forte ênfase na vingança – também são encontradas, com diferenças significativas de ênfase, nas antigas leis e em outros textos das escrituras hebraicas. Alguns dos inúmeros atos de vingança de Deus contra o povo que ele criou (e contra os israelitas, após a aliança de Deus com Abraão e sua aliança posterior no Monte Sinai) são bem conhecidos. Em Gênesis 6, Deus decide varrer a espécie humana da face da Terra em razão da persistente maldade de seus pensamentos, inclinações e

A ESFERA DA JUSTIÇA · 25

atos; ele só poupa Noé e sua família. Em Gênesis 18, Deus decide destruir as cidades de Sodoma e Gomorra devido aos pecados de seus habitantes. Abrahão negocia com Deus até que ele concorda em salvar a cidade de Sodoma para preservar um mínimo de dez homens justos, caso se consiga encontrá-los. Como não se consegue encontrar dez homens justos, Deus envia anjos para resgatar Ló, sobrinho de Abrahão, e sua família de Sodoma antes que o lugar se transforme em cinzas; Ló e sua família sobrevivem, com exceção da mulher de Ló, que é transformada numa estátua de sal após ter desobedecido a Deus, voltando-se e olhando para a cidade enquanto eles fugiam. Em Êxodo, quando os israelitas estão acampados ao pé do Monte Sinai e Moisés sobe a montanha para receber de Deus as leis para os israelitas, estes ficam impacientes e, seguindo a orientação de Arão, irmão de Moisés, reúnem suas joias de ouro para fazer um bezerro de ouro como um falso deus. O verdadeiro Deus ameaça destruí-los todos, deixando Moisés com a missão de dar início a uma nova nação a partir de sua descendência; Moisés suplica a Deus que os poupe e Deus se apieda deles; porém, logo em seguida ele recruta uma das tribos israelitas, os levitas, para matar uma grande quantidade dos outros israelitas, e milhares morrem como castigo por sua infidelidade a Deus. Após esse episódio, as escrituras hebraicas trazem inúmeras histórias de um ciclo de infidelidades a Deus por parte dos israelitas, e da vingança infligida a eles por meio do cativeiro, da escravidão e de outros sofrimentos.

As escrituras hebraicas não aplicam ideias retributivas apenas nas relações entre Deus e os seres humanos criados por ele. A retribuição também é o preceito fundamental de justiça predominante nas relações entre os hebreus. Aqui está uma amostra das leis que Deus transmitiu aos israelitas no Monte Sinai por intermédio de Moisés:

26 · BREVE HISTÓRIA DA JUSTIÇA

Quem ferir o outro, de tal forma que este morra, também será morto.

Porém, se não lhe armou ciladas, mas Deus lhe permitiu caísse em suas mãos, então, te designarei um lugar para onde ele fugirá. Se alguém vier maliciosamente contra o próximo, matando-o à traição, tirá-lo-ás até mesmo do meu altar, para que morra. Quem ferir seu pai ou sua mãe será morto. O que raptar alguém e o vender, ou for achado na sua mão, será morto. Quem amaldiçoar seu pai ou sua mãe será morto.[23]

De acordo com esses documentos, faz-se justiça quando a vingança é infligida sobre os transgressores. Normalmente ela é cruel e, em determinados casos, tal como o da pena de morte por amaldiçoar um dos pais, muito desproporcional, pelo menos para as sensibilidades atuais.

Além da vingança infligida ou permitida por Deus como punição por transgressões cometidas por seu povo diretamente contra ele, e da vingança infligida pelos seres humanos por transgressões feitas entre si, as escrituras hebraicas preveem uma terceira categoria: a vingança de Deus contra pessoas ou governantes que deixam de defender a justiça para os pobres e para os fracos. Esse tema ocupa um lugar de destaque nos textos proféticos. Aqui estão exemplos extraídos de dois dos maiores profetas:

O Senhor viu isso e desaprovou o não haver justiça.
Viu que não havia ajudador algum
e maravilhou-se de que não houvesse um intercessor [...]
pôs sobre si a vestidura da vingança
e se cobriu de zelo, como de um manto.
Segundo as obras deles,
assim retribuirá;
furor aos seus adversários e o devido aos seus inimigos;[24]

A ESFERA DA JUSTIÇA · 27

Anunciai isto na casa de Jacó [...]
por isso, se tornaram poderosos e enriqueceram.

Engordam, tornam-se nédios e ultrapassam até os feitos dos ma-
lignos;
não defendem a causa, a causa dos órfãos, para que prospere;
nem julgam o direito dos necessitados.
Não castigaria eu estas coisas?
– diz o Senhor; não me vingaria eu
de nação como esta?[25]

Nas escrituras hebraicas, assim como nos textos mesopotâmicos mais antigos, quando os direitos das pessoas vulneráveis – que
não são necessariamente iguais aos dos poderosos – são violados,
a justiça é feita por meio de retribuição ou vingança.

Aqui um leitor ocasional pode pensar que, como no caso do
direito babilônico, a ênfase do profeta na justiça em defesa dos pobres e vulneráveis indica uma tendência igualitária. Perceberemos
logo mais que existem diferenças significativas entre as visões a respeito da justiça que podemos encontrar nas escrituras
hebraicas (as quais, é importante lembrar, consistem numa compilação de diversos textos escritos ao longo de um período de vários séculos durante o primeiro milênio a.c.) e aquelas mencionadas anteriormente no direito babilônico, muito mais antigo.

Não obstante, essas escrituras não apresentam nenhum sinal da
sensibilidade igualitária patente em muitas das atuais concepções
de justiça social. Fundamentalmente, assim como o direito babilônico, os textos hebraicos concebem a justiça social como a proteção dos fracos para evitar que sejam injustamente destituídos
da posição social legal, dos direitos de propriedade e da condição
econômica a que têm direito no interior da hierarquia existente.

É importante observar, contudo, que os deveres para com
os pobres e os fracos enunciados nas escrituras hebraicas são

28 · BREVE HISTÓRIA DA JUSTIÇA

deveres de *justiça*, e não deveres de caridade, como alguns intérpretes julgaram. Muitas das passagens que evocam esses direitos o fazem empregando o termo hebraico para justiça (*mishpat*). Diversas passagens relevantes apresentam sua argumentação em termos explicitamente judiciários. No livro de Isaías, Deus ordena que os governantes de Sodoma e Gomorra "busquem a justiça e defendam os oprimidos; deem aos órfãos seus direitos, pleiteiem a causa da viúva"[26]. O profeta Malaquias relata:

> Chegar-me-ei a vós outros para juízo; serei testemunha feroz contra os feiticeiros, e contra os adúlteros, e contra os que juram falsamente, e contra os que defraudam o salário do jornaleiro, e oprimem a viúva e o órfão, e torcem o direito do estrangeiro, e não me temem, diz o Senhor dos Exércitos.[27]

Como o direito babilônico, as escrituras hebraicas enunciam uma visão de ordem social que pode ser identificada com a concepção de um tipo de justiça social, ainda que arcaico. E, uma vez mais como o direito babilônico, essa concepção concentra-se nos direitos, entre eles os direitos dos fracos e dos oprimidos, em vez de se concentrar na igualdade. Viúvas, órfãos, estrangeiros e outros mais figuram com destaque em numerosas passagens relativas a esses direitos porque essas pessoas correm um risco maior de ter seus direitos violados do que a maioria. Seus direitos constituem reivindicações de justiça, não de caridade. Mas eles não constituem reivindicações à igualdade. As leis hebraicas e outros documentos antigos foram escritos dentro do contexto de uma ordem social desigual, e não existe nenhuma indicação nesses documentos de que a desigualdade dessa ordem seja injusta.

Além de aceitar sem objeção a existência dos pobres, dos fracos e das pessoas vulneráveis de outra natureza, as escrituras hebraicas, como quase todos os outros documentos tão ou mais antigos

A ESFERA DA JUSTIÇA · 29

que tratam de relações legais e sociais, traçam um panorama nitidamente hierárquico das relações entre homens e mulheres. Figuras patriarcais como Abrahão e Isaac frequentemente têm mais de uma esposa, e o papel dos maridos com relação a suas esposas, tal como descrito nas escrituras, muitas vezes parece estar mais próximo ao papel de um proprietário do que ao de um parceiro. Quando Abrão (mais tarde chamado Abrahão, como reconhecimento à promessa de Deus de que ele teria muitos descendentes) viaja com sua esposa, Sarai (mais tarde Sara), ao Egito para escapar da fome no Neguebe, ele ordena que Sarai diga aos egípcios que é sua irmã, não sua esposa. O governante egípcio Faraó recebe Sarai em sua casa, aparentemente para torná-la sua concubina, e trata Abrão bem por causa de Sarai, de forma que ele prospera. Deus demonstra seu descontentamento com a virtual prostituição de Sarai, a mulher cujos descendentes constituiriam seu povo escolhido, fazendo que a doença caia sobre a casa do Faraó, de tal forma que este manda Abrão e Sarai ir embora juntos; não obstante, Abrão beneficia-se enormemente do arranjo[28]. Embora seja verdade que as figuras femininas retratadas nas escrituras hebraicas demonstrem com frequência força e audácia, elas o fazem dentro de um contexto em que relações de dominação pelos homens e de subordinação a eles são aceitas.

As escrituras hebraicas também aprovam a instituição da escravidão, aceitam sua legitimidade e lhe conferem um extraordinário reconhecimento legal. Os pais hebreus tinham o direito de vender seus filhos, homens e mulheres, como escravos, e as leis supunham que alguns o fizessem. As leis que Deus transmitiu a Moisés no Monte Sinai para que fossem divulgadas entre os israelitas contêm cláusulas referentes à compra, venda e alforria de escravos. Seria difícil encontrar uma prova mais impressionante da preponderância e da aceitação das hierarquias de poder e de

30 · BREVE HISTÓRIA DA JUSTIÇA

posição social do que aquela oferecida pelos estatutos que regulamentam a prática da escravidão.

No entanto, as desigualdades toleradas nas antigas leis hebraicas diferem significativamente daquelas codificadas nos documentos mesopotâmicos muito mais antigos. Considerem as seguintes cláusulas das leis ditadas por Deus a Moisés:

> Se comprares um escravo hebreu, seis anos servirá; mas, ao sétimo, sairá forro, de graça. [...] Se um homem vender sua filha para ser escrava, esta não lhe sairá como saem os escravos. Se ela não agradar ao seu senhor, que se comprometeu a desposá-la, ele terá de permitir-lhe o resgate; não poderá vendê-la a um povo estranho, pois será isso deslealdade para com ela. [...] Se ele der ao filho outra mulher, não diminuirá o mantimento da primeira, nem os seus vestidos, nem os seus direitos conjugais. Se ele não lhe fizer estas três coisas, ela sairá sem retribuição, nem pagamento em dinheiro. [...] Se alguém ferir o olho do seu escravo ou o olho da sua escrava e o inutilizar, deixá-lo-á ir forro pelo seu olho. E, se com violência fizer cair um dente do seu escravo ou da sua escrava, deixá-lo-á ir forro pelo seu dente.[29]

O tratamento diferencial do escravo e da escrava sugerido na primeira parte dessa passagem representa uma de suas características mais dignas de nota. No entanto, também é digno de nota que as cláusulas aqui mencionadas confiram direitos sobre os escravos que são relativamente razoáveis, comparados com tudo o que o direito babilônico ou a maioria dos antigos códigos legais oferece. Se elas foram de fato postas em prática (um grande "se", é preciso admitir), então a escravidão entre os israelitas deve ter sido significativamente menos cruel do que as formas relativamente modernas que foram impostas durante séculos aos africanos.

A ESFERA DA JUSTIÇA · 31

Ademais, as leis hebraicas não reconhecem uma aristocracia com privilégios legais que diminuam as consequências, para seus membros, dos delitos que eles cometerem, como as leis babilônicas e outras leis mesopotâmicas antigas fazem. Com exceção dos célebres Dez Mandamentos, esta é a passagem mais conhecida das leis ditadas no Monte Sinai:

> Mas, se houver dano grave, então, darás vida por vida, olho por olho, dente por dente, mão por mão, pé por pé, queimadura por queimadura, ferimento por ferimento, golpe por golpe.[30]

Essa norma, que se repete em Levítico 24 e Deuteronômio 19, recebeu o rótulo de *lex talionis*, o qual se origina do lugar de destaque ocupado por uma versão equivalente do antigo direito romano. Uma das coisas mais notáveis a seu respeito é que ela não prescreve punições diferentes para diferentes categorias de vítimas ou perpetradores. É verdade que a punição por ferir o olho de seu escravo, tal como estipulado por um artigo à parte desse código legal, é a alforria do escravo, não a perda do olho do proprietário do escravo. É evidente que os direitos e deveres que o direito hebraico atribuía aos escravos eram diferentes dos que ele atribuía aos outros. Não obstante, ao contrário do direito babilônico, o código ditado no Monte Sinai não faz nenhuma outra distinção entre adultos do sexo masculino que se encontrem dentro do campo israelita. Embora as antigas leis hebraicas não visualizem um regime de igualdade no sentido imaginado por alguns dos atuais proponentes da justiça social, elas dão, sim, um passo significativo na direção da igualdade perante a lei, ao menos para adultos livres do sexo masculino.

Também é digno de nota que, embora a retribuição seja um tema central nas escrituras hebraicas, as punições prescritas nesses textos sejam, em regra geral, mais proporcionais aos delitos

32 · BREVE HISTÓRIA DA JUSTIÇA

referentes aos quais elas são impostas do que o que acontecia nos códigos legais mesopotâmicos mais antigos. Eis aqui um exemplo:

Se alguém furtar boi ou ovelha e o abater ou vender, por um boi pagará cinco bois, e quatro ovelhas por uma ovelha. [...] O ladrão fará restituição total. Se não tiver com que pagar, será vendido por seu furto. Se aquilo que roubou for achado vivo em seu poder, seja boi, jumento ou ovelha, pagará o dobro.[31]

As proporções da restituição de cinco por um e quatro por um sugeridas aqui (dois por um, caso se possa recuperar o animal original) estão muito distantes das proporções de trinta por um e dez por um citadas no texto babilônico mencionado anteriormente para o mesmo tipo de delito. Igualmente, a cláusula que diz que o transgressor que não puder pagar pela restituição exigida deve ser vendido como escravo – provavelmente com a expectativa de ser solto após seis anos de serviço – parece estar proporcionalmente mais próxima do delito de roubar um animal de criação (ou, pelo menos, mais proporcional àquele delito) do que a pena de morte prescrita pelo direito babilônico.

Vista dos dias de hoje, a pena de morte que o antigo direito hebraico prescrevia a quem ferisse ou amaldiçoasse seu pai ou sua mãe (determinada em uma das passagens do Êxodo acima) é uma exceção a essa generalização. Os motivos para essa exceção tornam-se mais evidentes quando consideramos que as escrituras hebraicas são perpassadas por uma analogia entre duas relações – entre Deus e seu povo escolhido e entre pais e filhos. Os Dez Mandamentos estão divididos em duas partes: a primeira dita os deveres básicos dos israelitas para com Deus, enquanto a segunda prescreve seus deveres entre si. A mensagem principal da primeira parte é a exigência de que os israelitas adorem e reverenciem seu Deus de forma constante e exclusiva. A segunda parte começa

A ESFERA DA JUSTIÇA · 33

com o famoso decreto "Honra teu pai e tua mãe, para que se prolonguem os teus dias na terra, que o Senhor teu Deus te deu"[32]. Atribui-se aos pais um *status* com relação aos filhos que se assemelha ao *status* de Deus com relação ao conjunto do seu povo. Em vista dessa analogia, não surpreende que a pena prescrita àqueles que desonram os pais seja tão severa como as punições que Deus inflige aos israelitas pelas transgressões contra ele. A sólida relação de comando e obediência entre Deus e o povo escolhido descrita nessas escrituras ajuda a explicar o fato de as antigas leis hebraicas conferirem menos reconhecimento às hierarquias de posição social e de poder do que as leis babilônicas. Como vimos, o direito babilônico confere um reconhecimento especial ao Estado e à Igreja, como demonstram as punições severas por crimes cometidos contra eles; além disso, ele separa as pessoas por categoria: aristocrática e popular. O direito hebraico geralmente não reproduz nenhuma dessas duas características porque, nessa literatura, a relação hierárquica fundamental acontece entre os israelitas e Deus.

Por conseguinte, as cláusulas relativas à justiça retributiva no antigo direito hebraico apoiam-se geralmente num senso de proporcionalidade entre delitos cometidos e penas prescritas. A tendência desse direito vai na direção de um princípio de reciprocidade: vida por vida, olho por olho, dente por dente, e assim por diante.

Fazendo uma retrospectiva, não é difícil perceber um princípio semelhante presente também em outras fontes antigas. No direito babilônico, a pena prescrita a quem causar um dano pessoal a alguém da mesma posição social é sofrer o mesmo dano: perda de um olho pela perda de um olho, quebra de um osso pela quebra de um osso, e assim por diante. Na *Ilíada*, Aquiles queixa-se inicialmente que Agamenon ficou com uma parte maior

34 · BREVE HISTÓRIA DA JUSTIÇA

dos despojos de guerra que lhe cabem proporcionalmente a suas contribuições. Aquiles argumenta que ele sempre contribuiu mais, ao passo que Agamenon sempre fica com as maiores recompensas, levando a uma desproporção entre contribuição e recompensa e impedindo, portanto, que se obedeça às normas de reciprocidade. Na cena da batalha em que um inimigo troiano capturado implora que lhe poupem a vida, Agamenon censura Menelau por sua indecisão com relação ao princípio de reciprocidade na retribuição: como os troianos fizeram mal, não bem, aos gregos, seria um ato de injustiça fazer ao troiano cativo o bem de poupar sua vida.

A noção de reciprocidade parece, portanto, desempenhar um papel fundamental em todas essas antigas concepções de justiça. Na verdade, como indicam estudos de diferentes culturas – que todas as sociedades conhecidas atribuem um peso considerável aos valores que dizem respeito à reciprocidade[33] –, é de esperar que encontremos essa noção incorporada em quase toda concepção de justiça que esteja firmemente ancorada nas experiências da vida real. Ao longo dos séculos, muitos filósofos têm defendido a afirmação de que as pessoas geralmente se sentem no dever de retribuir os benefícios recebidos. O filósofo romano Cícero sugeriu que "não existe dever mais indispensável do que o de retribuir uma gentileza [...] todos os homens desconfiam de quem se esquece de um benefício"[34]. Em *The Origin and Development of the Moral Ideas* [*Origem e desenvolvimento das ideias morais*], escrito por volta do início do século XX, Edward Westermarck argumentava que "[r]etribuir um benefício, ou ser agradecido àquele que o concede, é, provavelmente em todo lugar, ao menos em determinadas circunstâncias, considerado um dever"[35]. Na verdade, nenhuma ideia é considerada mais sistematicamente como parte da justiça nem é tão amplamente admirada

A ESFERA DA JUSTIÇA · 35

como uma cláusula universal de moralidade do que a noção de reciprocidade.

Popularmente, supõe-se que a reciprocidade implique a troca de algo por um seu equivalente ou, pelo menos, de igual valor. No entanto, como sociólogos e antropólogos têm apontado, na verdade a noção de reciprocidade aplica-se a uma série de trocas que vão do equivalente ao decididamente não equivalente; no extremo de um contínuo, uma parte pode não dar nada de retorno por um benefício recebido[36]. Chamemos as trocas em que todos os participantes recebem benefícios equivalentes àqueles que eles concedem de *reciprocidade equilibrada* (não nos esqueçamos de que as trocas podem envolver mais de duas partes e de que as "coisas" trocadas tanto podem ser benefícios como prejuízos). Podemos adotar a expressão *reciprocidade desequilibrada* para todas as trocas que não satisfaçam essa condição de equivalência.

Tanto os documentos antigos como os modernos indicam, frequentemente, que, para haver justiça entre iguais, é necessário que as trocas que as pessoas fazem entre si se caracterizem por uma reciprocidade equilibrada, pelo menos no longo prazo. O argumento defendido por Aquiles na disputa que dá início à *Ilíada* é que suas contribuições para a batalha são superiores às de todos os outros gregos, incluindo Agamenon; de tal forma que, embora Agamenon seja reconhecido como o comandante do exército grego, para efeito da distribuição dos despojos de guerra, ele (Aquiles) deve receber o mesmo tratamento de Agamenon, ou, pelo menos, um tratamento bem próximo ao recebido por ele, devendo receber, portanto, uma parte equivalente dos despojos. As leis babilônicas determinam que os nobres que causem dano pessoal a outros nobres – em outras palavras, a seus iguais – devem sofrer dano equivalente, de tal forma que a troca entre eles (nesse caso, de dano por dano) satisfaça a condição de reciproci-

36 · BREVE HISTÓRIA DA JUSTIÇA

dade equilibrada. As antigas leis hebraicas também tendem a acatar o princípio de reciprocidade equilibrada nos casos que envolvem dano pessoal, determinando que os transgressores devem sofrer o mesmo tipo de dano que eles infligiram a seus pares. Historicamente, a noção – talvez seja correto chamá-la de princípio – de reciprocidade equilibrada entre iguais tem sido bastante aceita, sejam as coisas trocadas benefícios ou danos.

No entanto, o princípio de reciprocidade equilibrada normalmente tem sido considerado um princípio de justiça *somente* quando diz respeito a trocas entre pessoas vistas como iguais. Durante a maior parte da história humana, quase todas as sociedades dividiram seus membros em grupos que são desiguais quanto a poder, posição social e riqueza, e, em muitas sociedades, esses grupos também foram considerados desiguais quanto ao mérito. Desigualdades profundas desse tipo prevaleceram nas antigas sociedades mesopotâmicas e também entre os gregos; e, embora não tenham sido codificadas no direito do mesmo modo que aconteceu entre os babilônios, também estiveram presentes entre os antigos israelitas. Depois disso, desigualdades semelhantes também surgiram, e perduraram, na maioria das sociedades.

Entre pessoas consideradas desiguais, a reciprocidade desequilibrada geralmente tem sido encarada como justa. No direito babilônico, os homens plenamente livres eram reconhecidos como superiores aos homens do povo, cuja condição, sob certos aspectos, assemelhava-se à dos servos; e as soluções legais prescritas para os delitos cometidos por membros de um dos grupos contra membros do outro eram dessa forma desproporcionais. Na representação literária da antiga Grécia heroica mostrada na *Ilíada*, os argumentos para um tratamento baseado na reciprocidade equilibrada partiam da premissa de que os demandantes eram iguais; ninguém desse panorama literário esperava que as relações entre desiguais devessem ser senão desiguais. As antigas leis hebraicas eram excepcionais para a época por se aproximarem de uma noção de igualdade diante da lei entre adultos livres do sexo masculino; contudo, mesmo essas leis reconheciam diferenças de posição social que oferecem uma base para a reciprocidade desequilibrada em muitos casos significativos, incluindo os que envolvem relações entre homens e mulheres. Historicamente, as normas de justiça baseadas na ideia de reciprocidade desequilibrada têm sido tão poderosas e predominantes como aquelas baseadas na ideia de reciprocidade equilibrada.

Nenhuma dessas ideias (de reciprocidade equilibrada e desequilibrada) pode ser aplicada a casos reais sem um trabalho complementar. Por razões práticas incontornáveis, nenhuma ideia pode servir de base a uma concepção de justiça se não dispuser de ferramentas suplementares.

Somente na medida em que se disponha de um critério básico com relação ao qual se comparem benefícios ou danos trocados é que o princípio de reciprocidade equilibrada pode ser aplicado para apurar se a justiça foi feita ou para determinar como ela pode ser feita. Os casos mais simples são aqueles em que os benefícios e danos em questão são do mesmo tipo. Na *lex talionis*, por exemplo, as punições prescritas – perda de um olho, de um dente, e assim por diante – são do mesmo tipo dos danos pelos quais elas são impostas.

Quando os benefícios e os danos em questão são de tipo diferente, a ideia de reciprocidade equilibrada só pode ser aplicada se esses benefícios ou danos puderem ser avaliados por meio de referência a uma escala comum. Em muitos casos, os tipos de comparação que podem ser feitas são, na melhor das hipóteses, aproximados e incompletos. Se eu publicar um artigo elogiando sua fazenda leiteira [sic] que melhore sua reputação e o ajude a atrair

38 · BREVE HISTÓRIA DA JUSTIÇA

negócios, você pode retribuir fornecendo-me leite de graça. Nesse caso, é difícil dizer se os benefícios que demos um ao outro têm um valor equivalente. Do mesmo modo, se eu causar-lhe prejuízo permitindo que meus cachorros ataquem alguns de seus animais de criação, você pode retaliar desviando um curso d'água das minhas terras, privando-me, assim, de um abastecimento de água valioso. Será que sua ação retaliatória equivale em valor ao prejuízo que você sofreu? Na falta de um critério comum de valor, é impossível responder a essa pergunta.

A resposta mais significativa que podemos dar ao problema é a introdução de uma moeda comum. É claro que as moedas têm diversas finalidades. Como um recurso que preenche a necessidade de um critério comum considerando-se os propósitos da justiça, a adoção de uma moeda padece de duas importantes dificuldades. Primeira: na medida em que o valor monetário de um bem é determinado por um sistema de mercado, podem surgir discrepâncias expressivas entre o valor monetário ou de mercado do bem e o valor que ele tem para a pessoa envolvida numa situação específica. Segunda: como geralmente se acredita que alguns bens são, ou deveriam ser, considerados incomensuráveis entre si, por uma questão de princípio seus valores são, ou deveriam ser, irredutíveis a um critério comum. Por exemplo, às vezes se diz que não deveria ser possível comprar amor com dinheiro. De modo semelhante, em sistemas políticos nos quais algumas decisões coletivas são tomadas por meio do voto, o princípio de que o voto não deveria estar à venda é amplamente aceito. Mais ainda: geralmente se considera que existem algumas transgressões, como estupro e agressão, para as quais não se pode (ou não se deve) atribuir nenhum valor monetário. Essas barreiras inatas ou prescritas para a troca restringem o raio de ação no qual uma moeda pode servir de base de comparação dos valores de benefícios e prejuízos de tipo diferente. Não obstante, esse raio de ação continua sendo considerável; e, no que diz respeito aos benefícios e prejuízos que ficam fora dele, podem-se adotar pressupostos que ampliem esse raio de ação com a finalidade de fazer justiça, como acontece (por exemplo) quando se atribui um valor monetário ao prejuízo causado por declarações caluniosas.

Na maioria dos casos, então, a adoção de uma moeda, juntamente com alguns pressupostos convencionais que permitam atribuir valores monetários àqueles benefícios ou danos que normalmente não têm valor comercial, permite determinar se uma troca satisfez a condição de reciprocidade equilibrada. O caso da reciprocidade desequilibrada é mais complexo. Para determinar se uma troca é justa de acordo com o princípio da reciprocidade equilibrada, nós precisamos apurar os valores dos benefícios ou dos prejuízos trocados. Para determinar se uma troca é justa segundo a noção de reciprocidade desequilibrada, nós precisamos apurar os valores dos benefícios ou dos prejuízos trocados e identificar a proporção desigual a que a troca desses benefícios ou prejuízos precisa se adaptar se for para considerá-la justa. O número de variáveis envolvidas quando se determina se uma troca é justa de acordo com a noção de reciprocidade desequilibrada é maior do que o número de variáveis cujos valores precisamos apurar para saber se uma troca é justa segundo o princípio de reciprocidade equilibrada. As sociedades que endossam a norma da reciprocidade desequilibrada entre desiguais precisam resolver dois problemas: inventar um critério para comparar os valores dos diferentes benefícios e prejuízos e moldar um critério para determinar a proporção (desigual) em que os benefícios ou prejuízos devem ser trocados.

Em sociedades que dividem seus membros em grupos que são desiguais no que diz respeito a uma variável considerada re-

40 · BREVE HISTÓRIA DA JUSTIÇA

levante para a justiça – qualquer que seja ela (normalmente, *status*, suposto mérito ou ambos) –, esse problema é resolvido por meio de um conjunto de definições de papéis que prescrevem, a cada um dos principais grupos, direitos e deveres ligados à posição social. Esses direitos e deveres constituem uma espécie de mapa do "cenário" social, um guia dos espaços de privilégio e carência que se encontram espalhados pela população e dos critérios por meio dos quais essas diferenças são reproduzidas ou reconstituídas ao longo do tempo. Sem um mapa desse tipo, a noção de reciprocidade desequilibrada não pode assumir uma forma definitiva, tornando-se impossível saber se a justiça – concebida como reciprocidade desequilibrada – foi feita.

Indícios importantes sugerem que valores relativos a hierarquia e respeito encontram-se tão difundidos nas culturas humanas como aqueles relativos a reciprocidade e equidade[37]. Embora a ênfase na hierarquia encontrada em antigas ideias a respeito da justiça pareça surpreendente da perspectiva de um século XX moldado pelas modernas noções europeias de justiça social, essa ênfase não é excepcional de um ponto de vista pan-histórico e pancultural. Nunca devemos esquecer, é claro, que a maioria das nossas fontes de informação sobre quase todas as sociedades – em especial as antigas – tem origem nas camadas privilegiadas dessas sociedades. Durante aproximadamente os mais de quatro milênios de história humana sobre os quais existem registros escritos, a maioria da população em quase todas as sociedades era analfabeta. Mesmo que, ocasionalmente, um membro de uma camada menos privilegiada conseguisse aprender a ler e a escrever, seria improvável que ele tivesse os recursos para produzir e preservar documentos escritos, salvo se estivesse sob o controle dos mais privilegiados. Por esse motivo, não podemos pressupor que as ideias acerca da justiça que encontramos nas fontes antigas representem guias confiáveis do ponto de vista dos membros mais fracos e vulneráveis dessas sociedades. No entanto, evidências transculturais indicam que, embora aqueles que não tiveram acesso a determinados privilégios tenham se ressentido disso, a maioria dos membros das sociedades que endossam hierarquias bem definidas de poder, posição social, riqueza e suposto mérito aceitou essas distinções como um ponto de partida para suas opiniões acerca de questões de moralidade e justiça.

Vale a pena enfatizar que, como regra geral, a esfera social proporciona um ponto de partida para as opiniões a respeito da justiça porque ele é aceito como normal, não necessariamente por ele próprio ser justo. Pesquisas psicológicas realizadas sobre o processo de adaptação indicam que, com o passar do tempo, qualquer situação tende a se tornar aceita, pelo menos desde que aqueles que passam sua vida dentro dela não disponham de alternativas imediatas. Um cenário que inicialmente pode ter sido considerado injusto, talvez porque os direitos e deveres que o constituem foram impostos pela conquista ou por meios violentos similares, em geral adquire, com o passar do tempo, a condição de tradição consagrada – como aconteceu gradativamente com as instituições políticas e legais britânicas depois que os conquistadores normandos do século XI substituíram a ordem política e social anglo-saxônica por normas políticas e legais novas, que favoreciam os interesses normandos. Mudanças de cenário que ocorrem por meio de conquista ou de outras formas de imposição geralmente são seguidas por prolongadas campanhas ideológicas, criadas para fazer que a nova ordem pareça "natural" e normal. O sucesso ou o fracasso dessas campanhas ajudam a definir a estabilidade da nova ordem.

Geralmente, a principal característica de um cenário hierárquico ao extremo é um "acordo" abrangente entre os poderosos e os fracos, no qual os poderosos oferecem proteção aos fracos, complementando-a frequentemente com a promessa de benefícios suplementares, em troca da promessa de obediência e respeito. Esse é, fundamentalmente, o acordo que Hamurábi impõe aos babilônios. É também, em termos gerais, o acordo que Deus oferece aos israelitas, aos quais ele promete proteção, fertilidade, prosperidade e independência nacional em troca de submissão, fidelidade e adoração.

Esse tipo de acordo abrangente é, em si, uma forma de reciprocidade desequilibrada, embora nem sempre seja fácil dizer que parte do acordo dá mais e que parte dá menos. Os antigos documentos babilônicos e hebraicos que prometem defender a justiça para as pessoas vulneráveis e ameaçam aqueles que deixem de fazê-lo estendem suas promessas de acordo com o princípio da *noblesse oblige*. Nessas promessas, a proteção dos direitos dos pobres representa uma dádiva do poderoso para o fraco; porém, essa dádiva reforça a relação hierárquica e, em razão disso, ajuda a manter a posição privilegiada do poderoso. Em sociedades com autoridades centralizadas fortes que se comprometem com a redistribuição, o fluxo de bens materiais geralmente beneficia os pobres e os fracos, de tal modo que, de um ponto de vista estritamente material, a relação de reciprocidade seja desequilibrada em favor dos pobres. No entanto, o próprio processo de redistribuição centralizada funciona como um ritual de comunhão e subordinação à autoridade central que reforça a importância e o poder dos governantes.

Quase todas – e, sob determinados pontos de vista, todas – as sociedades humanas que deixaram registro escrito foram organizadas hierarquicamente. Não obstante, existem enormes diferenças entre os modos de organização que prevaleceram nessas sociedades. Cada sociedade apresenta uma esfera diferente, com pontos

A ESFERA DA JUSTIÇA · 43

altos e pontos baixos – os locais do privilégio e da carência – situa-dos em lugares e alturas diversos. Além do mais, mesmo em so-ciedades capazes de reivindicar uma história ininterrupta e uma identidade única, a topografia da esfera normalmente se modifi-ca bastante ao longo do tempo. Se a concepção de justiça predominante numa sociedade es-tiver baseada na noção de reciprocidade desequilibrada entre de-siguais, e se as desigualdades entre os membros dessa sociedade estiverem baseadas em sua posição ou condição dentro da ordem social, então as mudanças nessa ordem, ou nessa esfera, levarão a mudanças nas ideias acerca da justiça que são aceitas no interior dessa sociedade. Igualmente, se uma esfera social – ou a concepção dessa esfera tal como é compartilhada por seus membros – dife-renciar-se fortemente da concepção predominante em outra so-ciedade, é de esperar que as ideias acerca da justiça nessas duas sociedades também sejam diferentes.

A história das ideias a respeito da justiça é, em grande medi-da, uma história das mudanças no modo em que as esferas sociais têm sido concebidas. Podemos começar a perceber como essa his-tória se desenvolveu, a partir de seu início na primeira metade da história escrita, deixando de lado as ideias pré-filosóficas dos an-tigos mesopotâmios, israelitas e gregos e voltando-nos para as ideias muito mais sistemáticas sobre a justiça que podemos encontrar nas obras dos filósofos gregos.

CAPÍTULO 2

TELEOLOGIA E TUTELAGEM N'A *REPÚBLICA* DE PLATÃO

I

A república de Platão é a primeira obra sumária de filosofia política de que se tem notícia em qualquer idioma. Escrita em Atenas durante o período intermediário de sua atividade produtiva, *A república*, como outras obras de Platão, é um diálogo – se bem que dominado por Sócrates, mestre de Platão – que se passa várias décadas antes, quando Platão (429-347 a.c.) ainda era jovem e Atenas encontrava-se em meio a uma guerra prolongada com Esparta. Trata-se de um documento surpreendente que expõe uma concepção particular de justiça baseada numa visão radicalmente hierárquica da ordem política.

Como vimos, no pensamento grego arcaico a justiça era considerada menos importante, ao menos como uma qualidade das pessoas, do que a *areté* ("virtude" ou "excelência"), a qual, nos poemas homéricos, está intimamente associada às qualidades do guerreiro. A supremacia da *areté* no sistema homérico de valores tem origem na necessidade de proteção. Numa sociedade em que as casas se encontravam espalhadas e que não havia uma autoridade política centralizada nem um Estado de direito, o indivíduo que possuísse as qualidades extraordinárias de um guerreiro – força, audácia e habilidade no uso das armas – seria o mais capaz

46 · BREVE HISTÓRIA DA JUSTIÇA

para oferecer segurança à casa (ampliada); e, além disso, essas qualidades seriam objeto de grande admiração. Numa fase posterior da cultura grega, os laços que ligavam a *areté* com as qualidades exigidas para ser bem-sucedido na guerra haviam se afrouxado. Em *Works and Days* [*O trabalho e os dias*], do poeta Hesíodo, cujo tema principal é como ser um fazendeiro bem-sucedido, evitar a fome e prosperar, o conceito de *areté* assume um tom decididamente menos militarista do que assumira nas primeiras composições heroicas. De qualquer modo, em nenhum dos casos a *areté* está intrinsecamente ligada à justiça. E em nenhum dos casos a justiça recebe uma avaliação tão favorável como uma qualidade dos seres humanos como a *areté*.

Um primeiro sinal de mudança nessa ordem de valores ocorre numa parelha de versos atribuída ao poeta Teógnis, por volta do final do século VI a.C.:

> Toda virtude [*areté*] se resume à justiça [*dikaiosýne*];
> Todo homem é bom, Cirno, se for justo [*dikaíos*].[38]

Essa afirmação, que Aristóteles trata muito mais tarde como um provérbio aceito por todos e até mesmo anódino, expressa uma visão que provavelmente era defendida por uma minoria na época em que foi escrita. O autor parece alegar que a justiça não é apenas uma condição necessária para a virtude, mas também uma condição suficiente, uma alegação que é incompatível com os valores homéricos. O crescimento das cidades havia transformado sua natureza. As cidades podem alcançar o mais alto grau de prosperidade quando seus moradores estão dispostos a cooperar fazendo e mantendo acordos e evitando prejudicar uns aos outros, práticas que não podem ser facilmente conciliadas com um sistema de valores que enaltece as virtudes de guerreiros fora do comum. Essa observação aplica-se especialmente a Atenas, que

TELEOLOGIA E TUTELAGEM N'*A REPÚBLICA* DE PLATÃO · 47

estava se transformando numa importante potência comercial e num laboratório de testes das instituições democráticas. O autor parece ter compreendido esse problema e sugere, consequentemente, uma surpreendente revisão dos valores que dominavam a cultura grega da época – uma revisão que coloca a justiça no centro do universo ético grego e prepara o terreno para as extensas reflexões de Platão sobre a natureza da justiça.

Aparentemente um diálogo, a maior parte d'*A república* é, na verdade, um monólogo virtual no qual Sócrates expõe uma visão elaborada das características do homem justo e da cidade justa, os tipos de educação e treinamento exigidos para cada um deles e os principais tipos de pessoas e regimes injustos (e inferiores). Contudo, antes que ele se lance nessa exposição, diversas concepções preliminares de justiça lhe são apresentadas. Céfalo, um homem idoso e abastado, evoca o tema, delegando, em seguida, ao filho Polemarco – em cuja casa tem lugar a conversa – a tarefa de transformar suas ideias fragmentadas num relato mais completo do que é a justiça. Trasímaco, um sofista (professor profissional itinerante de "sabedoria", maneiras de argumentar e educação geral), propõe então uma visão alternativa, que pode ser entendida como uma negação de que realmente exista algo como a justiça. Por fim, no início do Livro II (*A república* divide-se tradicionalmente em dez livros, embora essa divisão talvez tenha sido introduzida por um estudioso grego que surgiu depois, não pelo próprio Platão), Glauco e Adimanto, que, na verdade, eram irmãos de Platão, esboçam uma teoria da justiça mais elaborada e desafiam Sócrates a demonstrar que ela está errada. Esse esboço é o trampolim do qual Sócrates mergulha em seu relato.

Estudiosos d'*A república* descreveram às vezes essas concepções preliminares de justiça como versões de uma "moralidade barata", dando a entender que elas não passam de afirmações explí-

48 · BREVE HISTÓRIA DA JUSTIÇA

citas de um senso comum a respeito da justiça que o povo normalmente segue. Embora não esteja errada, essa descrição omite parte da engenhosidade contida nas interpretações de Platão acerca dessas visões. Considerem o relato que Platão oferece por meio do porta-voz Polemarco, que nos diz, no diálogo, que ele está se valendo da autoridade de Simônides, um proeminente poeta grego do final do século VI e início do século V. De acordo com esse ponto de vista, a "justiça [...] consiste em restituir a cada homem o que lhe é devido" (331e). Pressionado por Sócrates a ampliar essa afirmação, Polemarco explica que "a obrigação que os amigos devem aos amigos é conceder-lhes um benefício, e não lhes causar nenhum prejuízo" (332a), ao passo que "existe uma obrigação [...] de um inimigo para outro que também é apropriada, em outras palavras, o mal" (332b). Em resumo, justiça – que Sócrates chama, nesse caso, de "técnica" (*tékhne*) – equivale a dar benefícios aos amigos e fazer mal aos inimigos (332d). Algumas sondagens posteriores feitas por Sócrates levam à seguinte troca:

> Com relação a que necessidade ou ganho você diria que a justiça é útil nos tempos de paz?
> Com relação aos contratos, Sócrates.
> E por contratos você quer dizer parcerias, ou outra coisa?
> Parcerias, certamente. (333a)

Após Sócrates submeter o ponto de vista de Polemarco a uma crítica minuciosa, Trasímaco intervém energicamente declarando que a "justiça nada mais é que a imposição do mais forte" (338c). Ele prossegue, explicando que o que ele quer dizer é que, em toda cidade, o indivíduo mais poderoso e que se encontra numa posição de controle faz leis em seu próprio benefício, declara que essas leis são justas e pune aqueles que a elas desobedecem como sendo pessoas fora da lei e injustas. Enquanto a visão

TELEOLOGIA E TUTELAGEM N'*A REPÚBLICA* DE PLATÃO · 49

de Polemarco parece estar baseada numa noção pelo menos rudimentar de equidade, a explicação de Trasímaco dá a entender que a justiça não tem absolutamente nada de equânime. "Justiça" não passa de um nome que os seres humanos usam para ocultar e obscurecer os rígidos limites das relações de poder sobre as quais as sociedades são construídas.

Considerem agora a descrição de justiça com a qual Glauco desafia Sócrates no Livro II:

> Dizem que cometer injustiça é, naturalmente, uma coisa boa e que sofrê-la é uma coisa ruim, mas que sofrer injustiça é um mal maior do que cometê-la é um bem; de tal forma que, depois de os homens terem tratado injustamente uns aos outros e terem sido ofendidos, e terem experimentado dos dois, parece vantajoso, para aqueles que são incapazes de evitar um e realizar o outro, chegar a um entendimento para não cometer injustiça nem sofrê-la. E isso, dizem, é o princípio da legislação e dos entendimentos entre as pessoas, e os homens logo aprenderam a chamar de justa, assim como de legítima, a promulgação da lei. Tal é, como dizem, a origem e a verdadeira natureza da justiça; e ela fica a meio-caminho do melhor, que é cometer injustiça sem pagar por isso, e do pior, que é sofrer injustiça sem poder retaliar [...]. (358e-59a)

Glauco prossegue, dando a entender que uma característica comum dos seres humanos é querer sobrepujar os outros alcançando e possuindo o máximo que for possível. Sem controle, essa característica minaria a cooperação e conduziria a um eterno conflito. Portanto, a justiça é uma invenção humana destinada a conter as tendências naturais do ser humano, as quais, se não fossem controladas, teriam consequências radicalmente antissociais.

A descrição feita por Glauco reúne elementos extraídos tanto da visão de Polemarco como da de Trasímaco. Ela retrata a justiça

50 · BREVE HISTÓRIA DA JUSTIÇA

como sendo um objeto estritamente humano, como Trasímaco faz, mas um objeto que é forjado por meio de um acordo, e não um objeto que o forte impõe sobre o fraco. Ela conserva a ligação entre justiça e equidade presente no relato de Polemarco. Na verdade, a teoria de Glauco apresenta três pontos dignos de nota. Primeiro, o relato de Glauco pressupõe que os seres humanos são motivados principalmente pelo desejo de favorecer seus interesses materiais. Essa observação também é verdadeira no que diz respeito às outras concepções preliminares de justiça dos Livros I e II, embora Céfalo introduza o tema da justiça no contexto da preocupação com o destino que sua alma irá enfrentar após a morte do corpo. Segundo, trata-se explicitamente do relato de uma relação entre iguais – em outras palavras, pessoas de mesma condição. As leis e os pactos que ele descreve como os alicerces da justiça são produto de um acordo entre aqueles que possuem uma quantidade pequena ou mediana de poder – aqueles que, pelo menos, são aproximadamente iguais em poder –, e não seria razoável esperar que pessoas extremamente poderosas apoiassem esse acordo. Terceiro, o tema central do relato de Glauco (e do oferecido por Polemarco) é a reciprocidade equilibrada. O relato de Polemarco enfatiza que se retribua benefício com benefício e pague-se ofensa com ofensa. O relato de Glauco enfatiza a reciprocidade do acordo para que um se abstenha de fazer mal ao outro. A teoria da justiça de Glauco desenvolve e aguça as impressões encontradas no relato de Polemarco, sem se afastar do tema subjacente da reciprocidade equilibrada.

A teoria da justiça que Sócrates apresenta na parte principal d'*A república* afasta-se dramaticamente da visão de Glauco com relação a todos esses pontos. Sócrates argumenta que os interesses que são relevantes para a justiça são nossos interesses fundamentais, não os interesses mundanos pelos quais as pessoas geralmente são motivadas em seu dia a dia. O principal objetivo da justiça é aperfeiçoar uma norma no interior de cada ser humano na qual a razão e o bom-senso controlem rigorosamente os impulsos e as emoções humanas. Além disso, Sócrates argumenta que as pessoas são, por natureza, profundamente desiguais – talvez não no que se refira a poder, mas às qualidades que são importantes para o autogoverno e o governo dos outros. Assim, na medida em que a ideia de justiça se aplica às relações entre seres humanos, ela tem que ver, essencialmente, com relações entre pessoas que são desiguais. Finalmente, Sócrates revela pouco interesse pela ideia de reciprocidade equilibrada, exceto como um elemento de comparação para ele desenvolver suas próprias ideias. De seu ponto de vista, as relações de justiça entre os seres humanos são relações de comando e obediência entre desiguais. Essas relações precisam ser benéficas para todas as partes envolvidas – benéficas no sentido de aproximar mais as almas dessas partes da submissão à ordem prescrita pela justiça do que elas, não fossem essas relações, estariam – a fim de ser justas. No entanto, não podemos chamá-las, de maneira significativa, de recíprocas, exceto se ampliarmos consideravelmente o significado habitual do termo.

II

Há muito se percebeu que, ao passar das concepções preliminares de justiça esboçadas nos Livros I e II d'*A república* para a teoria inconfundível que ele desenvolve minuciosamente através do porta-voz Sócrates no restante da obra, na verdade Platão muda de tema. Essa observação tem sido usada às vezes como um pretexto para criticar a argumentação de Platão. No entanto, a questão implícita que Platão coloca é que essas concepções preliminares estão tão mal orientadas que o único modo possível de averiguar as verdadeiras ideias acerca da justiça é mudando de tema.

52 · BREVE HISTÓRIA DA JUSTIÇA

Sócrates dá uma pista quanto à natureza de sua teoria no início do Livro I, quando responde à tentativa de Polemarco de formular uma explicação da justiça. Onde Polemarco defende que a justiça implica fazer coisas benéficas para os amigos e o mal para os inimigos – uma fórmula que reaviva um código heroico que durante muito tempo havia desempenhado um papel importante no pensamento grego –, Sócrates insiste que uma pessoa justa não pode ter o propósito de prejudicar ninguém; assim, nunca é justo infligir dano (335e). Uma vez que normalmente pensamos na justiça como uma coisa boa e causar dano a alguém como uma coisa ruim, a afirmação de Sócrates parece ou ridiculamente óbvia ou inócua. Na verdade, ela está longe de ser uma dessas coisas. Isso porque a ideia de reciprocidade equilibrada – uma ideia que por muito tempo havia sido fundamental para o pensamento a respeito da justiça e é endossada, sob diferentes formulações, por Polemarco e Glauco – implica recompensar o bem com o bem *e* em retribuir o mal com o mal. A afirmação de Sócrates representa o repúdio a pelo menos metade dessa fórmula-padrão.

Platão enfatiza, de diferentes formas indiretas, o abismo que existe entre as concepções preliminares de justiça por ele esboçadas nas páginas de abertura d'*A república*, de um lado, e a teoria da justiça que ele desenvolve por meio do porta-voz Sócrates, de outro. Por exemplo, quando chega à conclusão de que nunca é justo fazer mal a alguém, Sócrates propõe que ele e Polemarco "lutem, você e eu, se qualquer um de nós defender que Simônides, ou Bias, ou Pataco ou qualquer dos outros homens sábios e cultos" (335e) jamais defendera um ponto de vista contrário. Ele dá ênfase, especialmente, aos pontos de vista que possam ser atribuídos a Simônides e outras autoridades respeitadas, não às coisas que essas autoridades realmente disseram. A mensagem dessa proposta, que prenuncia suas propostas posteriores de censurar e

TELEOLOGIA E TUTELAGEM N'*A REPÚBLICA* DE PLATÃO · 53

no final expulsar poetas da cidade idealmente justa imaginada por ele, é que o raciocínio prático tal como configurado por fontes literárias e outras autoridades respeitadas é pervertido e falso. O diálogo também deixa claro que, nessa troca recíproca, Sócrates e Trasímaco estão falando coisas diferentes. Assim como Trasímaco pressupõe que as pessoas invariavelmente estão interessadas em obter vantagens sobre os outros, ele também está interessado em ganhar a discussão – na verdade, em marcar um número suficiente de pontos para ser declarado vencedor no final do debate retórico. Em comparação, Sócrates, que defende que, no final das contas, as pessoas são conduzidas basicamente por seus melhores interesses, está interessado em descobrir a veracidade da justiça. À medida que a discussão avança, vemos Trasímaco ser arrastado, de maneira bastante hesitante e praticamente contra a vontade, pela lógica do raciocínio de Sócrates, concordando finalmente, apenas da boca para fora, com as afirmações que ele não quer aceitar. A diferença entre o modo como eles abordam a discussão é emblemática das diferenças entre as concepções de justiça de cada um.

Quando a exposição das concepções preliminares de justiça vai chegando ao fim, Glauco e Adeimanto apresentam um duplo desafio a Sócrates. Glauco esboçou uma teoria da origem e da natureza da justiça, que ele pede a Sócrates que refute, se puder. Adeimanto insiste que Sócrates explique por que as pessoas deveriam se sentir motivadas a ser justas. Sócrates utiliza ambos os desafios, ligando intimamente um com o outro.

A primeira atitude de Sócrates é diferenciar a justiça de um indivíduo da justiça de uma cidade inteira e examinar esta última primeiro. Ele parte da premissa de que existem semelhanças entre o indivíduo "menor" e a cidade "maior", de tal forma que a investigação da justiça desta última ajudará a responder às perguntas

54 · BREVE HISTÓRIA DA JUSTIÇA

acerca da justiça no campo individual. Sua segunda atitude é reconstruir hipoteticamente as origens de uma cidade, partindo do pressuposto de que, dessa forma, será possível observar o surgimento da justiça e da injustiça (do mesmo modo que alguém pode "observar" um experimento teórico).

Sócrates continua descrevendo, então, os elementos que compõem uma cidade projetada para atender às necessidades humanas. Essa cidade embrionária contém agricultores e pedreiros, tecelões e sapateiros, comerciantes, varejistas e trabalhadores manuais. Glauco chama a atenção para o fato de que, embora próspera, a cidade supre apenas as necessidades básicas vitais de seus membros. Por isso, Sócrates amplia sua investigação, expandindo a cidade para que ela possa incluir pessoas como caçadores, artistas, poetas, servos e doutores (é o que se conhece habitualmente como "cidade dos porcos"); além disso, já que a cidade expandida vai precisar de mais terra do que a cidade embrionária, essa cidade suntuosa também vai precisar de combatentes – "guardiões" – cuja função é conquistar e manter territórios e defender a cidade contra os agressores. Por fim, após uma longa discussão a respeito do treinamento e da formação que os guardas deveriam receber – treinamento físico para o corpo e música e poesia para a alma (376e) –, Sócrates chega à conclusão de que, para a cidade ficar completa, seria necessária ainda outra classe de pessoas, que trabalhassem como governantes. Essas pessoas, escolhidas a dedo na classe dos guardiões com base na dedicação ao bem da cidade (412d-e), deveriam receber uma formação complementar em matemática e em outros assuntos, uma formação que culminaria na educação filosófica. No final das contas, então, Calípolis – a cidade ideal cujo nascimento acompanhamos – compreenderá três classes importantes de pessoas. A primeira classe é composta pelo grupo dirigente, pessoas extremamente dedicadas aos interesses da cidade e também suscetíveis a outros processos educacionais, em especial

TELEOLOGIA E TUTELAGEM N'A *REPÚBLICA* DE PLATÃO · 55

a educação filosófica, que, Sócrates acredita, seja necessária para governar no sentido mais completo e autêntico da palavra, pelo menos no projeto hipotético de Calípolis. Essa classe é composta de guardiões propriamente ditos, ou governantes filósofos. A segunda classe é a dos soldados, cuja função é lutar em nome da cidade. Depois de tê-los chamado de "guardiões", Sócrates adota o termo "auxiliares" (414b, 434c) para diferenciá-los dos membros do primeiro grupo. A terceira classe é composta de agricultores, artesãos, negociantes e serviçais, que atendem às necessidades e aos desejos dos membros da cidade. Sócrates refere-se a essas pessoas como a classe mercantil ou geradora de dinheiro (434c).

No início desse debate, Sócrates observa que os seres humanos nascem com aptidões diferentes, de uma forma que é relevante para sua busca por justiça na cidade:

> No momento mesmo em que vocês estão falando, me vem à memória o fato de que, em primeiro lugar, ninguém nasce igual a seu semelhante em todos os aspectos, diferenciando-se, porém, no que toca a dons naturais, de modo que um homem tem uma aptidão para desempenhar uma tarefa e o outro, para outra. Vocês não pensam assim?
>
> Eu, certamente, penso.
>
> Bem, então, um homem será mais bem-sucedido quando se dedicar a muitas ocupações ou quando se limitar a uma?
>
> Quando ele se limitar a uma, [Glauco] respondeu.
>
> E, ademais, suponho, também é evidente que um trabalho não chega a bom termo quando deixamos escapar o momento adequado de executá-lo.
>
> Sim.
>
> Pois penso que o empreendimento não vai esperar que o responsável disponha de tempo livre, mas o trabalhador deve assumir sua tarefa, fazendo dela sua principal preocupação.
>
> Ele deve.

56 · BREVE HISTÓRIA DA JUSTIÇA

Consequentemente, concluímos que as diversas mercadorias são produzidas com maior abundância, com uma qualidade melhor e com mais facilidade quando todo homem se afastar de outras ocupações e, seguindo sua inclinação natural, fizer uma única coisa no momento adequado. Certamente. (370a-c)

Fazer "uma única coisa no momento adequado" está mais pleno de sentido do que parece à primeira vista. Logo depois dessa descrição das origens de uma cidade, Sócrates observa:

Não permitimos que o sapateiro tentasse ser, ao mesmo tempo, agricultor, tecelão ou pedreiro, a fim de que o trabalho de sapataria pudesse ser bem-feito; e, com relação a cada um dos outros trabalhadores, nós, de igual modo, confiamos uma tarefa para a qual ele estava naturalmente adaptado, e na qual, se deixasse de lado outras ocupações e trabalhasse nela toda a sua vida, não deixando escapar as oportunidades, seria provável que ele fosse bem-sucedido. (374b-c)

A concepção platônica de alocação de funções na cidade é diferente do conceito de divisão do trabalho de Adam Smith. O pressuposto de que o artesão deveria trabalhar "a vida toda" numa única tarefa e ser impedido de tentar qualquer outro ramo de trabalho produtivo é totalmente incompatível com o "sistema de liberdade natural" que Smith defendia e com os princípios de mercado que a maioria dos economistas tem apoiado desde a época de Smith. Ao contrário de Smith e de muitos outros pensadores atuais, parece que Platão acreditava que as pessoas nascem com capacidades radical e imutavelmente diferentes. Para ele, portanto, uma cidade bem organizada obrigaria seus habitantes a cultivar essas diferentes capacidades e os impediria de desperdiçar suas energias buscando outros caminhos.

TELEOLOGIA E TUTELAGEM N'*A REPÚBLICA* DE PLATÃO · 57

Não deve surpreender que a concepção de justiça de Platão em Calípolis reflita esse pressuposto. Após completar o esboço das principais partes da cidade, Sócrates retoma a tarefa que o levou a analisar suas origens, qual seja, situar a justiça na cidade. Ele argumenta que, se a cidade que ele descreveu é completamente boa, então ela exibirá quatro virtudes: sabedoria, coragem, moderação e justiça. Sócrates dá a entender que, se conseguirmos descobrir onde as três primeiras virtudes estão localizadas, será possível descobrir a quarta por meio de um processo de eliminação (427e). Os guardiões ou governantes filósofos da cidade, tal como ele a esboçou, possuem sabedoria; portanto, mesmo com a probabilidade de que essa classe seja a menor da cidade, se ela governar sabiamente poderemos dizer que a cidade possui bom senso e sabedoria. A coragem é uma virtude característica da classe auxiliar (os soldados); portanto, se essa classe for constituída e educada como se deve, a cidade possui coragem. Diferentemente da sabedoria e da coragem, a moderação distribui-se pelo conjunto da cidade, embora se manifeste de forma diversa em seus diferentes membros. Os governantes possuem "desejos simples e comedidos que, é claro, estão em harmonia com a inteligência e o juízo correto, e encontram-se sob a liderança da razão", ao passo que "os desejos da massa rude são mantidos sob controle pelos desejos e sabedoria dos poucos nobres" (431c-d). A justiça, Sócrates argumenta, é, portanto, o elemento restante que torna possível que as outras três virtudes da cidade floresçam. E, uma vez que essas virtudes florescem quando cada pessoa e cada classe se dedica a seu próprio trabalho sem se meter no trabalho das outras classes ou sem sofrer a intromissão dos outros, a justiça consiste em que cada classe (e, dentro da classe geradora de dinheiro, cada ofício) faça seu próprio trabalho e não se meta no trabalho dos outros. A justiça platônica é assegurada quando se observa o imperativo "impedir que qualquer homem se aproprie do que pertence a outro ou seja privado daquilo que lhe pertence" (433e) – e quando aquilo que "pertence" a um homem (ou a uma classe de pessoas) é interpretado como significando, acima de tudo, a função daquela pessoa ou classe numa divisão do trabalho rigidamente determinada com base nas capacidades naturais e imutáveis de cada cidadão, seja essa função a de agricultor, artesão, negociante, guerreiro ou filósofo e governante.

Tendo chegado a essa conclusão a respeito da natureza da justiça na cidade, Sócrates retoma o problema da justiça no indivíduo. Ele argumenta que, assim como a cidade, a alma do indivíduo divide-se em três partes principais. (Nessa época, o conceito de alma no pensamento grego era mais amplo do que o conceito cristão posterior, e a ideia de que a alma é imortal não era aceita, embora o Livro X d'*A república* descreva justamente essa ideia.) A primeira delas é a parte racional, que é a base da capacidade humana de adquirir conhecimento e sabedoria. A segunda é a parte determinada da alma, que é a fonte da raiva e a base da coragem, assim como do impulso para alcançar a dignidade, a glória e a honra. A terceira é o local dos desejos físicos, tanto dos indispensáveis como a fome e a sede como dos desejos supérfluos por deleites e prazeres.

Sócrates liga cada uma dessas partes da alma com uma parte correspondente da cidade. As pessoas pertencentes à classe dos agricultores, artesãos, negociantes e serviçais são guiadas principalmente por seus desejos. As almas dos auxiliares são dominadas pela parte determinada. Nos governantes ou reis filósofos, a parte racional da alma é preponderante. Além disso, a relação natural e legítima entre essas partes é semelhante à existente entre as três principais classes da cidade. A parte racional deve, legitimamente, moderar os desejos e impulsos das outras partes e

TELEOLOGIA E TUTELAGEM N'*A REPÚBLICA* DE PLATÃO · 59

governar o conjunto. Embora essas partes da alma estejam frequentemente em desacordo uma com a outra (Sócrates menciona, em mais de uma passagem, "a guerra civil da alma" [440e; cf. 444b]), numa alma bem organizada a parte determinada irá se alinhar muito mais com a parte racional do que com a outra, de modo que o conjunto seja mantido numa condição harmoniosa. A ideia de uma alma bem organizada é o ponto culminante da investigação de Sócrates:

> Na verdade, a justiça é essa espécie de princípio; contudo, um princípio, como parece, não preocupado com o desempenho externo das ações do homem, mas com o desempenho interno, lidando, realmente, com o próprio homem e seus deveres. Como consequência, o homem justo não permitirá que qualquer parte da alma execute o trabalho de seu vizinho, ou que as diversas aptidões existentes nele interfiram umas com as outras; somente tendo de fato deixado sua casa em ordem, e tendo se tornado seu próprio senhor, ele será uma lei para si próprio e estará em paz consigo mesmo, e combinará harmoniosamente os três elementos como se eles fossem três tempos de uma escala musical – o mais baixo, o mais alto e o intermediário – ou quaisquer outros que possam se interpor; e quando ele tiver juntado todos esses elementos, e tiver, sob todos os pontos de vista, se tornado um entre muitos, uma natureza perfeitamente harmonizada, assim equipado ele então partirá para a ação [...]. (443c-e)

III

Com um raciocínio que vai se revelando gradualmente a partir do primeiro livro d'*A república* até o último, Sócrates explica – no início de maneira hesitante, mas no final de maneira assumida – que seu ideal de justiça na cidade e no indivíduo só pode ser alcançado se os governantes seguirem rigorosamente o caminho

60 · BREVE HISTÓRIA DA JUSTIÇA

daquilo que eu posso chamar de purificação cultural ou doutrinação, e somente se eles estiverem dispostos a aplicar os preceitos de justiça aos governados sem necessidade alguma de obter o consentimento destes últimos. Como vimos, a defesa da doutrinação começa com a afirmação de Sócrates de que seria errado atribuir a Simônides (ou a qualquer outro suposto sábio) o ponto de vista de que a justiça implica fazer mal a alguém, não obstante o que Simônides ou qualquer um dos outros possa realmente ter dito (335e). Já que, de acordo com Sócrates, a justiça não pode prescrever que se pratique o mal, seria desconcertante e inútil atribuir o ponto de vista de que ela o faz a pensadores que são tidos em alta conta.

Sócrates desenvolve a defesa da purificação cultural por etapas. Ele alega que Homero, Hesíodo e outros poetas escreveram histórias falsas que precisam ser censuradas para que se possam educar os guardiões (377-403). Ele explica que alguns tipos de falsidade – os que transmitem mensagens subjacentes por meio de histórias que não representam literalmente a verdade (352-53, 415) – são úteis em razão dos efeitos salutares nas almas daqueles que as ouvem. Essas falsidades devem ser estimuladas, entre elas o célebre "mito dos metais" por meio do qual Sócrates pretende convencer os habitantes de uma cidade justa de que eles todos foram alimentados por uma diversidade de metais existentes debaixo da terra que correspondem às classes para as quais eles foram designados (414b-15d). Ele insinua que os autores das tragédias exaltam a tirania e a democracia, os dois piores tipos de regime político, devendo, portanto, esse tipo de texto ser banido de uma cidade justa (568). Por fim, ele conclui dizendo que hinos para os deuses e louvores para as pessoas boas são o único tipo de poesia que deve ser permitido na cidade justa, uma vez que todos os outros tipos (incluindo os poemas de Homero) ape-

TELEOLOGIA E TUTELAGEM N'*A REPÚBLICA* DE PLATÃO · 61

lam para – e alimentam – as partes baixas da alma e enfraquecem a parte superior e racional (595a-608b). Em suma, a cultura de uma cidade justa precisa ser controlada por meio da censura para que seja fiel às realidades básicas. Para Platão, como essas realidades estão permeadas de valor, apurar a verdade é compreender a avaliação precisa das coisas. Portanto, não se deve confundir a concepção de verdade de Platão com (o que podemos considerar) a representação acurada dos fatos.

A coerção é indispensável na caixa de ferramentas dos governantes, ou pelo menos dos fundadores, de uma cidade justa – ao lado da doutrinação. É claro, toda forma de sistema político tem um elemento de poder coercitivo. Entretanto, comparados às ideias a respeito dos usos legítimos de coerção que são amplamente defendidas nas sociedades democráticas atuais – e até mesmo comparados às práticas de sua própria época –, os pensamentos que Platão nutre acerca do uso legítimo da coerção são chocantes. Durante a discussão sobre a fundação de uma cidade justa, Sócrates sugere:

> Quando os verdadeiros filósofos, seja ele um só ou sejam eles mais de um, forem postos no governo da cidade [...] considerando a justiça como a mais importante e mais indispensável de todas as coisas [...] e dedicando-se a seu serviço [...] eles deportarão para o campo todos os habitantes que tenham mais de dez anos de idade, e afastarão os filhos deles da influência dos costumes predominantes, que também são observados por seus pais; após assumir a responsabilidade dessas crianças, eles as criarão de acordo com os costumes e princípios dos verdadeiros filósofos [...] (540d-41a)

A expulsão de todos os adultos da cidade deixaria Sócrates (ou seu similar filosófico que chegou ao poder) livre para educar esse pequeno número de pessoas, homens e mulheres suscetíveis

62 · BREVE HISTÓRIA DA JUSTIÇA

de receber tal educação, transformando-os nos indivíduos internamente harmoniosos e rigorosamente autocontrolados que personificam a justiça em seu sentido mais pleno. Isso também permitiria a ele, ou eles, moldar a cultura, o modo de pensar e os costumes da cidade, de forma a torná-los compatíveis com a ideia de justiça como uma relação de comando e obediência entre desiguais, que Platão considera ser a relação legítima entre as pessoas numa cidade justa.

O argumento de que a cidade idealmente justa seria composta de três classes coexistindo no interior de um todo harmonicamente organizado, no qual os desejos da multidão são mantidos sob controle de acordo com o critério de poucos (os filósofos), significa uma crítica veemente das principais formas de associação política que os gregos conheciam na época de Platão. Durante o século V, Atenas se tornara a potência comercial hegemônica do mundo grego, além de um laboratório para todos os tipos de experiências relacionadas às instituições democráticas. Não é preciso um grande rasgo de imaginação para perceber que a descrição da terceira classe (agricultores, artesãos, negociantes e serviçais) feita pel'*A república* esteja firmemente ancorada na realidade da vida ateniense durante os anos de juventude de Platão. Ele não se opunha à produção e ao comércio, nem mesmo (talvez) ao trabalho executado pelos serviçais. Porém, era contra um regime no qual os tipos de pessoas que dedicam a vida a essas atividades e cujas almas são guiadas pelos desejos que conduzem à sua busca estejam no comando. De modo semelhante, os argumentos que Platão apresenta a respeito da classe dos soldados ou "auxiliares" estão repletos de alusões ao regime militarista de Esparta, cidade com a qual Atena e seus aliados estavam em guerra na época em que ocorre o diálogo d'*A república*. Embora a avaliação de Platão acerca dos valores e do caráter de Esparta pareça mais

TELEOLOGIA E TUTELAGEM N'A REPÚBLICA DE PLATÃO · 63

favorável que seus pontos de vista sobre os valores democráticos de Atenas, *A república* deixa claro que o regime espartano também fica muito aquém daquilo que ele imagina como um regime justo. Conforme sua descrição impiedosa do tipo de personalidade sem discernimento e volúvel que, segundo ele, é típica dos regimes democráticos,

> Se em algum momento o fascínio da carreira militar o atrai, ele imediatamente vira soldado; ou se admira o financista bem-sucedido, ele parte para ganhar dinheiro. Em suma, não existe ordem nem lei em sua conduta, e ele continua levando uma vida que chama de agradável, livre e feliz. (561d)

A falta de um senso de objetivo e o descontrole descritos aqui por Platão contrastam profundamente com o bom-senso e a determinação que ele atribui a esses supostos governantes filósofos.

A teoria tripartite da alma de Platão é ainda mais fundamental para seus objetivos do que sua concepção tripartite da cidade justa. Além de ligar cada uma das partes da alma a uma classe diferente da cidade ideal (os desejos à classe dos que ganham dinheiro, a parte determinada à classe dos soldados e a parte racional à classe dos dirigentes filósofos), nos Livros VIII e IX Platão liga as duas partes inferiores da alma, as partes determinada e desejosa, a uma série de tipos inferiores de regime político. Ele aplica o rótulo de "aristocracia" (governo dos melhores) à sua cidade ideal, reservando o rótulo "monarquia" para um regime igualmente virtuoso, que leva a uma transição para a aristocracia. Ele então descreve, em ordem decrescente de virtude, quatro tipos de regime (timarquia, oligarquia, democracia e tirania), traçando o retrato de um tipo diferente de personalidade correspondente a cada regime. A timarquia (ou timocracia) significa uma cidade governada por pessoas cujas almas são dominadas pela

64 · BREVE HISTÓRIA DA JUSTIÇA

parte determinada e, consequentemente, o que as motiva é o desejo de ser respeitadas e ter boa reputação (*timé*). A oligarquia é um tipo de regime dominado por pessoas cuja alma é governada por seus desejos imprescindíveis. Na democracia e na tirania, as almas dos governantes são dominadas por seus desejos supérfluos. Platão passa um longo tempo ridicularizando a natureza volúvel, sem objetivo ou mal orientada dessas pessoas, dedicando grande parte do Livro VIII a uma discussão sobre a democracia e praticamente o Livro IX inteiro à tirania, o pior de todos os regimes.

IV

Se tomarmos certa distância da exposição de Platão e a situarmos no contexto da cultura grega da qual ele era um herdeiro, é possível perceber que sua teoria da alma constitui uma crítica das normas e dos ideais de caráter que haviam prevalecido no interior dessa cultura ao longo de muitas gerações. É impossível para o leitor atento não tomar conhecimento do caráter politicamente carregado da descrição que Platão faz da democracia, ou para o leitor avisado deixar de ligar essa descrição com a democracia ateniense que vicejara em sua juventude. Os personagens volúveis que ele chama de homens democráticos, e que são guiados – na verdade, escravizados – por seus desejos venais, são calcados na percepção dele sobre as pessoas cujos interesses mercantis dominaram a política ateniense durante grande parte dos séculos IV e V.

Não obstante, o objeto da crítica mais vigorosa de Platão encontra-se num passado bem mais distante e se estende por um território mais amplo. Esse objeto é o ideal heroico que fora difundido e celebrado por Homero e por outros poetas e dramaturgos, um ideal retratado de forma arquetípica em torno da figura de Aquiles, o principal personagem na história da *Ilíada*. Embora os estudiosos da literatura heroica grega não se disponham a atribuir

TELEOLOGIA E TUTELAGEM N'*A REPÚBLICA* DE PLATÃO · 65

qualquer concepção de alma a Homero, podemos pensar – correndo o risco de um certo anacronismo – que as almas de Aquiles e de seus camaradas heróis compunham-se de duas partes importantes. Como todos os homens, os heróis têm desejos que são levados a satisfazer. Quando Aquiles conquista Briseis como espólio de guerra, ele o faz principalmente para satisfazer sua luxúria. Só mais tarde é que ela vai se tornar a questão central da disputa decisiva entre ele e Agamenon, na qual outros motivos entram em jogo. Entretanto, à diferença das almas dos outros homens, as almas dos heróis são dominadas pelo desejo de alcançar um reconhecimento extraordinário da parte dos outros – se possível, um tipo e um grau de reconhecimento que fará que seus nomes sejam lembrados através dos tempos. Na divisão feita por Platão, esse tipo de desejo é típico da parte determinada da alma. É claro que as figuras heroicas da literatura grega também eram capazes de calcular e raciocinar. O exemplo mais notável é Odisseu, cujas provações – tal como narradas na *Odisseia* – são, no mínimo, tão notáveis no que se refere à exibição da astúcia de Odisseu quanto de sua força e habilidade na guerra. Contudo, na literatura heroica grega, o raciocínio encontra-se, predominantemente, a serviço do desejo de notoriedade; ele não representa o equivalente a uma parte diferente da alma, com uma natureza motivacional distinta. Na verdade, então, se fôssemos expandir a própria terminologia de Platão, poderíamos dizer que a literatura heroica grega favorecia uma divisão "bipartite" da alma (na medida em que se possa atribuir uma concepção de alma a essa literatura): uma parte desejosa, compartilhada por todos e predominante nos homens medíocres, e uma parte determinada, que governa as almas dos personagens mais admiráveis e heroicos.

Essa concepção da alma, ou do modo como ela foi concebida antes que surgisse o conceito de "alma" (*psykhé*), justifica a predo-

66 · BREVE HISTÓRIA DA JUSTIÇA

minância da *areté* no sistema de valores homérico, e é o principal objeto da crítica de Platão. De certo modo, a concepção de justiça de Platão representa uma inversão de um modelo mais antigo. *Areté* tinha sido interpretado como um ideal plenamente concretizado nas personalidades dos indivíduos notáveis. Com o desenvolvimento das cidades, das atividades comerciais e das instituições políticas regulares, esse ideal começou a dar lugar, na estrutura grega de valores, à ideia de um conjunto de regras destinadas a regular os direitos e as transações por meio dos quais os seres humanos coordenam a busca de seus interesses. Essas regras – regras de justiça, tal como formuladas em Atenas nos séculos V e VI – fornecem a maior parte do material a partir do qual Platão elaborou as concepções preliminares de justiça que se encontram no início d'*A república*. Enquanto o foco do ideal de *areté* era o indivíduo notável, a ideia de justiça aplicava-se de maneira idêntica a todos. Platão muda de propósito o foco das regras que pretendiam regular, de maneira idêntica, as ações de todos, para um ideal de personalidade e uma concepção de valores centrada no agente que coloca no centro do palco os poucos notáveis que são capazes de atingir esse ideal.

Ao fazê-lo, no entanto, Platão propõe uma mudança radical no conteúdo desses valores. *A república* procura substituir o ideal do herói guerreiro, cujas características principais podiam ser apreendidas por uma hipotética teoria bipartite da alma em que predomina a busca determinada da glória, por um ideal de herói filósofo, que é descrito pela teoria tripartite platônica da alma bem organizada, dominada e motivada por sua parte racional. Essa teoria é a essência da concepção de justiça de Platão, a qual está muito menos preocupada com a condução real dos negócios terrenos do que com a busca das verdades fundamentais por aqueles poucos indivíduos cujas personalidades possuem a capacidade

TELEOLOGIA E TUTELAGEM N'*A REPÚBLICA* DE PLATÃO · 67

intrínseca para fazê-lo. Como observa Sócrates no final do Livro IX, "o homem inteligente dedicará todas as energias da vida a esse objetivo [...] ele favorecerá aqueles estudos que imprimem essas virtudes em sua alma e desprezará os outros" (591b-c). Mesmo que esse tipo de cidade destinado a cultivar a natureza filosófica não exista nem venha a existir em nenhum lugar da Terra, a visão dessa cidade ainda pode permanecer como um ideal útil para todos que estejam aptos a uma vida filosófica:

> Ao menos [...] talvez exista guardado no céu um exemplar disso, que aquele que o desejar pode observar e, contemplando-o, fundar uma cidade em si mesmo. Não importa, porém, se essa república existe ou jamais existiu em algum lugar; pois ele ordenará sua conduta de acordo com os costumes dessa cidade, e de nenhuma outra. (592b)

Os contrastes entre essa concepção platônica de justiça e as ideias a respeito da justiça que a precederam, tanto na cultura grega como em outras culturas, são acentuados. Em primeiro lugar, enquanto o conceito de retribuição havia desempenhado um papel fundamental nas antigas ideias acerca da justiça, não existe lugar para ele na teoria de Platão. Como vimos, Platão não recua diante da sugestão de que se aplique a coerção no interesse da justiça. Mas o emprego da coerção imaginado por ele não tem o objetivo de punir ou retribuir. A coerção é usada para criar e manter uma ordem justa, um cenário que, segundo Platão, é ao mesmo tempo uma coisa natural e um produto da criação humana (porque ela não pode tomar forma sem um esforço humano deliberado). Como Platão defende n'*A república*, a justiça é objeto de um ofício (*tékhne*). Ele compara a condição de justiça com a condição de saúde; compara, ainda, o ato de governar com diversos ofícios, entre eles o de médico e o de escultor. A obtenção de

68 · BREVE HISTÓRIA DA JUSTIÇA

justiça na cidade e nas almas é como a obtenção de saúde no corpo, e os meios pelos quais se obtém a justiça são um tema de importância secundária. O objetivo é ajudar a construir um cenário justo e, em última instância, aperfeiçoar o caráter das pessoas por meio de todos os instrumentos adequados para alcançar esse objetivo. Na medida em que esses instrumentos têm de ser violentos, eles podem ser comparados de maneira mais precisa ao uso que um político faz da força para resolver problemas e evitar um conflito violento do que ao uso da força como retribuição. Na medida em que eles implicam uma purificação cultural, a melhor maneira de concebê-los é como se eles fossem medidas que um mestre pode utilizar para aperfeiçoar o caráter e as virtudes de seus alunos. Todavia, talvez seja mais conveniente comparar os governantes filósofos de Platão aos médicos que, às vezes, têm de tomar medidas dolorosas com o objetivo de preservar ou recuperar a saúde do paciente. A concepção de justiça de Platão é a de uma tutelagem rigorosa destinada a aperfeiçoar seu objeto, não a de um controle comportamental que pretenda simplesmente aplicar regras.

A concepção de justiça de Platão também surpreende pela falta de qualquer sinal de interesse pela justiça social. Como vimos, embora seja possível descobrir um antecessor rudimentar do conceito de justiça social nas ideias antigas, esse antecessor diferencia-se significativamente das atuais noções de justiça social que conhecemos. A meta de "justiça social" do mundo antigo era proteger os fracos e os vulneráveis, não produzir igualdade social. No entanto, Platão ignora os pobres, os vulneráveis e os fracos. É verdade que ele propõe a abolição das famílias particulares e o instituto da propriedade privada para a porção da população da cidade que deve ser treinada a fim de produzir os defensores da cidade, de onde deve sair a classe dos governantes filósofos. Essas propostas geralmente têm sido interpretadas como precursoras das ideias social-democratas ou socialistas atuais; e, num sentido restrito, centrado nas semelhanças entre as ideias institucionais platônicas e as atuais, essa interpretação não está errada. Contudo, o objetivo das propostas de Platão é quase diametralmente oposto ao dessas ideias atuais.

O contraste mais importante entre a inconfundível concepção de justiça de Platão e as ideias a respeito da justiça mais amplamente externadas que antecederam (e se seguiram a) sua teoria é que, enquanto esta última baseia-se na premissa de que o principal objetivo da justiça é oferecer uma estrutura que regule os interesses materiais dos seres humanos, a concepção de Platão tem, antes, um propósito transcendente. Para ele, o propósito da justiça é desenvolver uma ordem na cidade – e, mais importante, na alma – que esteja de acordo com o modelo ideal de justiça. Esse modelo fixa uma hierarquia em que a sabedoria e o bom-senso filosófico governam rigidamente todos os outros impulsos e faculdades, tanto no indivíduo (para aqueles que conseguem ter um rígido autocontrole) como na cidade como um todo (para todos). De acordo com a concepção habitual – aquela que Platão descreve em diversas formas nas visões preliminares que atribui a Céfalo, Polemarco, Trasímaco e Glauco –, o objeto da justiça é a regulação dos direitos, das transações e, de modo mais geral, dos interesses cotidianos dos seres humanos. É por essa razão que Céfalo dá a entender que a justiça é uma questão de evitar a trapaça ou o engano; que Polemarco defende que a justiça é útil para criar e sustentar parcerias; que Trasímaco afirma que a ideia de justiça nada mais é que um véu para a busca do interesse próprio, que, de outro modo, estaria exposto; e que Glauco associa a justiça com a promulgação de leis e acordos contratuais. Embora essas concepções preliminares diferenciem-se uma da outra de forma significativa, elas compartilham o pressuposto de que o

70 · BREVE HISTÓRIA DA JUSTIÇA

principal objeto da justiça é a busca dos interesses terrenos e de que o principal objetivo de uma concepção de justiça é propor um marco de referência para essa busca. Contrário a essa visão, Platão sugere que o maior objetivo da justiça é a busca das inquietações básicas. "Justiça" é o nome que ele usa para designar a ordem, divina e natural, à qual tanto o Estado como o indivíduo talentoso deveriam aspirar. Sua concepção de *dikaiosýne* habitando o Estado e o indivíduo filosófico é uma alusão precisa à noção de que a deusa *Dike* habita a cidade.

V

Como vimos, as antigas ideias a respeito da justiça anteriores a Platão distinguem-se, de uma perspectiva contemporânea, por duas características notáveis: uma preocupação com a retribuição e uma presteza em conferir o selo de aprovação a hierarquias de poder, condição e riqueza que definiam a esfera social e geralmente eram aceitas como naturais pelos habitantes que não estavam familiarizados com outros modos de vida. Essas características são predominantes na literatura heroica da Grécia antiga, bem como num amplo conjunto de narrativas e documentos legais de outras culturas do mundo antigo.

A transformação de Atenas numa potência comercial e num laboratório de experiências para as instituições democráticas no século V a.C. produziu um conjunto de ideias que ofuscaram essas características da reflexão sobre a justiça havia muito existentes. A ideia de que a esfera social – configurada como local de privilégio e privação e contendo normas que regulavam as relações entre diferentes membros que ocupavam variadas posições – é natural entrou em declínio em favor do ponto de vista alternativo de que os sistemas sociais são, em sua esmagadora maioria, produto das manobras e convenções humanas. No século V, ate-

TELEOLOGIA E TUTELAGEM N'*A REPÚBLICA* DE PLATÃO · 71

nienses inteligentes compartilhavam com autores mais antigos o pressuposto de que o principal objetivo da reflexão sobre a justiça é ajudar a definir uma estrutura cujo propósito é ordenar a busca dos interesses terrenos dos seres humanos. Embora continuassem existindo diferenças de poder, posição social e riqueza, elas passaram a ser encaradas mais como produtos do que como pressupostos dos sistemas sociais humanos. A reflexão sobre a justiça tendeu para a ideia de reciprocidade equilibrada, e passou-se a considerar que o conceito de justiça era aplicável principal, ou unicamente, a relações entre iguais[39]. As relações contratuais entre indivíduos (tidos como) iguais passaram a ocupar grande parte da esfera da justiça, deslocando as relações hierárquicas entre indivíduos e grupos desiguais. Embora a reciprocidade desequilibrada ainda pudesse ser considerada a forma adequada que a justiça deveria assumir em determinados casos, a reciprocidade equilibrada passou a ser considerada o modelo paradigmático de justiça, um parâmetro cujo afastamento tem de ser justificado por motivos específicos.

Foi desse ambiente que Platão extraiu as concepções preliminares de justiça que ele utiliza como trampolim de onde lança sua inconfundível teoria da justiça, uma teoria que vira de cabeça para baixo os conceitos que ele recebeu de seus antecessores e contemporâneos atenienses. Ao contrário desses pensadores, Platão não dá muita importância aos interesses terrenos. Para ele, o principal objetivo da justiça é aperfeiçoar a alma corretamente organizada, e seu objetivo secundário é construir e manter uma cidade organizada de modo a aperfeiçoar a alma corretamente organizada. E, muitíssimo importante, tal cidade não se baseia em relações contratuais entre iguais, mas em relações hierárquicas entre pessoas cujas capacidades e virtudes são desiguais. De modo semelhante, o conceito de reciprocidade, seja ele equilibrado ou não,

72 · BREVE HISTÓRIA DA JUSTIÇA

não ocupa um espaço importante – se é que ocupa – na visão que ele tem de uma cidade justa. As relações de justiça entre seres humanos que são fundamentais para a concepção de Platão são as relações de comando e obediência entre desiguais. Embora essas relações só sejam justas se forem benéficas para as personalidades de todas as partes, não há nenhuma dúvida de que elas não são relações de reciprocidade.

A recriação que Platão faz da justiça acarretou duas inovações importantes, cada uma das quais desempenharia um papel significativo na dinâmica das ideias posteriores a respeito da justiça. Primeiro, a teoria platônica abandona, de fato, a noção de reciprocidade como um ponto de referência fundamental para pensar a justiça. Os pensadores mais antigos geralmente consideravam a justiça uma questão de reciprocidade equilibrada entre iguais e reciprocidade desequilibrada entre desiguais em poder, posição social e/ou riqueza. Para Platão, a forma básica de justiça é uma relação hierárquica entre as partes de uma alma bem-ordenada e entre as classes de pessoas da cidade com diferentes talentos. Podemos descrever essa relação, com alguma licença poética, como uma forma extremamente exagerada de reciprocidade desequilibrada, pois ela parece dar continuidade, de certa forma, a ideias mais antigas a respeito da justiça. Não obstante, a concepção de Platão acerca dessa relação na verdade não está baseada, de modo algum, no conceito de reciprocidade. A relação que ele imagina como uma encarnação da justiça é a de comando e obediência, não a de troca recíproca, mesmo que em condições desiguais. Embora documentos mais antigos a respeito da justiça invariavelmente definam determinado espaço dentro do qual a ideia de reciprocidade equilibrada entre iguais seja aplicável, Platão não demonstra interesse por ela, e nenhum interesse verdadeiro na reciprocidade, qualquer que seja o sentido que se dê a ela. O motivo é que sua teoria da justiça, ao contrário tanto da visão antiga como da contemporânea, concentrava-se, de maneira irredutível, em objetivos supostamente mais elevados. Trata-se de uma teoria teleológica, no sentido de que ela almeja fazer que o mundo – ou ao menos a cidade que é moldada de acordo com essa teoria e o indivíduo que a compreende – entre em harmonia com os objetivos que lhe foram prescritos.

Segundo, a teoria de Platão ajudou a difundir a ideia de que a esfera social está, ela própria, sujeita a uma análise minuciosa e a uma crítica que têm origem numa concepção de justiça. Em sua maioria, os antigos pensadores haviam aceitado que a esfera social existente oferece uma base adequada para os juízos a respeito da justiça, porque eles acreditavam – ou pretendiam acreditar – que esse cenário é natural e, acima de tudo, porque eram incapazes de imaginar alternativas a ele ou não estavam dispostos a fazê-lo. Como não houvesse nenhum outro fundamento disponível nem, na maioria dos casos, tal alternativa fosse sequer imaginada, os direitos e obrigações específicos que estavam vinculados às pessoas e aos grupos existentes naquele cenário eram aceitos como uma base para juízos acerca da justiça. Esse pressuposto tradicional já tinha sido refutado pelos sofistas e por outros na Atenas do século V muito antes de Platão ter começado a escrever como filósofo. Eles sustentavam que as instituições de Atenas e de outras cidades consideradas por todos haviam sido tramadas por seres humanos visando à conveniência humana. No entanto, no longo prazo *A república* de Platão foi um veículo mais influente do que a obra dos sofistas para transmitir – especialmente durante e após o Renascimento – a noção de que uma esfera social pode ser remodelada de acordo com ideias a respeito da justiça.

Embora pareça que a parte principal do texto d'*A república* de Platão tenha circulado por certo tempo após ter sido escrito

74 · BREVE HISTÓRIA DA JUSTIÇA

na Grécia do século IV, a maior parte desse texto acabou ficando fora de circulação durante quase um milênio, sendo redescoberto e publicado em forma de livro somente durante o Renascimento. Só podemos especular a respeito do rumo que as ideias a respeito da justiça poderiam ter tomado caso essa obra tivesse estado disponível para ser amplamente analisada séculos antes do que foi. O que sabemos é que a abordagem platônica da justiça, que acarretou uma reformulação da esfera social como um todo, ressurgiria finalmente numa forma que teria impacto significativo na reflexão contemporânea sobre a justiça, incluindo – apesar das intenções de Platão – a ideia de justiça social.

CAPÍTULO 3

A TEORIA DA JUSTIÇA DE ARISTÓTELES

I

Como Platão, Aristóteles (384-322 a.c.) acreditava que as pessoas estão separadas por diferenças drásticas no que se refere a suas capacidades naturais; tanto é assim que, enquanto algumas estão qualificadas para governar ou para participar no governo, outras – a maior parte da humanidade – só estão aptas a ser governadas. Tanto para ele como para Platão, a relação adequada entre essas duas categorias (a última, segundo Aristóteles, compõe-se de vários grupos diferentes, entre eles mulheres, crianças e pessoas naturalmente adaptáveis à escravidão em virtude de sua capacidade limitada de raciocínio) é a relação de comando e obediência. Para Aristóteles, porém, as relações entre aqueles que são radicalmente desiguais não são o objeto principal da justiça. O princípio de justiça na teoria de Aristóteles aplica-se sobretudo a um conjunto de relações entre homens livres e relativamente iguais entre si – relações que desempenham um papel bastante desprezível na argumentação d'*A república*.

A principal fonte da teoria da justiça de Aristóteles é o Livro V da *Nicomachean Ethics* [*Ética a Nicômaco*], um livro que acompanha, e precede, em ordem de exposição, *A política*. A *Ética* é essencialmente uma investigação a respeito da natureza da vida hu-

76 · BREVE HISTÓRIA DA JUSTIÇA

mana virtuosa e, em especial, das virtudes que fazem parte dela. Sua teoria da justiça delineia-se dentro dessa estrutura muito mais ampla (para ele).

No início de sua explanação, Aristóteles esforça-se em fazer a distinção entre justiça "total" (ou "geral") e justiça "parcial" (ou "específica"). Em certo sentido, diz ele, "chamamos de justas as coisas que produzem e garantem a felicidade da comunidade política" (1129b). Nesse sentido, justiça é "virtude total ou excelência [...] com relação ao vizinho" (1129b). Nesse caso, Aristóteles cita o verso "toda virtude se resume à justiça" do poeta Teógnis. Portanto, a justiça total é um atributo da personalidade, a virtude que os seres humanos revelam em suas relações com os outros na medida em que essas interações promovam a vida virtuosa e levem à felicidade dos membros da comunidade política como um todo.

A justiça parcial, por outro lado, tem que ver com a cota de benefícios que os indivíduos devem receber e de ônus que devem suportar. Entre os benefícios relacionados à justiça parcial, Aristóteles cita especificamente a honra, os bens materiais e a segurança. Embora ele dê uma ênfase menor aos ônus do que aos benefícios, está claro que a justiça parcial também diz respeito à cota de ônus e prejuízos que os indivíduos devem suportar. No sentido parcial, a injustiça ocorre quando uma pessoa recebe uma cota injusta de benefícios ou ônus.

A decisão de Aristóteles de iniciar a discussão com essa distinção entre tipos diferentes de justiça é um exemplo típico de seu método filosófico e implica um afastamento da abordagem platônica da filosofia. N'*A república*, Platão insiste que a justiça deve ser uma coisa só, sendo sempre a mesma em toda e qualquer de suas manifestações. Por conseguinte, a busca de Platão pela justiça acontece por meio da refutação e da exclusão, isto é, demonstrando aquilo que a justiça *não* é a fim de chegar a uma visão inequí-

A TEORIA DA JUSTIÇA DE ARISTÓTELES · 77

voca do que ela é. Já a abordagem de Aristóteles aceita que a justiça possa ser várias coisas diferentes e, especialmente, que ela possa ser considerada de inúmeras maneiras distintas, cada uma delas podendo conter uma verdade significativa.

A noção aristotélica de justiça total é extremamente ampla. Ela corresponde aproximadamente à ideia de *rightness* [retidão] do inglês contemporâneo e indica a qualidade de caráter que leva as pessoas a fazer coisas certas, quer isso implique ser justo ou exercitar o bom-senso de alguma outra maneira. Por outro lado, sua noção de justiça parcial é consideravelmente mais estreita e corresponde aproximadamente ao conceito usual de *justice* [justiça] ou *fairness* [equidade] em inglês. Embora a noção de justiça total seja importante para sua explanação acerca das virtudes, o tema central do Livro V da *Ética a Nicômaco* é a justiça parcial, que é uma parte da justiça total: a parte que tem que ver com a equidade. Vou imitar Aristóteles e me concentrar neste capítulo sobre a justiça parcial, especificamente naquilo que nós, hoje, chamaríamos de "justiça" como algo diferente do tema mais amplo da retidão – tendo em mente, entretanto, que o contexto mais amplo de sua argumentação é estipulado pela ideia de justiça total e que Aristóteles definia a ideia de justiça total tendo como referência a ideia de uma vida virtuosa para os membros da comunidade política como um todo. Para simplificar, aplicarei normalmente o rótulo "justiça" a esse tópico, suprimindo o mais incômodo "justiça parcial".

Quando se discutem as visões de justiça de Aristóteles, é comum seguir sua própria sequência expositiva. Após traçar a diferença entre justiça total e justiça parcial e declarar sua intenção de concentrar-se nesta última, Aristóteles passa a diferenciar suas duas formas, a saber, justiça distributiva e justiça corretiva. Ele então prossegue, discutindo vários tópicos suplementares: a relação

78 · BREVE HISTÓRIA DA JUSTIÇA

entre justiça e reciprocidade, o sentido político da justiça, além de outros. A maioria dos comentaristas concentrou sua atenção nos comentários que Aristóteles fez sobre a justiça distributiva e a justiça corretiva, tratando os tópicos seguintes como anexos, apesar do fato de essas últimas discussões ocuparem cerca de dois terços da explanação total. Essa abordagem tem levado a algumas dificuldades estranhas, especialmente ao tratar a argumentação de Aristóteles acerca da justiça e da reciprocidade. Muitos de seus intérpretes concluíram que essa discussão é anômala. Outros decidiram que ela está claramente fora de lugar, uma digressão que poderia ter sido mais bem situada em outro lugar do que no contexto de sua argumentação a respeito da justiça.

Na verdade, a argumentação de Aristóteles acerca da relação entre justiça e reciprocidade é o suporte de toda a sua teoria da justiça, no sentido da equidade das cotas individuais. O conceito de reciprocidade é o ponto fixo no qual suas ideias a respeito da justiça (parcial) – com todas as idas e vindas e as classificações a que elas estão sujeitas – estão amarradas. Portanto, antes de examinar suas ideias a respeito da justiça distributiva e da justiça corretiva, reservemos um tempo para compreender a natureza básica do conceito de reciprocidade de Aristóteles.

Aristóteles abre a discussão acerca da relação entre reciprocidade e justiça observando que "alguns pensam [...] que a reciprocidade é, sem exceção, justa, pois os pitagóricos definiam justiça, irrestritamente, como reciprocidade" (1132b). Ele de imediato dá a entender que essa interpretação de justiça não pode estar correta, já que, em muitos casos, reciprocidade e justo não são idênticos. Por exemplo, se um cidadão comum agride um policial ou outro funcionário público enquanto este último está trabalhando, não é feita justiça se o funcionário simplesmente devolver o golpe. Nem é feita justiça se um cidadão devolve a agressão

A TEORIA DA JUSTIÇA DE ARISTÓTELES · 79

ao ser agredido por um funcionário enquanto este último está agindo no cumprimento do dever. Aristóteles parece argumentar que, quando as relações entre as partes são, de alguma forma, hierárquicas ou desiguais, a justiça não assume a forma de reciprocidade – ou, mais precisamente, ela não assume a forma de (o que eu chamei de) reciprocidade equilibrada, a qual implica a retribuição de benefícios ou danos de valor igual àqueles recebidos.

Parece que muitos leitores concluíram que a recusa que Aristóteles faz da associação pitagórica entre justiça e reciprocidade encerra a questão, e que a única conclusão a que ele quer levar seus leitores é que a justiça *não* consiste na reciprocidade. No entanto, essa conclusão não é coerente com o texto. Logo depois dos argumentos acima discutidos, Aristóteles faz as seguintes observações, todas dentro do contexto da questão de abertura sobre como devemos conceber a justiça "irrestritamente":

> Em associações baseadas na troca mútua o elo de união é esse tipo de justiça, a saber, reciprocidade de acordo com uma proporção em vez de uma igualdade aritmética. Na verdade, é por meio da retribuição proporcional que a cidade se mantém unida. As pessoas procuram retribuir o mal com o mal – pois, caso contrário, considerar-se-iam reduzidas à escravidão – ou pagar o bem com o bem, pois, caso contrário, não existe contribuição mútua, e é por meio da contribuição mútua que os homens se mantêm unidos. (1132b-133a)

Vamos examinar esse conjunto de afirmações de maneira mais detalhada. Que aspectos Aristóteles está tentando transmitir nessa passagem?

Primeiro, Aristóteles associa justiça com "reciprocidade de acordo com uma proporção" em vez da (que ele alega ser) concepção pitagórica de reciprocidade como uma troca de valores aritmeticamente iguais. Em outras palavras, a troca será justa se as

80 · BREVE HISTÓRIA DA JUSTIÇA

coisas trocadas forem proporcionais aos méritos, ao merecimento ou às contribuições das partes para a troca. Se as partes em questão são estritamente iguais e entram numa relação de troca entre si, então a justiça é feita quando os benefícios que elas trocam têm o mesmo valor. Nesse caso, a relação justa entre essas duas partes é uma relação de reciprocidade equilibrada. Por outro lado, se a desigualdade de mérito entre as partes é do tipo relevante para a transação, então a justiça é servida quando os benefícios trocados diferem de valor proporcionalmente aos diferentes méritos das partes envolvidas. Nesse caso, a relação justa entre as partes é uma relação de reciprocidade desequilibrada, na qual a extensão do desequilíbrio pode ser determinada por meio da comparação entre seus respectivos méritos. A justiça tem muito que ver com a reciprocidade, embora essa reciprocidade não seja necessariamente do tipo "aritmético" (como Aristóteles a chama) ou equilibrado.

Segundo, o foco de Aristóteles nesse momento são as coletividades em que as pessoas se associam entre si visando à troca. Ora, para Aristóteles, uma comunidade política no verdadeiro sentido da palavra é uma associação baseada em trocas mútuas que permitem que seus membros prosperem e sejam autossuficientes como coletividade. Tal associação é composta por homens que nasceram livres e mantêm relações de relativa igualdade entre si, ao menos no sentido de que nenhum deles tem, por natureza, o direito de mandar que qualquer um dos outros faça a sua vontade. Os seres humanos que não são, pelo menos, relativamente iguais aos membros que compõem a comunidade política – como mulheres, crianças e escravos – não são partes do modelo de justiça de Aristóteles baseado na reciprocidade proporcional. Como veremos, embora exista um sentido restrito em que podemos dizer que as relações entre os homens adultos livres e aqueles que Aristóteles acredita serem radicalmente inferiores a eles por

A TEORIA DA JUSTIÇA DE ARISTÓTELES · 81

natureza são justas ou injustas, o conceito básico e irrestrito de justiça somente se aplica às relações de reciprocidade proporcional entre relativamente iguais.

Para Aristóteles, portanto, as ideias a respeito da justiça – isto é, a respeito do tipo de justiça que lida com a equidade das cotas individuais – referem-se principalmente às relações entre homens livres e iguais entre si, no sentido de que nenhum tem direito, por natureza, de mandar nos outros. O foco dessas ideias está nas cotas que os indivíduos recebem – tanto cotas de benefícios como honrarias, bens materiais e segurança, como cotas de ônus ou prejuízos. E o conceito ao qual qualquer teoria da justiça adequada deve estar ligada é o conceito de reciprocidade.

II

Aristóteles divide a justiça – entendida como equidade das cotas individuais – em duas formas: distributiva e corretiva. Essas formas estão baseadas em duas variações diferentes do conceito de reciprocidade. Analisemos primeiramente a justiça em sua forma distributiva.

Aristóteles apresenta o tema da justiça distributiva dizendo que ela

> se revela nas distribuições de honrarias, propriedade ou qualquer outra coisa que seja dividida entre os membros da comunidade. Pois, em tais assuntos, podemos receber cotas que são iguais ou desiguais às cotas dos outros. (1130b)

Essa introdução está sujeita a duas importantes exceções. Primeira, embora o principal interesse de Aristóteles seja analisar o contexto da comunidade política, ela não é o único tipo de associação baseada na troca mútua que é composta por homens relativamente iguais. O conceito de justiça distributiva aplica-se a qualquer associação como essa, e não somente ao sistema político.

82 · BREVE HISTÓRIA DA JUSTIÇA

Segunda, os termos traduzidos aqui como "igual" e "desigual" são *isos* e *anisos*, que podem ser igualmente bem traduzidos, em alguns contextos, como "justo" e "injusto". Portanto, parece que o que Aristóteles está realmente dizendo é que é possível um homem ter uma cota que seja justa ou injusta em comparação com a cota de seu vizinho, em que cota "justa" não precisa significar necessariamente cota "igual".

Aristóteles expõe a noção de justiça distributiva com uma simples ilustração. Ele chama a atenção para o fato de que o justo implica pelo menos quatro elementos, a saber, duas pessoas e duas cotas. A justiça distributiva é alcançada quando, "assim como uma pessoa está para a outra pessoa, assim está uma coisa para a outra coisa" (1131a) – em outras palavras, quando a relação entre as coisas em questão é a mesma que a existente entre as pessoas. Se duas pessoas são iguais, então, por uma questão de justiça distributiva, suas cotas devem ser iguais. Se duas pessoas não são iguais, então suas cotas justas serão desiguais proporcionalmente à desigualdade entre elas. (Tenham em mente que, para Aristóteles, todas as pessoas que venham a participar de qualquer coisa que tenha que ver com justiça distributiva são *relativamente* iguais, no sentido de que nenhuma tem o direito de mandar nas outras. Não obstante, esses relativamente iguais podem ser, e frequentemente são, desiguais quanto ao mérito ou merecimento.)

O filósofo oferece apenas a explicação mais abstrata da base sobre a qual a igualdade ou desigualdade das pessoas deve ser determinada. Ele sustenta que

> todos admitem que, nas distribuições, a justiça deve ser determinada com base no merecimento (ou mérito), embora nem todos aceitem o mesmo critério de merecimento, com os democratas afirmando que esse critério é ter nascido livre, os oligarcas que é a riqueza e, às vezes, o nascimento, e os aristocratas que é a virtude ou a excelência. (1131a)

A TEORIA DA JUSTIÇA DE ARISTÓTELES · 83

Nessa argumentação, Aristóteles não faz nenhum esforço para decidir entre esses critérios alternativos de merecimento. Essa tarefa é deixada para *A política*, uma obra que parece ser o fruto de um estágio bem posterior do seu pensamento. No Livro V de *Ética a Nicômaco* ele apresenta apenas uma estrutura simples para pensar as questões da justiça distributiva.

No entanto, Aristóteles não permanece inteiramente mudo acerca da base sobre a qual as retribuições justas devem ser feitas. Após declarar que "a justiça na distribuição de propriedades públicas é sempre determinada pela proporção acima descrita", ele prossegue, observando que,

> se a distribuição for feita a partir de recursos públicos, ela será proporcional às contribuições que os membros tiverem feito, e o injusto que se opõe a essa justiça é aquele que viola a proporção. (1131b)

Aqui, Aristóteles dá a entender que, ao menos no caso dos recursos, a teoria da justiça distributiva aponta para uma conclusão inequívoca, a saber, que os participantes de um empreendimento comum devem colher benefícios de forma proporcional a suas contribuições para ele.

Embora Aristóteles não deixe dúvida de que a ideia de justiça distributiva pode ser aplicada a muitos tipos de empreendimento comum, para ele o tipo mais importante de empreendimento é a associação política. Uma associação política é constituída por seres humanos que compartilham uma experiência comum a fim de manter a autossuficiência e alcançar uma vida virtuosa. Esses objetivos só podem ser alcançados por meio de contribuições que, necessariamente, são de tipo diverso. A produção de bens materiais é um tipo de contribuição; a oferta de serviços é outro. Porém, uma vez que a prosperidade humana é formada por meio

84 · BREVE HISTÓRIA DA JUSTIÇA

da participação em um conjunto de atividades – entre elas, por exemplo, as atividades típicas da amizade –, os objetivos de uma associação política só podem ser alcançados se essas contribuições econômicas forem complementadas por um conjunto de contribuições de tipo não econômico.

Portanto, é razoável deduzir que, uma vez que os objetivos de uma comunidade política só podem ser alcançados por meio de vários tipos de contribuição, as diferenças de opinião acerca da base de merecimento na comunidade são, no fundo, diferenças acerca do valor comparativo dos vários tipos de contribuição para o empreendimento comum da comunidade política. Como demonstra no capítulo sobre a relação entre justiça e reciprocidade, Aristóteles está ciente de que é difícil fazer comparações quantitativamente significativas entre os valores das coisas que são de tipo diferente (1133b). Nas relações de troca entre pessoas que produzem tipos diferentes de bens, essa dificuldade pode ser enfrentada com a introdução do dinheiro, que permite que se avaliem os valores dos diferentes bens usando um critério único. É por essa razão que é possível tirar conclusões claras da teoria da justiça distributiva em casos que implicam a distribuição de recursos. Entretanto, no caso de contribuições a uma comunidade política refratária à avaliação em termos monetários, não existe nenhum critério comum facilmente disponível. Essa talvez seja uma das razões pelas quais "brigas e reclamações surgem como consequência de iguais terem e fruírem coisas que não são iguais, ou pessoas que não são iguais terem coisas que são iguais" (1131a). Na falta de um critério comum ao qual recorrer quando se julgam reclamações concorrentes, tais conflitos são provavelmente inevitáveis.

A teoria da justiça distributiva de Aristóteles parece apoiar-se numa versão do que mais tarde veio a ser conhecido como princípio de contribuição, o qual afirma (aproximadamente) que é justo que as pessoas obtenham recompensas de um empreendimento comum que sejam proporcionais em valor às contribuições que elas fizeram para ele. Parece que alguns, embora não todos, dos defensores desse princípio que viveram no século XIX (entre eles Herbert Spencer) pensavam que todas as contribuições podem ser quantificadas em termos monetários e que a melhor maneira possível de pôr em prática o princípio de contribuição é por meio de um sistema de livre mercado que não sofra nenhuma restrição. A versão do princípio de contribuição que pode ser atribuída a Aristóteles ocupa um espaço totalmente independente dessa concepção baseada no mercado. De fato, um aspecto extremamente importante da sua teoria é que, na falta de um critério comum pelo qual se possam comparar os valores das várias contribuições, esse princípio claro não conduz a medidas práticas igualmente claras, e que somente por meio dos processos políticos é que tais medidas podem ser concebidas de maneira justa. Não obstante, o ponto de referência da interpretação mais plausível da teoria aristotélica de justiça distributiva é a versão do princípio de contribuição na qual o conceito de contribuição é interpretado de maneira abrangente, e não em termos econômicos restritos.

III

Vejamos a explicação que Aristóteles dá para a justiça corretiva. Esse conceito, tal como ele o imagina, aplica-se a dois tipos de transações privadas. Transações *voluntárias* são aquelas em que todas as partes entram voluntariamente. Aristóteles ilustra essa categoria com exemplos de natureza financeira: compra e venda, empréstimo de recursos com ou sem cobrança de juros, aluguel, fornecimento de segurança e depósito de recursos em custódia.

86 · BREVE HISTÓRIA DA JUSTIÇA

A segunda categoria compreende as transações *involuntárias*. Embora no inglês contemporâneo nós costumemos aplicar o termo *transactions* [transações] às trocas voluntárias, para Aristóteles qualquer interação entre duas ou mais pessoas que envolva uma transferência de benefícios ou danos é uma transação à qual se aplicam os princípios de justiça.

Existem dois tipos de transações involuntárias. De acordo com sua explicação, algumas envolvem atividades clandestinas como roubo, adultério, envenenamento, assassinato, alcovitagem, incitação de escravos para que fujam do cativeiro e prestar falso-testemunho. O outro tipo de transação involuntária envolve o uso da força; entre os exemplos, podemos citar estupro, prisão, homicídio, assalto, mutilação, difamação e calúnia.

Aristóteles apresenta sua explicação da justiça corretiva dizendo, logo depois de completar a argumentação a respeito da justiça distributiva, que "o outro tipo de justiça é o tipo corretivo" (1131b). Essa afirmação, juntamente com a declaração anterior que separava a justiça em dois (e somente dois) modelos, distributivo e corretivo, parece ter induzido alguns de seus leitores ao erro, sendo, provavelmente, o motivo principal pelo qual muitos deles trataram suas argumentações posteriores neste capítulo – isto é, a parte principal do texto – como uma série de anexos a seus argumentos básicos sobre a justiça. Na verdade, a explicação que o filósofo dá para a justiça corretiva nas transações pressupõe uma concepção de transações justas, já que as transações só estão sujeitas a correção quando algo dá errado. Quando Aristóteles concentra-se nas justiças distributiva e corretiva, parece que ele tem em mente o tipo de justiça que resulta das ações conscientes de um agente: no caso da justiça distributiva, pessoa(s) responsáve(eis) pela distribuição de honrarias, bens materiais, segurança ou coisas desse tipo; no caso da justiça corretiva, um juiz ou um

A TEORIA DA JUSTIÇA DE ARISTÓTELES · 87

árbitro. Neste último caso, as ações conscientes de um agente só são exigidas como uma questão de justiça quando as transações que se procura corrigir foram injustas.

Analisemos primeiramente a justiça corretiva sobre as transações voluntárias. Para que possamos compreender o conceito aristotélico desse tipo de justiça, é preciso antes de tudo entender suas ideias sobre transações justas, que estão expostas no capítulo que trata da relação entre justiça e reciprocidade. Por essa razão, precisamos investigar mais profundamente sua afirmação (examinada na Seção I acima) de que justiça "sem restrição" é equivalente a reciprocidade proporcional.

Embora os aspectos mais refinados da explicação de Aristóteles estejam além do escopo deste livro, as linhas gerais de sua visão são suficientemente claras. Aristóteles ilustra sua noção de troca recíproca feita com base proporcional por meio de uma série de exemplos: um pedreiro e um sapateiro que trocam uma casa por alguns sapatos; um médico e um agricultor; um sapateiro e um agricultor. Para que seja justa, qualquer troca entre qualquer uma dessas duplas terá de ser proporcional. Aristóteles defende, especificamente, que a reciprocidade terá sido alcançada quando "o produto do sapateiro estiver para o produto do agricultor assim como o agricultor está para o sapateiro" (1133a). Ele parte do pressuposto de que produtores de diferentes profissões ou ramos de negócio são desiguais de um ponto de vista que permite comparações entre eles, pois "não é entre dois médicos que se forma uma comunidade, mas entre um médico e um agricultor, e, em geral, entre aqueles que são diferentes e desiguais" (1133a). Ele parece pressupor, igualmente, que os produtos possuem valor intrínseco e que os valores de produtos qualitativamente diferentes podem ser comparados, de maneira significativa, por intermédio de uma moeda comum.

88 · BREVE HISTÓRIA DA JUSTIÇA

Suponhamos que o mérito do pedreiro (avaliado por meio de algum critério que permita comparar produtores de diferentes profissões) seja o dobro do mérito do sapateiro. (Tenhamos em mente que, para Aristóteles, o pedreiro, o agricultor e o sapateiro são todos relativamente iguais – isto é, são livres e iguais no sentido de que ninguém tem o direito de mandar nos outros.) Portanto, de acordo com a fórmula de Aristóteles, a troca entre eles de sapatos por uma casa será justa se o valor intrínseco dos sapatos que o pedreiro receber for o dobro do valor intrínseco da casa que ele ceder ao sapateiro. A relação entre o pedreiro e o sapateiro (2:1) corresponderá, então, à observada entre a quantidade determinada de sapatos e a da casa (2:1).

Aristóteles não explica a base sobre a qual os valores relativos do pedreiro e do sapateiro – ou de qualquer dupla de profissionais ou negociantes – são definidos. É razoável supor, no entanto, que ele pode ter pensado nas contribuições que esses profissionais ou negociantes dão para o estoque global de bens e serviços disponíveis para os membros da comunidade política. Suponhamos que o pedreiro do exemplo acima seja duas vezes mais produtivo que o sapateiro. A alta produtividade do pedreiro explica o valor maior que ele tem com relação ao sapateiro. Ela também explica, como uma questão de justiça, que o pedreiro tenha direito a receber sapatos do sapateiro no dobro do valor da casa que ele transfere ao sapateiro. O pedreiro contribui com o dobro de valor para o estoque de bens e, merecidamente, tem o direito de receber de volta o dobro do valor que o sapateiro recebe. Penso que isso seja o que Aristóteles quer dizer com "reciprocidade de acordo com uma proporção em vez de uma igualdade aritmética". Nesse contexto, a reciprocidade proporcional representa uma forma do princípio de contribuição na qual o conceito de contribuição é interpretado de maneira ampla – o mesmo princípio que parece sustentar sua teoria da justiça distributiva.

A TEORIA DA JUSTIÇA DE ARISTÓTELES · 89

Agora podemos retomar a explicação aristotélica da justiça corretiva nas transações, uma forma de justiça que é atribuída na hipótese de ter ocorrido alguma injustiça nas transações – algum distanciamento do princípio aristotélico de reciprocidade proporcional na troca. A principal característica da justiça corretiva é que ela se baseia no que Aristóteles chama de igualdade "aritmética", não igualdade proporcional. Ao contrário do tipo de justiça que sustenta as trocas recíprocas que mantêm a comunidade unida, e ao contrário do que acontece na justiça distributiva, na justiça corretiva os valores relativos das contribuições das partes para o estoque global da comunidade política não têm nenhuma influência na apuração daquilo que constitui a justiça corretiva. "Não faz diferença se um homem bom defrauda um homem mau ou se um homem mau defrauda um bom, nem se é um homem bom ou um homem mau que comete adultério" (1132a). Quando uma pessoa defrauda outra, é como se uma linha fosse dividida em duas partes desiguais, com o perpetrador possuindo a parte maior e a vítima, a parte menor. O juiz que foi chamado para corrigir a injustiça cometida tirará o excesso do perpetrador e o devolverá à vítima, sem levar em conta o caráter das partes ou o valor de suas contribuições.

Aristóteles parte do pressuposto de que o mérito das partes numa disputa (em que o mérito é determinado pelo valor das contribuições para o empreendimento comum) já foi levado em conta quando foram definidas as cotas de bens que elas possuíam antes da transação injusta. Seria uma deturpação da justiça, portanto, levar esse fator em conta novamente, enquanto adjudica a disputa entre elas. A premissa da justiça corretiva é que cada parte possuía uma cota justa antes da transação injusta. O objetivo do adjudicador ou juiz deve ser restaurar o equilíbrio existente entre as partes antes da injustiça. O juiz age assim ao privar do ganho

90 · BREVE HISTÓRIA DA JUSTIÇA

injusto a parte que foi beneficiada e ao devolver à parte prejudicada qualquer perda injusta. Nos termos por mim sugeridos num capítulo do início do livro, o princípio subjacente à teoria aristotélica de justiça corretiva com respeito a transações voluntárias baseia-se no conceito de reciprocidade equilibrada. Agora podemos nos debruçar sobre as ideias de Aristóteles acerca da justiça corretiva com respeito a transações involuntárias. Muitos estudiosos têm dado a entender que, em sua teoria de justiça, Aristóteles não tem nada a dizer sobre as questões da punição ou da justiça retributiva, um aspecto que vários entre eles consideram, na melhor das hipóteses, algo estranho e, na pior, uma grave omissão. Na verdade, o estranho é que essa visão, que remonta, no mínimo, à amplamente utilizada edição de 1926 da *Ética a Nicômaco*[40], tenha se difundido tão amplamente como foi. O equívoco pode ter origem numa tendência a impor, de forma anacrônica, a atual diferenciação entre crimes e delitos aos textos de Aristóteles, que vivia numa sociedade que não levava em conta tal distinção. Parece bastante claro que, embora ofereça poucos exemplos que deem substância a suas ideias acerca da justiça retributiva, Aristóteles a tem em mente quando discute tanto a reciprocidade proporcional (a base do seu pensamento a respeito da justiça parcial em geral) quanto a justiça corretiva. O termo que é traduzido como "reciprocidade", *to antipeponthos*, significa literalmente "sofrer de volta por suas ações", tendo um significado próximo da conhecida regra de reciprocidade da justiça retributiva "olho por olho, dente por dente [...]". Um pouco antes de começar sua argumentação sobre a justiça como reciprocidade, Aristóteles cita a norma de Radamanto (o filho mítico de Zeus e Europa) "se um homem sofrer aquilo que ele fez, ter-se-á feito justiça" (1132b), embora não endosse a interpretação pitagórica dessa norma. Ao argumentar que a reciprocidade simples e equi-

A TEORIA DA JUSTIÇA DE ARISTÓTELES · 91

librada é insuficiente como norma de justiça no caso de um homem do povo que agride um funcionário público, parece que ele dá a entender que seria justa alguma forma de punição para o homem. E, além disso, ao discutir a justiça corretiva (sobre a qual aprenderemos mais abaixo), Aristóteles declara que,

> quando um homem agride e o outro é agredido, quando um homem mata e o outro é morto, a ação e o sofrimento foram divididos em partes desiguais, e o juiz esforça-se para igualar o lucro e a perda subtraindo do primeiro. (1132a)

Nesse caso, o raciocínio de Aristóteles evoca a noção de que a reação justa ao crime é restaurar o equilíbrio que havia sido interrompido por sua execução – uma noção que, em sua época, era, havia muito, a forma predominante de reflexão sobre o tema da justiça retributiva. Parece bastante claro que ele não ignorou o tema.

Como no caso das ações voluntárias que deram errado e, consequentemente, exigem correção, Aristóteles pressupõe que, antes de uma transação involuntária, cada parte envolvida possuía sua cota justa de quaisquer dos bens que pudessem estar em questão. Do mesmo modo, seu pensamento acerca da justiça corretiva com respeito a transações involuntárias parte do pressuposto de que, antes da "transação" relevante, as partes envolvidas encontravam-se numa relação de justiça recíproca. Aristóteles pressupõe que não é preciso explicar que roubo, agressão, assassinato e outros atos nos quais um agressor inflige dano a uma vítima hostil ou desconhecida são injustos.

A justiça corretiva aplicada a transações involuntárias "trata as partes como iguais, considerando se uma infligiu uma injustiça e se a outra a sofreu" (1132a). No caso do agressor que feriu ou matou outra pessoa, essa compensação – ou restauração do equi-

92 · BREVE HISTÓRIA DA JUSTIÇA

líbrio – é alcançada infligindo dano ao agressor. Aristóteles não apresenta uma fórmula para precisar o tipo ou a magnitude do dano que deve ser infligido aos agressores. Para ele, a questão fundamental é que o dano que os agressores injustamente infligiram às vítimas deve ser pago por um dano que seja imposto a eles em retribuição, "pois, de outro modo, elas [vítimas] consideram-se reduzidas à escravidão" (citado acima). No entanto, como regra prática geral, ele sugere que a magnitude da punição ou perda imposta àquele que comete um dano injusto deve ser em proporção "aritmética" à (isto é, de valor igual) magnitude da perda ou dano infligida por ele.

A interpretação mais plausível da teoria da justiça corretiva de Aristóteles com respeito a transações involuntárias – sua teoria da justiça retributiva – é que ela exige algo como olho por olho ou *lex talionis*, ou, de forma mais genérica, a reciprocidade equilibrada. Os princípios fundamentais subjacentes a ambas as partes de sua teoria da justiça corretiva parecem estar ancorados no conceito de reciprocidade equilibrada.

IV

Embora a ideia de justiça seja aplicável a qualquer associação de pessoas relativamente iguais que se baseia na troca mútua, o espaço mais importante da justiça é a comunidade política:

> o que buscamos não é simplesmente justiça no sentido absoluto, mas também justiça política, i.e., a justiça dos cidadãos livres e (proporcional ou aritmeticamente) iguais que vivem juntos, visando à satisfação das necessidades. (1134a)

Aristóteles subdivide o que é justo do ponto de vista político em duas categorias: o que é justo por natureza e o que é justo por convenção. Essa distinção tem dado origem a uma grande perplexidade por parte dos intérpretes de Aristóteles.

A interpretação mais comum da teoria aristotélica sobre o que é justo por natureza (ou "direito natural") identifica essa teoria com as concepções estoicas, cristãs e racionalistas do direito natural, as quais o consideram um critério de justiça eterno, universal e imutável. De acordo com essa visão, a teoria aristotélica é uma antiga – talvez a mais antiga – formulação de concepção de justiça que independe de qualquer sistema legal, uma concepção que pode ser invocada para avaliar, criticar e, em alguns casos, condenar as prescrições legais existentes como injustas.

Veremos a seguir que a teoria da justiça de Aristóteles encontra-se, de fato, rodeada por uma auréola de ideias que pretendem transcender as prescrições de qualquer sistema específico de direito positivo existente. No entanto, sua noção do que é justo por natureza não é a principal fonte desse ponto de vista. Comparada com os raios brilhantes de luz associados às ideias dos estoicos – e a outras que surgiram depois – sobre o direito natural, essa noção, na melhor das hipóteses, emite apenas um brilho frouxo. Podemos perceber o porquê disso quando analisamos duas características dessa noção.

Primeira, ao contrário de inúmeros autores – entre eles alguns dos autores gregos de sua própria época –, Aristóteles classifica o que é justo por natureza como uma subdivisão do que é justo do ponto de vista político. Se essa noção tivesse a mesma importância das ideias estoicas e de outras que surgiram depois, com as quais muitas vezes é comparada, então teria feito muito mais sentido que Aristóteles a caracterizasse como sendo independente daquilo – e, em certo sentido, anterior àquilo – que é justo do ponto de vista político. O fato de ele não agir assim é uma indicação clara de que sua noção do que é justo por natureza não pretende ter o papel que a ideia de direito natural ou de direitos naturais viria a desempenhar em muitos sistemas de ideias posteriores.

94 · BREVE HISTÓRIA DA JUSTIÇA

Segunda, Aristóteles insiste que o que é justo por natureza está sujeito a mudança – na verdade, que o que é justo por natureza está tão sujeito a mudança como o que é justo por convenção (1134b). Essa afirmação – que representou um obstáculo para seus intérpretes, de Tomás de Aquino em diante, que consideram Aristóteles a origem ou o fundador da teoria do direito natural – é incompatível com a concepção usual de que o direito natural é eterno e imutável.

A melhor interpretação da distinção feita por Aristóteles é relativamente simples. O que é justo por convenção refere-se a questões que nos seriam indiferentes na falta de um conjunto de regras que possamos considerar matéria de acordo ou convenção. Aristóteles sugere o exemplo da escolha do animal (bode ou ovelha) que deve ser tido como adequado para um sacrifício. Podemos acrescentar o exemplo da escolha entre dirigir do lado direito ou do lado esquerdo da estrada. Intrinsecamente, não faz nenhuma diferença se escolhemos bodes ou ovelhas para serem sacrificados, assim como também não altera nada escolher o lado direito ou esquerdo da estrada para seguir viagem. No entanto, uma vez que se chega a um acordo, essa escolha torna-se uma convenção e sua violação, uma injustiça. Nesse caso, justiça e injustiça são criadas por meio da adoção de uma convenção.

Inversamente, o que é justo por natureza refere-se a questões que não nos são indiferentes, mesmo na falta de um conjunto de regras aceitas. Parece óbvio que não seríamos indiferentes a atos de agressão ou assassinato, mesmo que não existissem cláusulas legais que os proibissem e punissem. De modo geral, ações que contribuem para a prosperidade humana – ações que produzem e preservam a felicidade da comunidade social e política – são justas por natureza, ao passo que ações que prejudicam a preservação da felicidade da comunidade são injustas por natureza.

Como os tipos de ação que contribuem para a preservação e a felicidade da comunidade política variam de época para época e de situação para situação, o que é justo (e injusto) por natureza está sujeito a mudança. Ademais, e possivelmente mais importante para Aristóteles, cada comunidade política específica diferencia-se em alguns aspectos de todas as outras comunidades políticas. Os tipos de ações que contribuem para a preservação de determinado tipo de comunidade política são diferentes daqueles que contribuem para a preservação de outro tipo, de tal maneira que as ações que são justas num tipo de comunidade podem ser injustas em outro. Não obstante, qualquer que seja o momento ou a circunstância, o conjunto de ações que colaboram para a prosperidade humana é relativamente claro. Como diz Aristóteles, não é difícil, exceto talvez em questões menores, distinguir as coisas injustas por natureza das coisas injustas unicamente por convenção (1134b).

Se a concepção de direito natural de Aristóteles não pretende constituir um critério de justiça eterno, universal e imutável, será que algo em sua teoria produz um critério a que se pode recorrer a fim de avaliar a justiça ou a injustiça das leis em vigor? Ou será que o conceito de justiça de Aristóteles é tão dependente do conceito de lei que a justiça para ele seja praticamente sinônimo de lei?

Alguns trechos da *Ética a Nicômaco* sugerem esta última conclusão. Por exemplo, logo no começo do Livro V Aristóteles observa que o "'justo' em tal caso inclui o que é legal e legítimo, e 'injusto' o que é ilegal e ilegítimo" (1129a-b). Algumas linhas depois, ele nota que "é óbvio que todas as leis são, de certo modo, justas. Pois as leis são fruto da legislação, e reconhecemos que cada um dos frutos da legislação é justo" (1129b). Portanto, de acordo com Aristóteles, existe uma perspectiva segundo a qual o que é legal é justo.

96 · BREVE HISTÓRIA DA JUSTIÇA

Contudo, outras partes de sua argumentação deixam claro que leis positivas reais podem ser imperfeitas e mesmo, em alguns casos, inequivocamente injustas, a partir de um sentido de justiça que não identifica o justo rigorosamente com o legal. (Lembremos que, para Aristóteles, a justiça pode ser concebida de inúmeras formas diferentes, cada uma das quais pode conter uma verdade significativa.) Aristóteles nota, por exemplo, que "as leis pronunciam-se sobre todos os assuntos [...] prescrevendo algumas coisas e proibindo outras, as leis corretamente instituídas fazendo-o da maneira correta, e a lei improvisada com menos propriedade" (1129b). Nesse caso, ele parece reconhecer que as leis existentes às vezes contêm imperfeições, mesmo quando os legisladores eram bem-intencionados. Além do mais, Aristóteles chama a atenção para o fato de que mesmo as leis mais bem concebidas são por vezes imperfeitas quando aplicadas a casos específicos. Por natureza, leis são prescrições ou proibições genéricas, mas "existem alguns casos que não podem ser previstos numa declaração genérica" (1137b). É por essa razão que conclusões baseadas estritamente na lei podem muito bem ser deixadas de lado no interesse da equidade quando um juiz constata que as leis deixam de fazer sentido numa situação específica. "Embora o equitativo seja justo, ele não significa justiça legal, mas uma retificação dela" (1137b).

Mais adiante, Aristóteles observa:

> As pessoas imaginam que, como a capacidade de agir injustamente depende delas, ser justo é fácil. Mas não é o que acontece [...] [igualmente,] as pessoas supõem [...] que não é necessário ser especialmente sábio para distinguir entre coisas que são justas e as que são injustas, porque não é difícil compreender tais questões do modo como estão estipuladas nas leis. Porém, é somente por coincidência que as ações prescritas na lei são idênti-

cas às ditadas pela justiça. Para serem justas, as ações precisam ser feitas e as distribuições, realizadas de uma maneira específica, e o conhecimento exigido para fazer essas coisas é mais difícil de alcançar do que o conhecimento daquilo que torna as pessoas saudáveis. (1137a)

Nesse trecho, Aristóteles deixa claro que, mesmo quando excelentes, as leis são, intrinsecamente, expressões imperfeitas de justiça. Para compreender o justo e o injusto é necessário ter sabedoria, não apenas o conhecimento da lei, porque as leis não são intrinsecamente justas, mas tornam-se justas apenas se forem elaboradas de maneira cuidadosa e criteriosa.

As disparidades mais sérias entre lei e justiça surgem quando falta ao regime o principal atributo necessário para apoiar a justiça "sem exceção", a saber, uma vida comum entre homens livres e relativamente iguais entre si. Na falta desse fundamento da justiça e do direito,

não existe justiça política, mas apenas uma aparência de justiça. Pois só existe justiça entre aqueles que dispõem da lei para controlar suas negociações mútuas, e só existe lei onde acontece injustiça. (1134a)

Nesse caso, Aristóteles está pensando na tirania, como fica claro pelas palavras que vêm imediatamente em seguida. Os regimes tirânicos são capazes de adotar leis e de governar por meio delas. No entanto, essas leis não encarnam a justiça, uma vez que não são fruto de relações entre homens livres e relativamente iguais. Fica claro que, para Aristóteles, embora exista um sentido restrito no qual o legal é justo, não existe nenhuma sinonímia entre justiça e lei.

A ideia que Aristóteles tem da comunidade política é inseparável de sua teoria de justiça e, especialmente, de sua concepção

98 · BREVE HISTÓRIA DA JUSTIÇA

do papel da reciprocidade, que se encontra no centro daquela teoria. A comunidade (*koinonía*) é, na verdade, o princípio subjacente de sua argumentação a respeito da reciprocidade. Ele emprega o termo *koinonía* seis vezes unicamente no capítulo sobre reciprocidade, deixando claro que a comunidade é um dos objetivos principais da troca recíproca. Retomemos uma parte do que ele diz no início da argumentação acerca da reciprocidade:

> em associações baseadas na troca mútua [...] esse tipo de justiça, a saber, reciprocidade de acordo com uma proporção em vez de uma igualdade aritmética, [...] [é a coisa por meio da qual] a cidade se mantém unida [...] pois [...] é por meio da contribuição mútua que os homens se mantêm unidos. (1132b-133a)

Ele toca no mesmo assunto em *Política*:

> As partes que irão constituir um conjunto orgânico único precisam ser de tipo diferente. E, consequentemente, é o princípio de igualdade recíproca que preserva toda *pólis*, como já afirmei na *Ética*; pois esse princípio prevalece mesmo numa sociedade de pessoas livres e iguais. (*Política*, II.ii, 1261a)

Para Aristóteles, cada ato de troca que está de acordo com a justiça nas transações reafirma os valores que a comunidade lança sobre seus diversos membros e sobre seus produtos e serviços. A reciprocidade mantém de pé as normas por meio das quais a comunidade se mantém unida em uma única entidade. Do mesmo modo, cada ato de justiça corretiva, seja ele aplicado a transações voluntárias que deram errado ou a transações involuntárias, ajuda a sustentar os elos que mantêm a associação unida, fazendo cumprir suas normas e interpretações subjacentes do que seriam ações justas e injustas. Aristóteles não imaginou que nós poderíamos emitir opiniões a respeito da justiça ou injustiça das leis existentes com base num direito natural eterno e imutável porque ele não acreditava que, no que diz respeito a questões políticas e legais, tal direito existisse; na verdade, parece que ele não havia nem concebido essa ideia de direito natural. Mas ele acreditava, isso sim, que o conceito de reciprocidade fornece um critério ao qual devemos recorrer ao avaliar a justiça ou injustiça das leis, porque o bem-estar de cada *pólis* depende da manutenção de relações de reciprocidade.

V

Os textos de Aristóteles confirmam reiteradamente que, em sua visão, o conceito de justiça aplica-se sobretudo às relações entre homens livres e relativamente iguais entre si. Ele diferencia essas relações, de maneira precisa e coerente, daquelas que prevalecem entre desiguais categóricos. Relembremos uma das principais afirmações de sua argumentação a respeito da justiça em seu sentido irrestrito: "As pessoas procuram retribuir o mal com o mal – pois, caso contrário, considerar-se-iam reduzidas à escravidão – ou pagar o bem com o bem, pois, caso contrário, não existiria contribuição mútua [...]" (1132b-133a). Relações saudáveis entre iguais têm origem na prática da reciprocidade, uma prática que favorece o senso de comunidade entre homens que são relativamente iguais e, não obstante, diferem no modo como são capazes de contribuir para a vida comum. Para Aristóteles, a prática da reciprocidade mantém unida a comunidade política.

As concepções de Aristóteles acerca tanto da justiça como do tipo de comunidade por meio da qual uma associação política saudável se constitui contrastam nitidamente com as ideias de Platão sobre essas questões. Do mesmo modo que ele critica implicitamente a insistência de Platão de que a justiça tem de ser *uma*, e apenas uma coisa, ao iniciar sua própria argumentação a respeito da justiça com uma explicação dos diferentes ti-

100 · BREVE HISTÓRIA DA JUSTIÇA

pos de coisas que a justiça pode ser, ele também critica Platão por este defender que o melhor tipo de comunidade política é aquele que alcança a maior unidade possível. Ao contrário, Aristóteles argumenta na *Política* que "é evidente, no entanto, que, à medida que a *pólis* progride e se torna mais unida, ela deixa de ser, sob qualquer condição, uma *pólis*" (II.ii, 1261a). Uma comunidade política precisa ser composta de diferentes tipos de homens com diversas capacidades. Por serem de tipos diferentes, esses homens precisam ser mantidos unidos por meio de relações de reciprocidade que aceitam e fortalecem as normas sobre as quais a comunidade se baseia.

Percebemos que Aristóteles apresenta um argumento afim, acompanhado por uma crítica semelhante de Platão, quando discute acerca do poder político. Recapitulando a visão de Platão, Aristóteles faz o seguinte relato:

> Do mesmo modo que é melhor que seja assim, i.e., que o homem que é sapateiro ou carpinteiro permaneça sempre nessa condição, igualmente também na associação política é evidentemente melhor que, se possível, as mesmas pessoas se perpetuem no cargo de governante. (II.ii, 1261a)

Contudo, retomando sua própria visão, ele observa:

> Contudo, onde isso não seja possível devido à igualdade natural de todos os cidadãos, e, ao mesmo tempo, a justiça exija que o governo, seja ele um privilégio ou um ônus, seja partilhado por todos igualmente, nesses casos faz-se um esforço para imitar a condição de desigualdade original, alternando-se o comando e a submissão daqueles que são iguais. Nesse caso, teremos sempre algumas pessoas na posição de comando e outras na de submissão; *entretanto*, os governantes de um período são os súditos de outro e vice-versa, como se a personalidade real deles tivesse se modificado. (II.ii, 1261a)

A reciprocidade desempenha um papel-chave na concepção de governo de Aristóteles – em governar e em ser governado de volta por seus iguais –, assim como em sua teoria da justiça nas transações. Em ambos os casos, a reciprocidade desempenha um papel essencial na preservação da comunidade entre homens que são relativamente iguais, mas de tipo diferente. Na visão de Aristóteles, uma comunidade política saudável – uma verdadeira *pólis* – é aquela que mantém unidos diferentes tipos de homens numa comunhão de interesses que é selada por normas comuns.

Embora Aristóteles aplique o conceito de justiça principalmente às relações entre homens livres e relativamente iguais entre si, ele concorda com Platão que uma associação saudável entre desiguais categóricos baseia-se em relações de comando e obediência. Reciprocidade entre relativamente iguais, por um lado, e hierarquia entre desiguais categóricos, por outro, são os dois tipos fundamentais de relações humanas para Aristóteles.

Apesar do fato de as relações entre iguais serem o foco de sua teoria da justiça, Aristóteles também aplica o conceito de justiça, ainda que de maneira restrita, a relações entre desiguais categóricos, as quais, em sua visão, são, por natureza, hierárquicas. "Não existe injustiça, no sentido estrito da palavra, para com aquilo que faz parte da própria pessoa", porque "o escravo e a criança, até que ela alcance certa idade e se torne independente, são como se fizessem parte da própria pessoa [...] [e] ninguém opta por causar dano deliberadamente a si próprio" (*Ética a Nicômaco*, 1134b). Nessa passagem Aristóteles reafirma o tema central de que a justiça, em seu âmago, "depende da lei e só subsiste entre aqueles para quem a lei é uma instituição natural, ou seja [...] aqueles que tanto governam como são governados" (1134b). No entanto, existe um sentido importante no qual o conceito de justiça também se aplica às relações entre o chefe da casa e os diversos membros

102 · BREVE HISTÓRIA DA JUSTIÇA

da família. Na visão de Aristóteles, a relação entre marido e esposa dentro da casa está bastante próxima das relações recíprocas entre cidadãos livres e iguais, uma vez que as mulheres, embora não sendo tão bem-dotadas de razão como os homens, são consideravelmente mais bem-dotadas do que as crianças ou do que aqueles que são suficientemente deficientes em racionalidade a ponto de serem considerados escravos por natureza. Todavia, Aristóteles conclui que aquilo que é justo para o senhor de um escravo e para o pai de uma criança é semelhante, embora não idêntico, àquilo que é justo nas relações entre homens livres e iguais.

Aristóteles é mais explícito a respeito do modo como as relações entre senhor e escravo ou entre pai e filho diferem daquelas entre homens livres e iguais do que a respeito das semelhanças entre essas relações. Consequentemente, o conteúdo do tipo de justiça que ele imagina entre desiguais categóricos é, em grande medida, uma questão hipotética. Seu principal argumento parece ser que existe uma justiça semelhante nas relações entre desiguais categóricos porque a parte superior da relação não pode, racionalmente, pretender causar dano à parte inferior.

Ao concluir a argumentação de seu livro sobre a justiça (Livro V da *Ética a Nicômaco*), Aristóteles estende essa semelhança à relação entre as partes racional e irracional da pessoa. Ele observa que é possível que uma parte da alma se oponha aos desejos das outras partes. Aludindo a Platão, ele nota que algumas pessoas deduzem que "essas partes [...] podem ter uma espécie de justiça entre si como aquela existente entre governante e súdito" (1138b). Embora Aristóteles concorde inteiramente com a visão de Platão de que está certo que a parte racional da alma controle a parte irracional, o objetivo principal da alusão à concepção de justiça de Platão é, mais uma vez, desvincular sua própria teoria da teoria do mestre. Platão aplica o conceito de justiça, antes de tudo, à re-

A TEORIA DA JUSTIÇA DE ARISTÓTELES · 103

lação hierárquica entre as partes da alma, e apenas de maneira secundária (e por analogia) à relação hierárquica entre aqueles que são qualificados para governar e aqueles aptos a ser governados. Ele dedica apenas uma atenção superficial a questões que têm que ver com as relações entre iguais e dá pouca importância ao tema dos interesses materiais. Embora para Platão o *objetivo* da justiça seja a obtenção da sabedoria, o núcleo de sua *concepção* de justiça é uma descrição das relações adequadas de comando e obediência.

A teoria da justiça de Aristóteles inverte essa ênfase. Para ele, o conceito de justiça aplica-se principalmente às relações entre homens que sejam livres e iguais e possuam capacidades diversas, o que possibilita que eles contribuam para a comunidade política de formas diferentes. Esse conceito também pode ser aplicado às relações entre desiguais categóricos, mas apenas num sentido restrito; e, além disso, ele pode ser aplicado às relações entre as partes do eu, num sentido ainda mais restrito ou ampliado. A justiça não está presa a uma concepção de relações de comando e obediência adequadas, mas ao conceito de reciprocidade.

Como Aristóteles insinua (*Política* 1261a), para Platão a *pólis* é um assunto extremamente hierárquico, meio parecido a um corpo militar. A concepção de justiça de Platão reflete essa interpretação hierárquica da comunidade política. Para Aristóteles, ao contrário, a *pólis* é uma comunidade de pessoas relativamente iguais, não tendo nenhuma delas o direito, por natureza, de mandar nas outras e cada uma delas deve participar do governo e, por sua vez, ser governada. Sua concepção de justiça – que se baseia no conceito de reciprocidade proporcional nos casos de justiça nas transações e de justiça distributiva e no conceito de reciprocidade equilibrada no caso de justiça corretiva, tanto para transações voluntárias como involuntárias – é fruto de um en-

104 · BREVE HISTÓRIA DA JUSTIÇA

tendimento categoricamente diferente do que seja uma comunidade política.

Num sentido amplo, a teleologia desempenhou um papel mais abrangente no pensamento de Aristóteles do que no de Platão. A filosofia de Aristóteles foi profundamente influenciada por sua antiga formação em biologia, e a familiaridade com os processos vitais que levavam os espécimes individuais de uma espécie a assumir formas preestabelecidas moldou sua maneira de abordar um grande número de outros assuntos, incluindo a política. Não obstante, dentro do quadro de um amplo contraste entre concepções de justiça fundamentadas no conceito de reciprocidade – o conceito que está na base de todas as ideias significativas acerca da justiça anteriores ao advento da filosofia grega – e concepções, como a de Platão, que interpretam a justiça tendo como referência a obtenção de um objetivo ou ideal, o pensador teleológico mais evidente é Platão, e o defensor da reciprocidade como a base adequada para pensar a respeito da justiça é Aristóteles. Embora tenha enunciado uma teoria da justiça nova e extremamente importante, Aristóteles o fez aperfeiçoando o conceito de reciprocidade, que desempenhara um papel fundamental em todos os principais conjuntos de ideias sobre a justiça, com exceção do de Platão (e desempenhara o papel de principal contraponto ao pensamento de Platão). Onde a teoria de Platão constituía um amplo ataque às interpretações convencionais da justiça, a teoria de Aristóteles foi construída respeitando consideravelmente as intuições sobre a reciprocidade que integram o senso de justiça.

Com a formulação de sua teoria, Aristóteles havia criado espaço para muitas das principais ideias a respeito da justiça que iriam predominar na história posterior do pensamento ocidental. Ele desenvolveu uma estrutura sistemática, ainda que esquemática, para refletir a respeito de questões de justiça distributiva, um tema que recebera pouca atenção antes dele. Ele apresentou uma análise lúcida das condições em que as correções das transações voluntárias que tinham dado errado deveriam ser feitas, bem como dos fundamentos da justiça retributiva, e produziu uma análise criteriosa da justiça nas transações. Na base de todas essas ideias encontra-se uma concepção de reciprocidade que acabaria sendo conhecida como princípio de contribuição (ou princípio do merecimento). Durante muitos séculos, esse princípio exerceu uma forte influência na imaginação daqueles povos que acabariam sendo conhecidos como europeus. De fato, ela continua controlando firmemente a imaginação de muitas pessoas hoje, apesar do fato de seus fundamentos intelectuais terem sido abalados por *insights* da era moderna – em especial o *insight* de Adam Smith de que praticamente toda a riqueza gerada em sociedades com uma complexa divisão do trabalho é mais bem compreendida como um produto social do que como a soma dos produtos de produtores individuais tomados isoladamente. Podemos discernir, na teoria de Aristóteles, muitos dos principais conceitos, categorias e afirmações acerca da justiça que moldaram as ideias do Ocidente até os dias de hoje. Nenhum outro pensador teve um impacto maior sobre as nossas ideias a respeito da justiça.

CAPÍTULO 4

DA NATUREZA AO ARTIFÍCIO: DE ARISTÓTELES A HOBBES

Embora a notável conquista que é a teoria da justiça de Aristóteles tenha desempenhado um papel decisivo na história das ideias a respeito desse tema, e, sob certos pontos de vista, continue atualmente muito importante, ela se baseia em três pressupostos principais que podem parecer, para algumas pessoas hoje, tão arcaicos como os vasos gregos que enfeitam alguns dos mais importantes museus do mundo. Primeiro, Aristóteles supunha que o único espaço de justiça é o modelo específico de comunidade política conhecido na Grécia de seu tempo como *pólis*. Sua obra sugere apenas de passagem que o conceito de justiça pode ser aplicado a relações entre pessoas fora da *pólis*, e não dá nenhuma indicação de que ele possa ou deva ser aplicado fora do mundo grego. Segundo, assim como Platão e outros que o precederam, Aristóteles acreditava que a diversidade das capacidades naturais dos seres humanos é tamanha que chega a ser categórica. Portanto, parecia-lhe que se deveriam atribuir às pessoas cujas capacidades diferem categoricamente das dos outros papéis funcionais na sociedade nitidamente diferentes, papéis aos quais deveriam estar vinculados direitos e responsabilidades, e que implicavam uma posição diferente e desigual na ordem social. Por fim, Aristóteles supunha que a *pólis* é natural, no sentido de que ela e suas partes

108 · BREVE HISTÓRIA DA JUSTIÇA

constituintes são dotadas, por natureza, de propósitos que conferem a elas seus contornos e características inconfundíveis.

De modo geral, todas essas suposições eram lugar-comum antes e ao longo da vida de Aristóteles. Babilônios aplicaram o conceito de justiça apenas a relações entre babilônios; gregos só o aplicavam a relações entre gregos, e usualmente apenas a relações entre os cidadãos gregos de determinada *pólis*. Do mesmo modo, códigos legais e fontes literárias antigas aceitavam, quase sempre sem questionar, hierarquias de poder, posição social e riqueza. E, além disso, com a célebre exceção dos sofistas, praticamente todos os antigos pensadores consideravam que os principais contornos de seus respectivos mundos sociais haviam sido fixados pela natureza ou por um agente não humano.

Nos séculos que se seguiram à vida extremamente produtiva de Aristóteles, cada uma dessas suposições foi desafiada e, por fim, ao menos parcialmente deslocada do lugar central que ocupavam no pensamento político ocidental. Os postulados que surgiram em seu lugar reformularam dramaticamente as ideias a respeito da justiça no Ocidente.

I

A tendência a considerar que apenas as relações com pessoas com as quais compartilhamos uma identidade política ou cultural estão sujeitas a normas baseadas na justiça era algo comum no mundo antigo, durante o período de vida de Aristóteles e antes dele. Nas escrituras hebraicas, por exemplo, dizia-se que as leis que supostamente serviam de base de reflexão a respeito da justiça tinham sido dadas aos antigos israelitas por seu Deus, como parte fundamental de uma aliança que estabelecia uma relação única entre as duas partes – na qual os israelitas concordavam em obedecer às leis de Deus e Deus prometia fazer de seu povo esco-

DA NATUREZA AO ARTIFÍCIO: DE ARISTÓTELES A HOBBES · 109

lhido um reino de sacerdotes e uma nação santa. Esses documentos enfatizam que os israelitas são um povo especial. Suas relações com outros povos caracterizam-se por fraude, desconfiança e conflitos violentos que não parecem estar sujeitos a critérios de justiça no sentido usual do termo. A ideia de justiça também está ausente das descrições das relações entre gregos e não gregos na literatura grega antiga: essas relações também são tipicamente marcadas pela desconfiança e por conflitos que não estão sujeitos a critérios de justiça. Nos documentos anteriores ao século IV a.C., a ideia de justiça limita-se, quanto à aplicação, a relações entre pessoas que compartilham um vínculo comum importante.

É verdade que o Livro dos Salmos oferece alguns sinais tentadores da ideia de que a justiça do Deus dos israelitas é universal. Por exemplo, o Salmo 103 traz a seguinte parelha de versos:

> O Senhor faz justiça,
> e julga a todos os oprimidos.[41]

No entanto, o "todos" a que esses versos se referem não se aplica, evidentemente, a todas as pessoas do mundo. Parece mais provável que sua intenção seja transmitir a ideia de que a justiça se aplica plenamente àqueles que, entre os israelitas, são fracos e oprimidos, bem como aos poderosos – uma ideia que é um dos principais temas das passagens sobre a justiça das escrituras hebraicas.

Outra passagem fascinante pode ser encontrada no Salmo 9:

> Mas o Senhor permanece no seu trono eternamente,
> trono que erigiu para julgar.
> Ele mesmo julga o mundo com justiça;
> administra os povos com retidão.[42]

A indicação nessa passagem de que o Deus dos israelitas distribui justiça a todos os povos do mundo é explícita. No entanto, essa indicação é imediatamente precedida dos seguintes versos:

110 · BREVE HISTÓRIA DA JUSTIÇA

> Repreendes as nações, destróis o ímpio
> e para todo o sempre lhes apagas o nome.
> Quanto aos inimigos, estão consumados,
> suas ruínas são perpétuas, arrasaste as suas cidades,
> até a sua memória pereceu.[43]

A "justiça" retratada nesses versos tem pouca semelhança com os critérios a respeito das relações entre pessoas imaginados nas leis israelitas, os quais, como vimos, baseiam-se numa norma de reciprocidade equilibrada entre iguais e reciprocidade desequilibrada entre desiguais. Tal como descrita aqui, a justiça de Deus implica a destruição de seus inimigos por ele. A justiça exposta aqui é, na verdade, uma relação de absoluta submissão a um Deus que se declara todo-poderoso. Seja como for, é uma noção de justiça que se aplica às relações entre Deus e suas criaturas, não a relações entre pessoas.

Também encontramos nos textos de Aristóteles, em determinado momento, uma indicação que, à primeira vista, parece contradizer a afirmação de que a ideia de justiça em seu tempo e antes dele aplicava-se unicamente a relações entre pessoas que compartilham um vínculo político ou cultural. Na *Política*, enquanto pondera se a melhor constituição é aquela que promove a vida da política e da ação ou, por outro lado, aquela que promove a vida contemplativa, Aristóteles observa que alguns Estados aspiram, sistematicamente, a exercer um poder despótico sobre seus vizinhos. Ele oferece os exemplos de Esparta e Creta, ressaltando que, além destes, "todos os povos incivilizados que são suficientemente fortes para conquistar outros povos reverenciam ao máximo a bravura militar"[44]. Ele prossegue, criticando esses pontos de vista:

> No entanto, não pode senão parecer muito estranho, talvez, a uma mente disposta a refletir, que se devesse esperar que um estadista fosse capaz de preparar seus planos para governar e dominar Es-

DA NATUREZA AO ARTIFÍCIO: DE ARISTÓTELES A HOBBES · 111

tados limítrofes sem nenhuma consideração por sua opinião [...] como pode ser legítimo governar sem levar em conta se o que você está fazendo é certo ou errado? [...] Porém, quando se trata de política, a maioria das pessoas parece acreditar que o poder é a verdadeira diplomacia; e, ademais, os homens não ficam envergonhados de se comportar com relação aos outros de uma maneira que eles se recusariam a aceitar como justa, ou mesmo apropriada, entre si. Quanto a suas próprias questões, e entre si, eles querem uma autoridade baseada na justiça; mas seu interesse na justiça cessa quando se trata de outros homens.[45]

O que os comentários de Aristóteles insinuam é que, se os cidadãos de Estados como Esparta e Creta esperam um tratamento justo dos outros, eles também deveriam estar preparados para oferecer um tratamento justo a esses outros. Ao associar as práticas de tais Estados às dos povos "incivilizados", Aristóteles quer dar a entender que suas visões são retrógradas e inadequadas. Embora ele não elabore uma teoria da justiça internacional, ele certamente deixa claro que o conceito de justiça pode ser invocado além das fronteiras da comunidade política dentro da qual a justiça alcança sua expressão mais perfeita. Mesmo assim, não podemos deduzir dessa passagem que Aristóteles pretendia sugerir que a ideia de justiça deveria ser aplicada fora do mundo grego, ou nas relações entre gregos e não gregos, todos os quais eram "bárbaros" no idioma grego; Aristóteles considerava-os intelectualmente inferiores aos gregos a ponto de ser incapaz de manter transações racionais com eles. De fato, ao citar Esparta e Creta como os únicos exemplos de cidades com ambições despóticas, ele cria a impressão de desejar que seu reparo se aplique unicamente a relações entre Estados gregos e pessoas. Para Aristóteles, a justiça ainda parece uma ideia relativamente local.

112 · BREVE HISTÓRIA DA JUSTIÇA

Essa hipótese começou a mudar pelas mãos dos filósofos estoicos – a princípio com Zenão de Cítio (335-263 a.c.), o criador dessa doutrina, que provavelmente estava entrando na adolescência na época em que Aristóteles morreu (322 a.C.). Embora a *República* de Zenão – a primeira obra de filosofia política estoica – não tenha sobrevivido, podemos reconstruir razoavelmente parte de seu conteúdo a partir de fragmentos de doxografia, de referências ao pensamento de Zenão e citações desse pensamento em textos posteriores[46]. Parece que essa obra deu prosseguimento à tradição e ao método de filosofia que Platão estabelecera n'*A república*, e é provável que seu principal objetivo fosse representar uma espécie de resposta, de um ponto de vista espartano, às afirmações de Platão a respeito da organização adequada de uma *pólis*. Zenão imaginava a *pólis*, em sua forma mais perfeita, como uma república de sábios. O amor era o elemento diferente desse sistema político; mas o tipo de amor que é típico da república de Zenão anseia transcender a si próprio. Parece que essa era a linha de raciocínio de Zenão. O objeto adequado do amor do homem sábio é alguém dotado por natureza com a capacidade para a virtude, mas que ainda não se tornou virtuoso. Se o amante (no contexto espartano, não há dúvida de que Zenão supunha que tanto o amante como o amado fossem homens) consegue ajudar seu amado a desenvolver a virtude, a relação apropriada entre os dois já não é amor, mas amizade. Finalmente, então, a cidade de amor de Zenão transforma-se numa cidade unida pela amizade e pelo caráter virtuoso de seus cidadãos.

Embora Zenão tenha formulado sua filosofia política tendo em mente o tipo inconfundível de associação política grega conhecida como *pólis*, não existe nada na lógica de sua argumentação que ligue suas afirmações a esse modelo; e, ademais, seus seguidores da tradição estoica logo se afastaram das hipóteses particularistas dentro das quais ele estruturou essa argumentação. Para muitos desses seguidores, a tarefa era conservar as ideias de comunidade e cidadania herdadas da tradição estabelecida por Zenão, enquanto removiam todas as suas contingências, tais como as baseadas na proximidade física ou no conhecimento mútuo. Para esses estoicos, o que indicava a cada ser racional o que ele devia e o que não devia fazer era o bom-senso, não o Estado.

Cícero, um platônico confesso que, juntamente com a classe dirigente romana, em geral endossava os conceitos éticos estoicos, era o mais importante porta-voz dessa teoria. Escrito nos dias de declínio da república romana clássica, seu diálogo *De legibus* [*Das leis*] é uma obra extremamente cosmopolita que antecipa as aspirações universais do nascente Império Romano. Nesse diálogo, Cícero (por meio da voz de seu principal interlocutor, Marco, que representa o próprio Cícero) identifica seu tema como "o objeto pleno da justiça universal e da lei"[47], deixando claro que ele pretende ir além da lei civil (isto é, da lei específica de Roma). Segundo ele, a justiça origina-se "naquela lei superior, que nasceu muito antes que qualquer lei tivesse sido escrita ou, na verdade, antes que qualquer Estado se estabelecesse"; ela tem origem na natureza e, especificamente, na natureza dos seres humanos.

Cícero enfatiza que, "qualquer que seja a definição de ser humano que se adote, ela é igualmente válida para todos os humanos", e que, na verdade, "não existe diferença dentro da espécie"[48]. Em especial, todos os seres humanos compartilham a capacidade de raciocinar, por meio da qual eles são capazes de tirar conclusões, argumentar e conduzir discussões. Essa observação aplica-se a cada ser humano, romano ou bárbaro, e é, de acordo com Cícero, o único atributo que distingue os humanos dos animais.

É verdade que o fato de todos os seres humanos compartilharem a capacidade de raciocinar não garante que eles irão desen-

114 · BREVE HISTÓRIA DA JUSTIÇA

volvê-la plenamente ou no mesmo grau. A capacidade de raciocinar é desenvolvida por meio da educação, e existem enormes disparidades na qualidade e na extensão da educação que diferentes pessoas recebem. Aqueles que recebem uma educação imperfeita ficam deficientes de raciocínio e, consequentemente, de virtude – uma vez que, para Cícero, o aperfeiçoamento da virtude ocorre por meio do desenvolvimento do raciocínio. Apesar disso, ele insiste que "não existe ninguém, de nenhuma nação, que não possa alcançar a virtude com a ajuda de um guia"[49]. Todos os humanos têm o potencial de ser igualmente virtuosos, assim como todos possuem a capacidade de ser tornar criaturas racionais.

Segundo Cícero, o que se depreende disso é que a natureza projetou os seres humanos para que eles adquiram o conhecimento da justiça um do outro e o compartilhem com todas as pessoas. Os seres humanos adquirem o conhecimento dos preceitos de justiça por meio do uso do raciocínio. Todas as pessoas compartilham a capacidade de raciocinar; essa capacidade nos é dada pela natureza. Por essa razão, conclui Cícero, a justiça é natural; e também é universal entre os seres humanos. Portanto, por um lado, nossas relações com *todos* os seres humanos – e não somente com nossos compatriotas – estão sujeitas a critérios de justiça. Em outras palavras, temos a obrigação, por natureza, de ser justos em nossas relações com os outros, independentemente de compartilharmos um vínculo político ou de nacionalidade com eles; e eles, por sua vez, também têm a obrigação de ser justos para conosco. E, por outro lado, só existe *uma* justiça, um conjunto de preceitos ou normas de justiça que se aplicam igualmente a todos os seres humanos, independentemente de suas instituições e leis específicas. Enquanto as leis específicas podem ser fruto de juízo ou convenção, a justiça, ao contrário, tem origem na natureza. Portanto, entre os seres humanos, a justiça é universal.

DA NATUREZA AO ARTIFÍCIO: DE ARISTÓTELES A HOBBES · 115

Essa conclusão acarreta uma extraordinária reviravolta teórica. Para Aristóteles e seus antecessores – e, na verdade, para o próprio Zenão –, a ideia de justiça só é aplicável onde existem vínculos estabelecidos e específicos entre os seres humanos. De forma paradigmática, os vínculos que dão origem a obrigações de justiça são, para esses pensadores, aqueles que mantêm unidos os membros de uma cidade ou de uma nação. Quando os seres humanos interagem com pessoas com as quais eles não têm nenhum vínculo preexistente, suas relações com elas não estão, de maneira nenhuma, sujeitas a critérios de justiça.

A revisão da doutrina estoica de uma república de sábios, que podemos encontrar nos textos de Cícero, transformou essa percepção. É verdade que Cícero, e mesmo os estoicos posteriores, conservou a ideia da cidade como uma metáfora fundamental. Escrevendo muito depois da morte de Cícero, Dio Crisóstomo produziu uma miragem especialmente brilhante da "cidade cósmica", a herdeira estoica tardia da ideia original de Zenão de uma cidade do amor. Porém, ao passo que a cidade do amor de Zenão era aparentemente local, a cidade de Dio era, evidentemente, universal. No início de seu 36º discurso ("Boristênico")[50], Dio conta que ele participava de uma expedição que o levou além das fronteiras do mundo grego, até os bárbaros, quando parou em Boristene – uma antiga colônia da Crimeia e o local de sua oração. Seu discurso deixa bastante claro que Boristene representa um ponto de contato entre o mundo grego e o mundo bárbaro, uma mescla entre duas culturas dramaticamente diferentes. O local e a descrição específicos de Boristene transmitem, de maneira irônica, a mensagem que Dio deseja que percebamos, que sua "cidade" está livre de vínculos com qualquer local ou cultura.

Na verdade, Cícero já havia enfatizado que a concepção estoica de cidade era universal. Quase no final do Livro I de *De legibus*, ele argumenta que,

116 · BREVE HISTÓRIA DA JUSTIÇA

> quando ele [a pessoa que conhece a si própria] estudou o céu, as terras, os mares e a natureza de todas as coisas [...] e quando ele (por assim dizer) pôs a mão no deus que guia e governa essas coisas e reconheceu que ele não se encontra cercado de muros humanos como o cidadão de um lugar específico, mas é um cidadão do mundo inteiro, como se este fosse uma única cidade – então, com essa percepção e compreensão da natureza, em nome dos deuses imortais, como ele se conhecerá [...]![51]

Por volta do século I a.c., portanto, a noção de que os critérios de justiça aplicam-se apenas dentro de um cenário relativamente local – isto é, a relações entre pessoas unidas por um vínculo político, cultural ou de outro tipo específico – havia evoluído no interior da tradição estoica, transformando-se na ideia de uma justiça universal que se aplica às relações entre todos os seres humanos (ou, para alguns autores, entre todas as criaturas racionais).

A hipótese de que o conceito de justiça pode e deve ser aplicado às relações entre todos os seres humanos conquistou um lugar fundamental no pensamento ocidental por meio do impacto de documentos e movimentos que vieram à luz no interior do Império Romano. Entre esses documentos, os mais importantes foram as obras de direito romano tardio, especialmente o *Digest* [*Digesto*] compilado no governo do imperador bizantino Justiniano[52], no século VI a.D. O *Digesto* codificou uma distinção global entre as leis específicas das nações – sobretudo as leis da própria Roma, que haviam sido estruturadas e adotadas pelos seres humanos – e o direito natural, que era concebido de uma forma bastante próxima da que Cícero imaginara: como leis que podem ser deduzidas diretamente da razão e aplicadas universalmente. Após o colapso do Império Romano do Ocidente, um século antes da época de Justiniano, a influência do direito romano sobre as práticas legais efetivas havia declinado, já que ele compe-

DA NATUREZA AO ARTIFÍCIO: DE ARISTÓTELES A HOBBES · 117

tira durante séculos com diversas versões importantes do direito bárbaro. No entanto, como uma fonte do pensamento ocidental, nos primeiros séculos do segundo milênio o direito romano começou a ganhar influência novamente por meio do *Digesto* e de outras coletâneas de instrumentos legais romanos.

Um dos principais veículos dessa influência foi a Igreja cristã, que tivera origem num movimento iniciado dentro do Império Romano durante o primeiro século após César Augusto ter conquistado a hegemonia. O cristianismo foi a primeira grande religião evangélica, uma religião que buscava e continua buscando a fidelidade universal, como o próprio Império Romano havia feito. Uma mensagem fundamental das escrituras cristãs, especialmente dos Evangelhos, é que *qualquer um*, seja ele judeu ou gentio e não importando o quão humilde seja, é capaz de receber o Espírito Santo que havia dado poderes a Jesus de Nazaré. Os Evangelhos relatam, muitas e muitas vezes, como Jesus, "armado com o poder do Espírito"[53], conseguira realizar feitos heroicos que maravilharam todos aqueles que os testemunharam. A linguagem na qual essas narrativas são transmitidas – nessa passagem, com as palavras "armado" e "poder" – não deve ser encarada com desdém; essas palavras não pretendem servir de metáforas frouxas. Nem se deve desconsiderar o autêntico universalismo da mensagem cristã. Embora o movimento cristão tenha no fim levado à criação de uma organização eclesiástica com enorme hierarquia, essa organização continuou a levar a mensagem básica cristã de que todos os seres humanos, independentemente da origem ou da posição na vida, estão igualmente aptos a receber o Espírito Santo e a conquistar o poder que advém àqueles que seguem as admoestações e o exemplo de Jesus.

É principalmente dessa fonte que se transmitiu, para a filosofia política do início da era moderna, o postulado de que a justiça

118 · BREVE HISTÓRIA DA JUSTIÇA

deve ser concebida de forma universalista e não particularista. Esse postulado desempenhou um papel extraordinário na tradição do direito natural, bem como em seu parente próximo, a tradição das teorias dos direitos naturais. Mas seu impacto não se limita a essas tradições. A ideia de que a justiça tem um conteúdo que é determinado pela natureza não é idêntica à ideia de justiça universal, por mais que elas tenham estado estreitamente entrelaçadas em algumas linhas de raciocínio. Não obstante, muitos pensadores que ignoraram inteiramente as ideias de direito natural e de direitos naturais, entre eles os utilitaristas do século XVIII e os que vieram depois deles, adotaram a afirmação de que a ideia de justiça deve ter um conteúdo que se aplique a todos os seres humanos, universalmente.

A aceitação generalizada dessa afirmação pela filosofia moral e política modernas não resultou numa derrota completa de seu concorrente mais antigo. Filósofos contemporâneos influentes têm defendido a ideia de que muitos deveres de justiça, senão todos, dependem da existência de vínculos importantes e não universais entre as pessoas. Mesmo assim, o surgimento da ideia de justiça universal plantou uma semente que tem o potencial de transformar, de maneira decisiva, as ideias que o Ocidente tem a respeito da justiça. A questão mais importante acerca da justiça que enfrentamos hoje é saber se essa semente será cultivada no futuro de forma mais sistemática e bem-sucedida do que foi no passado.

II

Embora a hipótese de que os seres humanos diferenciam-se categoricamente quanto a suas capacidades e deveriam receber papéis funcionais na ordem social com base nessas capacidades não fosse compartilhada por todos, ela estava amplamente difundida nos primórdios do pensamento antigo. Como vimos no Capítulo 1,

DA NATUREZA AO ARTIFÍCIO: DE ARISTÓTELES A HOBBES · 119

as fontes antigas invariavelmente endossam as hierarquias de poder, posição social e riqueza como encarnações de uma ordem
política justa. Os códigos legais dos primórdios da Antiguidade
reconhecem essas hierarquias ao prescreverem punições por delitos cuja severidade é diretamente proporcional à posição social
das vítimas e inversamente proporcional à dos transgressores.
Antigos documentos não legais também reconhecem e aceitam a
ideia de que os seres humanos diferenciam-se entre si categoricamente quanto a capacidades e posição. O exemplo mais impressionante desse reconhecimento nas fontes antigas é a aceitação
generalizada da hipótese de que, como uma questão de justiça, a
instituição da escravidão não apresenta nenhum dilema. Os documentos e costumes antigos também conferiam às mulheres
uma posição radicalmente inferior à dos homens. A ideia de que,
em alguns casos, a justiça está personificada em relações de reciprocidade desequilibrada – uma ideia implícita em todos os textos antigos referentes a questões legais, políticas e sociais – estava
ligada à hipótese de que todos os seres humanos são desiguais
quanto a capacidades e posição social.

Aristóteles endossou sinceramente essa hipótese, embora também sustentasse, como Cícero fez mais tarde, que os seres humanos
têm em comum a capacidade de se comunicar por meio da linguagem. Nas páginas iniciais da *Política*, ele declara (numa passagem
que foi parcialmente reproduzida no Prólogo):

> Que o Homem é um animal político num sentido superior a
> uma abelha ou a qualquer outra criatura gregária, é evidente
> a partir do fato de que a Natureza, como gostamos muito de
> afirmar, não cria nada sem um propósito, e o homem é o único
> animal dotado de fala [...]
> O objetivo da fala [...] é indicar vantagem e desvantagem e, por-
> tanto, também justiça e injustiça. Pois uma característica espe-

120 · BREVE HISTÓRIA DA JUSTIÇA

cial que diferencia o homem de todos os outros animais é que somente ele possui a percepção do bem e do mal, da justiça e da injustiça, e assim por diante. São esses os princípios daquela associação que constitui um lar ou uma *pólis*.[54]

Essa passagem dá a entender que a capacidade de utilizar e entender a linguagem é característica dos, e comum aos, humanos. No entanto, apesar desse atributo comum, Aristóteles sustentava vigorosamente que as diferenças dos outros atributos humanos, entre eles a capacidade de raciocinar, são nítidas. Tão acentuadas, na verdade, são essas diferenças que alguns seres humanos estão naturalmente destinados a ser escravos, enquanto outros possuem as capacidades que tornam natural e apropriado que sejam senhores.

Comparadas a muitos códigos e outros documentos legais antigos, as obras de Aristóteles deixam claro que sua crença de que alguns seres humanos são naturalmente adaptados à escravidão não se tratava de uma suposição irrefletida. No início de sua argumentação a respeito da escravidão, ele menciona a hipótese de que toda escravidão é contrária à natureza. Aristóteles rejeita essa hipótese. Do seu ponto de vista, existe um tipo de homem que "só é um ser racional porque reconhece a razão, sem que ele próprio a possua"[55], e é esse tipo de homem que a natureza destina à escravidão. Assim como "é natural e conveniente que o corpo seja controlado pela alma"[56], também é natural e justo, bem como benéfico para os escravos, que eles sejam controlados por senhores cuja capacidade de raciocínio é superior à deles. De fato, tão grande é a disparidade de capacidades entre senhores e escravos que Aristóteles a compara à diferença entre animais humanos e não humanos:

> Consequentemente, onde quer que existam duas classes de pessoas, e uma for tão demasiadamente inferior à outra como o corpo em relação à alma ou a besta ao homem – e essa é a condição de todos cuja função representa um mero serviço físico e que são

DA NATUREZA AO ARTIFÍCIO: DE ARISTÓTELES A HOBBES · 121

incapazes de qualquer coisa melhor –, essas pessoas são escravos naturais e, para elas, tão verdadeiramente como o é para o corpo ou para as bestas, uma vida submissa como escravo é vantajosa.[57]

Aristóteles conclui com o seguinte comentário: "É evidente, então, que existe uma classe de pessoas, algumas das quais são naturalmente livres e as outras naturalmente escravas, pessoas para as quais a condição de escravidão é igualmente conveniente e justa."[58] A diferenciação entre senhores e escravos não é a única desigualdade natural importante entre seres humanos que Aristóteles identifica em sua obra. Rompendo uma vez mais com seu mentor Platão, Aristóteles também defende que as mulheres são, por natureza e sem exceção, inferiores aos homens (livres) quanto à racionalidade. Num período posterior, uma das representações mais emblemáticas da justiça traria uma mulher de olhos vendados segurando uma balança. Essa imagem é evocativa tanto da ideia de reciprocidade equilibrada quanto da recusa em aceitar a noção de que existem diferenças categóricas entre os seres humanos que sejam relevantes para questões de justiça. No tempo de Aristóteles, essa era ainda não havia surgido no horizonte[59].

A tradição estoica de pensamento desempenhou um papel importante no processo de evolução ideológica que acabou minando as hipóteses de que os seres humanos diferenciam-se categoricamente entre si quanto às capacidades e, consequentemente, deveriam ser designados para papéis funcionais diferentes e desiguais; tanto quanto desempenhou um papel fundamental no desenvolvimento da ideia de justiça universal. Tanto Aristóteles como Cícero vincularam firmemente a capacidade de raciocinar à capacidade de usar a linguagem. No entanto, enquanto Aristóteles afirmava que existe uma categoria de seres humanos que são, *ao mesmo tempo*, semelhantes aos outros seres humanos quanto à capacidade para a linguagem *e* semelhantes, ou bastante semelhan-

122 · BREVE HISTÓRIA DA JUSTIÇA

tes, aos animais não humanos em virtude da falta de capacidade para compartilhar plenamente a razão, Cícero, por outro lado, pressupunha que todos os humanos, em virtude de sua capacidade comum para a linguagem, são igualmente dotados da capacidade de raciocinar. Na verdade, Cícero enfatiza que não existe nenhuma diferença categórica entre os graus de racionalidade dos quais os seres humanos são capazes:

> A razão, a única coisa que nos situa acima dos animais, que nos permite inferir, argumentar, refutar os outros, conduzir discussões e demonstrações – a razão é compartilhada por todos e, embora ela se diferencie quanto às particularidades do conhecimento, ela é a mesma quanto à capacidade de aprender. Os sentidos apreendem as mesmas coisas; e as coisas que são gravadas na mente, os rudimentos de conhecimento que mencionei antes, são gravados de maneira idêntica em todos os humanos; e a linguagem, a intérprete da mente, embora possa diferir em palavras, é idêntica em ideias.[60]

Apesar desse endosso aparentemente vibrante da ideia de que os seres humanos compartilham de maneira idêntica a capacidade de raciocinar, Cícero não abre mão da instituição da escravidão. Embora pareça rejeitar diferenças *categóricas* de racionalidade entre seres humanos, ele afirma que, como eles se diferenciam enormemente no que se refere aos talentos, o mesmo acontece no que diz respeito à sua adequação ao comando. Num fragmento preservado nos textos de Santo Agostinho, Cícero diz:

> Não percebemos que as pessoas superiores receberam o direito de governar da própria natureza, com o máximo proveito para os fracos? Por que, então, deus governa o homem, a mente governa o corpo e a razão governa o desejo, a ira e outras partes imperfeitas da mente?[61]

DA NATUREZA AO ARTIFÍCIO: DE ARISTÓTELES A HOBBES · 123

Para Cícero, a diferença entre os "superiores" e os "fracos" é suficiente para justificar a relação de comando e obediência que está codificada na prática da escravidão.

Ao invocar as mesmas analogias utilizadas por Aristóteles – deus sobre o homem, a mente (ou a alma) sobre o corpo, a razão sobre o desejo –, Cícero endossa uma linha de raciocínio que parece indissociável da de seu influente antecessor grego. Não obstante, uma sutil diferença separa os dois pensadores da Antiguidade. Para Aristóteles, a instituição da escravidão é justificada por uma diferença categórica entre os seres humanos que tem origem na natureza. Para Cícero, ela é justificada por uma diferença não categórica entre aqueles que são mais fortes (quanto ao intelecto ou ao discernimento na tomada de decisões) e aqueles que são fracos. Embora o conjunto de ideias que pareciam oferecer a Aristóteles um fundamento natural para a instituição da escravidão não houvesse desaparecido nos três séculos que separam os dois pensadores, na opinião de Cícero essas ideias haviam evoluído de uma maneira que deixava aquela justificativa desacreditada, mesmo que não comprometesse a prática da escravidão em si.

Por volta da época em que o *Digesto* do direito romano foi compilado, no século VI a.D., essa evolução havia alcançado um momento decisivo. Embora a obra não questione nem a realidade nem a legitimidade do instituto da escravidão, pelo menos numa passagem ela rejeita inteiramente a alegação de que a escravidão existe por natureza. Citando *Institutes* [*Institutas*] de Florentino, o *Digesto* declara: "A escravidão é um instituto do *jus gentium* [o "direito das nações" criado pelo homem, diferente do direito natural] por meio da qual alguém, *contra a natureza*, torna-se objeto da posse de outro."[62]

No Ocidente, o instituto da escravidão continuou existindo durante grande parte da Idade Moderna, o mesmo acontecendo

124 · BREVE HISTÓRIA DA JUSTIÇA

com a submissão das mulheres imposta legalmente e, de maneira mais geral, com o pressuposto de que as pessoas se diferenciam categoricamente entre si no que diz respeito às capacidades naturais e, como consequência, à condição civil. Não obstante, as sementes da dúvida – tanto acerca dessas práticas quanto acerca do pressuposto subjacente – haviam sido lançadas.

Essas sementes foram irrigadas através dos mesmos canais que transmitiram a ideia de justiça universal do Império Romano para os primórdios do mundo moderno, a saber, o *Digesto* e outras compilações do pensamento legal romano, de um lado, e as doutrinas, práticas e instituições da Igreja cristã, do outro. Embora a Igreja Católica tenha se transformado, ao longo dos séculos, numa instituição extremamente hierárquica, essa instituição tinha origem na mensagem de que todos os seres humanos, por mais humildes que fossem, estão aptos a receber o Espírito Santo e a ter assegurada a salvação por meio da graça divina. Na verdade, as escrituras cristãs dão a entender que talvez seja mais provável que os pobres e os fracos recebam a graça de Deus do que os ricos e poderosos, que têm uma probabilidade muito maior de ser corrompidos pelas tentações terrenas. De acordo com o Evangelho de Mateus, Jesus disse aos seus discípulos que "é mais fácil passar um camelo pelo fundo de uma agulha do que entrar um rico no reino de Deus"[63]. A mensagem cristã de que qualquer um é capaz de receber o Espírito Santo – por meio do qual Jesus havia recebido seus poderes – era, de um ponto de vista importante, uma mensagem igualitária e também universalista.

Durante o processo de germinação das sementes das novas e igualitárias hipóteses a respeito dos seres humanos, a ideologia do cristianismo também contribuiu para alterar a base em que se dava o intercâmbio de ideias sobre a igualdade e a desigualdade. Aristóteles e muitos outros autores da Antiguidade haviam baseado

DA NATUREZA AO ARTIFÍCIO: DE ARISTÓTELES A HOBBES · 125

suas conclusões a respeito das diferentes funções e das responsabilidades e privilégios desiguais que deveriam ser atribuídos aos seres humanos em teorias relacionadas às suas diferentes capacidades e, especificamente, nas diferentes funções que os seres humanos estão aptos a desempenhar entre si. O cristianismo, ao contrário, é uma religião transcendental que se concentra rigidamente na relação de cada ser humano com Deus. Desse ponto de vista, o tipo de capacidade humana que havia interessado aos filósofos da Antiguidade parecia ter pouca importância. Na verdade, os pensadores cristãos insistiram em trocar o tema do intercâmbio de ideias, das distintas *capacidades* dos seres humanos, para seu *mérito* potencialmente igual aos olhos de Deus.

No início da era moderna, essa mudança no tema do intercâmbio de ideias já adquirira força e amplitude suficientes, começando a provocar a erosão dos fundamentos da hipótese da desigualdade natural. No pensamento do início da era moderna, em nenhum lugar as consequências desse processo de desintegração são mais evidentes do que na obra de Thomas Hobbes. Tendo escrito no século XVII, Hobbes é mais conhecido pela afirmação, no *Leviathan* [*Leviatã*], de que nenhum Estado pode gozar de uma paz interna duradoura se não for governado por um poder supremo "absoluto e arbitrário". Essa afirmação não era propriamente nova. Hobbes vivia na era do absolutismo, e muitos outros autores de seu tempo concluíram que era preciso haver governos fortes ou absolutos que suprimissem os distúrbios e revoltas que eclodiam regularmente em seus países. O que havia de novo era o argumento que Hobbes desenvolveu para sustentar sua afirmação. Diferentemente da maioria dos defensores do absolutismo, Hobbes baseou seu argumento em premissas radicalmente individualistas. Segundo seu ponto de vista, todo ser humano tem um "direito natural" que lhe dá "a liberdade [...] de utilizar seu próprio

126 · BREVE HISTÓRIA DA JUSTIÇA

poder, conforme lhe aprouver, para preservar sua própria natureza, ou seja, sua própria vida, e, consequentemente, de fazer qualquer coisa que, de acordo com seu próprio juízo e justificação, ele entenda representar a forma mais adequada para isso"[64]. Uma vez que todo cidadão tem, por natureza, o direito a essa liberdade ampla, o único modo de criar e sustentar um governante absoluto é cada membro de um Estado nascente concordar em abrir mão de parte de seus direitos naturais por meio de um contrato com os outros membros que abra caminho para a nomeação de um monarca absoluto.

Uma vez que cada futuro membro do Estado (ou comunidade, que é o termo empregado por Hobbes) começa com um direito natural que é igual ao direito que cada um dos outros futuros membros possui, o filósofo inglês sustenta que o acordo contratual que ele imagina só é possível se cada uma dessas pessoas estiver disposta a aceitar todas as outras como suas iguais por natureza. Ao formatar seu argumento, ele visa diretamente a Aristóteles:

> Sei que Aristóteles, no primeiro livro da *Política*, com relação a um fundamento de sua doutrina, faz alguns homens, por natureza, mais merecedores do comando, referindo-se aos de tipo mais sábio (tal como ele considerava a si próprio, em razão de sua filosofia), e outros de servir (referindo-se aos que são fortes, mas não são filósofos como ele) [...]

Mas esse argumento aristotélico, afirma Hobbes, não vai

> apenas contra a razão, mas também contra a experiência. Pois existem muito poucas pessoas tão tolas que, em vez de se governar, preferissem ser governadas por outros [...][65]

Já que a comunidade ou Estado tem de ser fundado a partir de um acordo entre todos os seus membros, logo, segundo Hobbes, cada um desses membros tem de aceitar todos os outros como

DA NATUREZA AO ARTIFÍCIO: DE ARISTÓTELES A HOBBES · 127

seu igual por natureza. Na falta de tal aceitação, seria praticamente impossível obter o acordo do qual a ordem política e a paz duradoura dependem.

O que Hobbes decididamente *não* estava defendendo nessa passagem era a igualdade política ou social. Seu argumento é que as desigualdades políticas e sociais são o resultado das leis e instituições humanas, não seus pressupostos. Embora cada ser humano possua um direito natural que é igual ao direito de todos os outros seres humanos – de tal maneira que é preciso o consentimento de todos para fundar uma comunidade que governe todos –, as instituições e práticas dessa comunidade, uma vez fundada, podem ser altamente inigualitárias.

Não obstante, no contexto da história das ideias sobre a justiça, a afirmação de Hobbes foi significativa. Isso porque ela nos transportou de um mundo no qual se aceitava que os seres humanos fossem extremamente (e, em geral, categoricamente) desiguais quanto às capacidades conferidas a eles pela natureza – de tal maneira que não se exigia nenhum argumento para justificar os tipos de desigualdades de condição e de direitos que estavam codificados em leis destinadas a distribuir justiça com base na reciprocidade desequilibrada – para outro no qual, por um lado, as desigualdades legais, políticas e sociais precisam ser justificadas em virtude das tensões entre essas desigualdades e, por outro, o postulado de que todo ser humano possui direitos naturais que são iguais aos direitos, também naturais, de que todos os outros seres humanos são dotados.

A partir de Hobbes, a linha de raciocínio que havia enfraquecido as hipóteses inigualitárias predominantes nos textos dos filósofos antigos tomou dois rumos. Alguns autores, tal como Adam Smith, mantiveram o foco dos antigos nas capacidades, embora insistissem, como Hobbes havia sugerido, que praticamente to-

128 · BREVE HISTÓRIA DA JUSTIÇA

das as diferenças de caráter e de capacidade que encontramos entre as diversas classes de seres humanos são produto de suas sociedades, das oportunidades de educação que elas disponibilizam (ou não) e de sua divisão do trabalho específica:

> A diferença de talentos naturais nos diversos homens é, na verdade, muito menor do que aquilo que sabemos; e a diversidade de dons que parece distinguir homens de várias profissões, quando atingem a maturidade, em muitas ocasiões não é tanto a causa senão a consequência da divisão do trabalho. A diferença entre as personalidades mais dessemelhantes, por exemplo, entre um filósofo e um porteiro, parece não se originar tanto da natureza como do hábito, do costume e da educação.[66]

Com essa afirmação, Smith nos trouxe ao ápice de uma revolução do pensamento que teria um enorme impacto nas ideias contemporâneas a respeito da justiça. Se as diferenças de habilidade, caráter e talento que observamos diariamente entre os diversos membros de uma sociedade são, em sua esmagadora maioria, um resultado dos sistemas sociais e não dos dons naturais, então como podemos justificar as diferenças de destino que estão associadas a essas diferenciações artificiais? Embora Hobbes e Smith (mostrando-se mais hesitante) acreditassem que eram capazes de responder a essa pergunta, suas respostas não foram aceitas da mesma forma pelos pensadores posteriores, e as questões às quais sua visão comum acerca da igualdade natural dos seres humanos conduziu desempenharam um papel fundamental na evolução posterior das ideias a respeito da justiça.

Essa linha de raciocínio foi complementada por outra, que, basicamente, deixa de lado as questões relacionadas às capacidades humanas, afirmando que todos os seres humanos, quaisquer que sejam suas capacidades, têm direito à mesma consideração quando se trata de justiça porque cada um deles possui o mesmo valor. Assim como no caso do cristianismo, essa última abordagem das questões relacionadas à justiça baseava-se em conceitos transcendentais ou, pelo menos, não empíricos. Talvez o porta-voz mais importante dessa abordagem tenha sido Immanuel Kant.

No entanto, antes de começar a examinar essas duas escolas modernas de pensamento a respeito da justiça, retomemos uma terceira hipótese aristotélica que passou a ser atacada no início do pensamento moderno.

III

No enorme volume de documentos antigos que tratam de questões de justiça, a ideia de que os primeiros contornos – a esfera – do mundo social devam ser remodelados para se adaptar ao desejo humano nunca aparece. Na *Ilíada*, por exemplo, as hierarquias de poder e posição social são consideradas algo natural. O drama começa quando o grande guerreiro Aquiles reivindica, com base em sua reconhecida excelência como guerreiro e em suas contribuições sem paralelo para a guerra, o direito a uma cota maior dos espólios do que aquela que até então ele recebera. A regra geral segundo a qual as pessoas mais poderosas e fortes reivindicam o direito às maiores cotas de bens é aceita como natural e não parece estar sujeita a modificação por meio de tentativas humanas. O mesmo acontece nas escrituras hebraicas, em que a esfera do mundo social dos antigos israelitas é literalmente determinada por seu Deus, na forma de um código legal extremamente detalhado. Considerado em seu conjunto, esse código prescreve as atitudes e as ações que eles podem adotar com relação ao seu Deus; as intenções e ações que podem adotar entre si; as punições para os delitos; os alimentos e suas combinações que os israelitas poderão consumir – junto com diversas questões aparentemente enigmáticas. A ideia de que a esfera social poderia ser

130 · BREVE HISTÓRIA DA JUSTIÇA

reordenada para se conformar a um projeto de procedência estritamente humana parece que estava além da imaginação ou do horizonte mental dos antigos israelitas e dos gregos arcaicos e pré-clássicos.

Com o advento do pensamento crítico e filosófico entre os gregos, por mais lento e gradual que o processo tivesse sido, essa limitação começou a perder importância. Num texto que provavelmente representa um dos mais antigos documentos escritos a respeito da justiça, o sofista Protágoras (490-420 a.C.) faz um esboço do mito[67] das origens de todos os seres vivos, da civilização humana e da justiça nas questões humanas. Após explicar que Prometeu havia roubado o conhecimento e o fogo para dotar os seres humanos dos meios para se sustentar, ele observa que, como naquele momento os seres humanos ainda não detinham o conhecimento político, eles tratavam uns aos outros de maneira injusta. Zeus, então, envia Hermes para que ele traga respeito e justiça aos homens e ordem a suas cidades, e lhes permita estabelecer laços de amizade. Segundo Protágoras, Zeus também ordenou que Hermes distribuísse esses atributos entre todos, ao contrário da maioria das formas de conhecimento (como o conhecimento médico), que geralmente são reservadas apenas para alguns homens. No relato de Protágoras, Zeus argumenta que, a menos que o respeito e o conhecimento sejam compartilhados por todos, não haverá cidades. Portanto, Zeus decreta que "quem for incapaz de adquirir sua cota dessas duas virtudes será conduzido à morte, como uma calamidade para a cidade"[68].

Embora os personagens ativos da história de Protágoras sejam deuses, ela dá a entender que, se é para permitir que os seres humanos vivam em justiça entre si, a esfera social deve ser cuidadosamente ajustada. Podemos encontrar uma consciência semelhante nas *Histories* [*Histórias*] de Heródoto, que têm origem mais ou menos na mesma época (provavelmente a segunda metade do século V a.c.) – a saber, nas interpretações antropológicas de sociedades exóticas e não gregas e numa série de discursos fictícios pronunciados na corte do rei da Pérsia sobre os méritos relativos das três formas de governo: monarquia, oligarquia e democracia[69]. É possível perceber, na obra de Heródoto, os sinais de uma originalidade histórica e social suficientemente ampla a ponto de permitir que o autor se coloque, ao menos parcialmente, fora de seu próprio mundo e examine-o a partir da perspectiva de alguém com uma experiência cultural e política nitidamente diversa. A capacidade intelectual de repensar os contornos do mundo social parece ter chegado.

Na sociedade comercial em que Atenas se transformara no século V, essa capacidade floresceu. A aceitação passiva dos contornos sociais existentes deu lugar a uma enxurrada de desafios e críticas, cujos vestígios estão preservados num amplo conjunto de obras dramáticas, literárias, filosóficas e políticas. Os sofistas, em especial, desenvolveram o ponto de vista de que as instituições políticas e os sistemas sociais são produto dos desígnios e das convenções humanos, em vez de terem origem na, e serem justificadas pela, natureza. Com essa crença, tornou-se possível repensar radicalmente o mundo social.

Na verdade, n'*A república* Platão comprometeu-se justamente com esse processo. No entanto, ele rejeitou a conclusão de que os seres humanos são livres para repensar e reconstruir seus mundos sociais do modo que considerarem conveniente. Embora descreva a cidade à qual dedica a maior parte de sua argumentação como o resultado de um esforço maciço de reconstrução comandado por governantes filósofos, seus argumentos estão baseados na afirmação de que o projeto daquela cidade está inserido na natureza. Ele imagina seus guardiões filósofos moldando a

132 · BREVE HISTÓRIA DA JUSTIÇA

cultura, os modos de pensar e os costumes dos habitantes para fazê-los concordar com a ideia de que a justiça é uma relação de comando e obediência entre pessoas desiguais; todavia, segundo Platão, essa ideia – de justiça em si – está determinada na natureza das coisas.

Essas duas visões – por um lado, que os contornos básicos do mundo social são determinados pela natureza e, por outro, que o mundo social é (potencialmente) o objeto de um desejo humano independente – competiram entre si durante um longo período após a morte de Platão. Contudo, parece que a primeira visão conseguiu os defensores mais célebres e acabou predominando ao longo do segundo milênio da era cristã. Aristóteles talvez tenha sido o mais influente entre todos os defensores dessa concepção. Na *Política*, ele argumenta assim:

> Caso se admita que as associações simples, i.e., a família e a aldeia, têm uma existência natural, do mesmo modo o tem a *pólis* em todos os casos; pois na *pólis* elas alcançam um desenvolvimento completo, e natureza significa desenvolvimento completo, já que a natureza de qualquer coisa, por exemplo, de um homem, de uma família ou de um cavalo, pode ser definida como a sua condição quando o processo de produção está completo [...] Portanto, percebemos que a *pólis* é uma instituição natural e que o homem é naturalmente um animal político.[70]

Para Aristóteles, os contornos básicos do cenário da *pólis* – a série de definições de função que prescrevem os direitos e obrigações relativos à posição social de cada um dos grupos mais importantes e estabelecem seus locais de privilégio e carência, bem como as normas que regulam as relações entre seus membros – são determinados pela natureza, do mesmo modo que as partes funcionais de um cavalo plenamente adulto se desenvolvem por natureza. Seria uma atitude profundamente prejudicial e uma vio-

DA NATUREZA AO ARTIFÍCIO: DE ARISTÓTELES A HOBBES · 133

lação da natureza se os seres humanos tentassem pôr em prática alguma alternativa que tivesse brotado de sua imaginação. Três séculos mais tarde, Cícero adotou essa visão. Vimos anteriormente que Cícero afastou-se nitidamente das ideias de Aristóteles ao defender o conceito de justiça universal – enfraquecendo, com isso, a posição privilegiada atribuída à *pólis* – e ao se distanciar da afirmação de Aristóteles de que os seres humanos são categoricamente desiguais quanto às capacidades. Apesar dessas diferenças, Cícero endossou sinceramente a visão de que devemos olhar para a natureza para compreender o caráter da justiça. A "justiça a que me refiro é natural"[71], diz ele, e, também, "não existe nada mais valioso do que compreender claramente que nascemos para a justiça e que a justiça é determinada não pela opinião, mas pela natureza"[72].

Ao longo dos séculos seguintes, a visão de que os contornos básicos do mundo social são determinados pela natureza iria competir com a visão de que é possível submetê-los ao desejo humano. Todavia, com o colapso do Império Romano do Ocidente, o sentimento de confiança nas capacidades humanas expresso nesta última visão perdeu força rapidamente. Documentos e práticas do início da Idade Média mostram um sentimento de impotência dos seres humanos, considerados tanto do ponto de vista individual como coletivo, num mundo cuja ordem e cujos mecanismos de funcionamento pareciam ser cognoscíveis apenas por Deus. Esse sentimento de impotência ficou evidente, entre outros lugares, no processo judiciário do ordálio, uma prática que era criação do direito germânico, não do direito romano. De acordo com esse direito (na verdade, um conjunto variado de leis que eram aplicadas de maneira desigual num amplo território), frequentemente a única forma de o acusado provar sua inocência era submetendo-se a um "ordálio" (*ordalium*), como, por

134 · BREVE HISTÓRIA DA JUSTIÇA

exemplo, ser jogado no fogo ou na água. Embora os ordálios assumissem diversas formas, a teoria básica por trás dele era que ele revelaria a vontade de Deus. A questão principal não era saber se a pessoa havia cometido intencionalmente um delito: o ordálio deveria demonstrar se era da vontade de Deus que o acusado fosse condenado ou não; como consequência, a pessoa seria condenada independentemente de suas reais intenções, conhecimento ou atos.

No entanto, já no início do século X é possível detectar sinais de uma recuperação gradual da confiança na capacidade dos seres humanos de compreender e de trazer ordem a seu mundo[73], em grande medida pela retomada do pensamento grego e romano. No início da Idade Média, Boécio (c. 480-524) ambicionara apresentar o conhecimento grego a um mundo latino que estava sitiado. Embora tenha conseguido disponibilizar em latim as linhas principais do sistema lógico aristotélico, Boécio realizou apenas uma parte de sua ambição. Cerca de cinco séculos após o nascimento de Boécio, o estudioso Gerbert começou a fazer preleções sistemáticas sobre os tratados lógicos de Boécio; e da época de Gerbert até pelo menos o início do século XII Boécio foi o principal canal por meio do qual os estudiosos tomaram conhecimento da lógica. Por volta do século XII, estudiosos e praticantes haviam começado a desenvolver um sistema uniforme de direito canônico, para o qual eles recorriam frequentemente às fontes romanas. Muitos dos textos da filosofia grega antiga também haviam sido descobertos, inicialmente, por meio de traduções do árabe que começavam a penetrar nos centros de ensino do Ocidente a partir da Espanha árabe. Além disso, esses textos passaram a ser traduzidos em grande quantidade a partir do século XIII. O impacto conjunto da lógica e do direito demonstrou que era possível, mediante invenções humanas, discernir a ordem e im-

DA NATUREZA AO ARTIFÍCIO: DE ARISTÓTELES A HOBBES · 135

pô-la a um mundo que, em outros aspectos, parecia caótico aos olhos humanos. Estava lançada a base para que se renovasse a confiança na capacidade dos humanos de compreender seu mundo e de trazer ordem a ele. Os efeitos dessa renovação foram evidentes ao longo dos séculos seguintes, tanto nos textos de filosofia e literatura como nas inúmeras transformações ocorridas nos hábitos humanos corriqueiros e importantes. Em 1215, por exemplo, o Concílio de Latrão proibiu que os sacerdotes participassem da aplicação do ordálio, enfraquecendo, na verdade, essa prática e obrigando os envolvidos no processo legal a substituir as aparentes certezas do julgamento divino pelas probabilidades que podem ser obtidas pela ação humana. A mudança de valores resultante cristalizou--se três séculos mais tarde nos textos dos reformadores protestantes, em especial Martinho Lutero. Contrariamente aos ensinamentos e às práticas predominantes na Igreja Católica, Lutero rejeitava as pretensões extremamente amplas da autoridade clerical, insistindo que o cristianismo é, principalmente, uma questão de fé baseada numa relação direta entre o indivíduo e Deus. É claro que Lutero acreditava no poder da fé humana e não no poder da razão humana. Seu interesse pelas sutilezas da lógica aristotélica ou pelos métodos do direito romano não era maior que o de seus adversários. No entanto, ele herdara dessas tradições de pensamento uma grande confiança na capacidade das pessoas humildes de vislumbrar a verdade. Dirigida para um objetivo diferente daquele que Lutero pretendia alcançar, essa confiança ajudou a criar a noção de que os seres humanos podem ser capazes tanto de reformar a realidade como de compreendê-la.

Ao menos um leve traço dessa noção está evidente na *Utopia* de *sir* Thomas Morus[74], uma obra escrita nas vésperas da Reforma Protestante. Embora aparentemente seja o relato de um viajante

136 · BREVE HISTÓRIA DA JUSTIÇA

sobre uma ilha distante de hábitos e sistemas sociais estranhos, *Utopia* é, na verdade, uma crítica sarcástica de algumas das principais instituições e valores que permeavam a vida inglesa no início do século XVI. Contudo, para desestimular as características mais negativas da natureza humana e dirigir nossas características mais positivas para o objetivo mais construtivo possível, Morus molda sua crítica imaginando uma sociedade cujas instituições e valores sejam projetados intencionalmente por seus membros.

A ideia de que os contornos básicos do mundo social são um produto das ações humanas e, potencialmente, um objeto do desejo humano, em vez de serem determinados pela natureza, ocupou, com o *Leviatã* de Hobbes, o centro do palco no início do pensamento moderno. Tendo uma vez mais Aristóteles como alvo, Hobbes ridicularizou a teoria de que as associações políticas são dotadas pela natureza de um fim (ou, no jargão aristotélico, de uma "causa final"). Pelo contrário, afirma Hobbes, a associação política é resultado do engenho humano. Esse resultado pode ser involuntário ou proposital; se for proposital, pode ser mal ou bem planejado. Até onde as associações políticas podem ser aperfeiçoadas, essa perfeição será alcançada por meio do esforço, do conhecimento e da sagacidade humanos, não permitindo que a associação se transforme num suposto modelo "natural".

Hobbes argumenta que, na verdade, ele foi o primeiro a ter descoberto como aperfeiçoar o projeto da associação política:

> Assim como ouvi alguns dizerem que a justiça não passa de uma palavra vazia, e que qualquer coisa que o homem possa adquirir para si por meio da força ou do engenho... pertence a ele, o que já provei ser falso; assim também o é afirmar que não existem motivos nem princípios racionais para sustentar aqueles direitos fundamentais que criam a soberania absoluta [...]
> Onde eles afirmam ser tão pernicioso como se o povo selvagem da América devesse negar a existência de quaisquer motivos ou

DA NATUREZA AO ARTIFÍCIO: DE ARISTÓTELES A HOBBES · 137

princípios racionais para que se construa uma casa que dure tanto quanto os materiais, porque eles ainda não viram nenhuma tão bem construída assim.[75]

Onde Aristóteles havia traçado uma analogia entre a *pólis* e o cavalo, Hobbes compara a associação política (a comunidade) à casa, dando a entender que o fato de a casa ser bem ou mal construída é resultado do conhecimento do projetista e do construtor:

> O tempo e a diligência produzem novos conhecimentos diariamente. E como a arte de bem construir decorre de princípios racionais, respeitados por homens diligentes que durante muito tempo analisaram a natureza dos materiais e os efeitos variados do desenho e da proporção, só muito tempo depois a humanidade começou (ainda que precariamente) a construir: assim também, muito tempo depois de os homens terem começado a constituir comunidades imperfeitas e prestes a descambar na desordem é que podemos encontrar, por meio de uma reflexão diligente, princípios racionais que as constituam [...] de forma duradoura. E assim são aqueles que eu anunciei neste discurso.[76]

Hobbes não somente deu vida e energia novas à teoria sofista de que as instituições políticas e os sistemas sociais são produtos da convenção humana e não da natureza. Ele acrescentou a essa teoria a afirmação de que, com um conhecimento adequado, essas instituições e esses sistemas podem ser aperfeiçoados pelo esforço humano.

Essa afirmação tornou-se um pilar do pensamento político e social do Ocidente, da época de Hobbes até o final do Iluminismo do século XVIII e além. Estimulados pelos êxitos da ciência moderna, especialmente da moderna ciência mecânica de Kepler e Galileu a Isaac Newton, muitos dos grandes pensadores do século XVIII – de Montesquieu a Rousseau, e de Beccaria a Bentham e Condorcet – adotaram praticamente a mesma teoria acerca da

138 · BREVE HISTÓRIA DA JUSTIÇA

perfectibilidade das instituições humanas por meio dos esforços humanos que Hobbes apregoara. Esse aumento súbito de confiança na capacidade dos seres humanos de compreender e de trazer ordem ao mundo social não deixou de ser questionado. Inúmeras vozes insistiram numa abordagem mais cautelosa dos negócios humanos, dos juristas especializados em direito consuetudinário Coke e Hale, no século XVII, ao filósofo e personagem político Edmund Burke, no final do século XVII, juntamente com muitos outros pensadores que surgiram depois. O conflito entre a abordagem relativamente cautelosa e conservadora da reforma das instituições humanas desses últimos pensadores e o claro radicalismo de seus pares iluministas persiste desde aquela época até os nossos dias.

Não obstante, os pensadores iluministas, de Hobbes a Condorcet e além (embora o termo "Iluminismo" seja normalmente reservado para um conjunto de pensadores do século XVIII, eu fiz com que ele se estendesse para trás no tempo a fim de incluir Hobbes), haviam modificado, de maneira fundamental, a constelação de ideias dentro da qual questões sobre a justiça são debatidas. O impacto mais decisivo desse método de raciocínio nas ideias acerca da justiça foi sugerir uma nova pergunta, a saber: como os seres humanos podem redesenhar e reconstruir a esfera do mundo social de modo a torná-la justa? Essa pergunta começou a surgir no século XVIII como um elemento das reflexões sobre a justiça, permanecendo a mesma desde então. É verdade que, muito depois de ela ter sido proposta, continuou sendo possível que autores negassem que o conceito de justiça pudesse ser aplicado à esfera do mundo social como um todo, ou até mesmo que negassem que os seres humanos são capazes de remodelar essa esfera de acordo com um projeto deliberado qualquer. O que não era mais possível, para qualquer autor que quisesse ser levado a sério, era ignorar a pergunta.

CAPÍTULO 5

O SURGIMENTO DA UTILIDADE

Durante o meio século que começou com o aparecimento do *Treatise of Human Nature* [*Tratado da natureza humana*] (1739) de David Hume e culminou na publicação de *Introduction to the Principles of Morals and Legislation* [*Uma introdução aos princípios da moral e da legislação*] de Jeremy Bentham (e na eclosão da Revolução Francesa, ambas em 1789), desenvolveu-se uma escola de pensamento que deixaria uma marca duradoura em todos os lugares do mundo em que as teorias europeias fincaram pé. Embora Bentham seja ampla e corretamente considerado o primeiro teórico rigoroso da escola utilitarista, sua obra foi erguida sobre alicerces que haviam sido lançados por uma longa série de autores que aderiram a duas crenças que eles consideravam, por si sós, evidentes: primeira, que as instituições humanas deviam promover o bem-estar das pessoas que são afetadas por elas; e, segunda, que em qualquer avaliação feita para medir o quão bem essas instituições atendem ao propósito que lhes foi fixado dever-se-ia levar em conta o bem-estar de *todas* as pessoas, da menor e mais humilde à mais eminente. Muitos desses pensadores eram reformadores fervorosos. Eles desenvolveram, em conjunto, um modo de refletir sobre as instituições humanas e sobre a justiça que rompeu não apenas com as teorias de Aristóteles acerca da naturali-

140 · BREVE HISTÓRIA DA JUSTIÇA

dade da *pólis* e da desigualdade humana, como Hobbes havia feito, mas também com as convicções que Aristóteles compartilhava com a maioria dos pensadores que o antecederam e que o sucederam sobre a importância da reciprocidade para a justiça. Além dos textos de Hume e Bentham, também farei referência aos textos de Cesare Beccaria e Adam Smith. Esses autores guardam entre si diferenças significativas. Hume, por exemplo, emprega o termo "utilidade" de uma forma diferente da utilizada por Bentham e pelos utilitaristas posteriores que não pode ser equiparada a ela. O conceito de simpatia de Adam Smith diverge substancialmente do de Hume; e todo o sistema ético de Smith (incluindo sua teoria de justiça) é mediado pela figura hipotética de um observador imparcial, de uma forma só encontrada em sua filosofia moral. É possível argumentar que, com a exceção de Bentham, nenhum desses pensadores pode ser classificado incondicionalmente de "utilitarista". Não obstante, como veremos, esses pensadores compartilham várias teorias e objetivos que os diferenciam, como grupo, de todos os autores até aqui estudados, estando ligados entre si por diversas linhas de envolvimento crítico.

I

Como Hobbes, esses pensadores rejeitavam a teoria aristotélica de que os contornos, ou esfera, do mundo social – aquilo que Hume, acompanhando a prática comum da época, chamava de "sociedade civil" – são determinados por um conjunto de propósitos inerentes à natureza. Como vimos, para Aristóteles esses propósitos controlam o desenvolvimento da sociedade do nascimento à maturidade, da mesma forma que o propósito inerente a um cavalo controla o crescimento dos indivíduos daquela espécie (pelo menos daqueles que têm um desenvolvimento normal) até que assumam uma forma plenamente madura. Contrariamente a essa

O SURGIMENTO DA UTILIDADE · 141

visão, os precursores do utilitarismo herdaram de Hobbes a noção de que o mundo social é um produto das ações humanas, sujeito a aperfeiçoamento via desejo humano. Para eles, a analogia de Hobbes entre a sociedade civil e uma casa bem ou mal construída dependendo do conhecimento e das habilidades do projetista e do construtor era muito mais adequada. Como explica Hume, que considerava o instituto da propriedade privada o alicerce da sociedade civil e a base da virtude da justiça:

> Todas as aves da mesma espécie, em qualquer época e país, constroem seus ninhos da mesma forma: percebemos nisso a força do instinto. Homens de diferentes épocas e lugares projetam suas casas de maneira diferente: percebemos aqui a influência do bom--senso e dos costumes. Podemos chegar a uma conclusão semelhante quando comparamos o instinto de procriação e o instituto da propriedade.[77]

Para Hume, a família, que é um produto do instinto (sexual) de procriação, é o espaço das relações, dos deveres e das virtudes humanas naturais – e basicamente instintivas – mais importantes. Segundo esse ponto de vista, é natural que as pessoas tenham predileção pelos cônjuges, filhos, pais e outras pessoas próximas; e, além disso, esses diferentes membros da família ocupam uma série de papéis naturais um com relação ao outro. Esses papéis definem os mais importantes deveres morais naturais, e a conduta perfeita em conformidade com eles resultaria da perfeição das virtudes morais naturais. Hume colocava os vínculos pessoais de amizade, ao lado dos deveres e das virtudes que os acompanham, na mesma categoria dos laços familiares, embora acreditasse que estes últimos geralmente fossem mais fortes do que os laços de amizade. Ele também acreditava que os seres humanos desenvolvem

142 · BREVE HISTÓRIA DA JUSTIÇA

naturalmente um grau de sensibilidade com relação à felicidade ou à infelicidade de seus semelhantes, embora essa afinidade generalizada fosse, em sua opinião, mais fraca que a dedicação aos amigos e ainda mais fraca que os laços familiares.

Os deveres e as virtudes em que a sociedade civil se baseia são completamente diferentes desses atributos naturais. O respeito pela propriedade privada é a virtude mais importante da sociedade civil, além de ser sua virtude característica; porém, como enfatiza Hume, ela é uma virtude "artificial" porque, de acordo com os critérios de moralidade natural, deveríamos procurar obter bens para aqueles que amamos sem levar em conta as posses ou direitos de propriedade dos outros. Os deveres e as virtudes associados ao respeito pela propriedade privada só podem vir a controlar de maneira eficaz as ações humanas – permitindo, consequentemente, que a sociedade civil prospere – na medida em que consigamos limitar a uma esfera *pessoal* restrita nossa tendência instintiva de ter predileção por aqueles com quem temos laços pessoais, criando, por meio disso, uma esfera *social* diferente dentro da qual os deveres e as virtudes artificiais podem reinar de maneira absoluta. É no interior dessa esfera social que as atividades econômicas e as instituições administrativas – que, juntas, constituem a sociedade civil – aparecem.

As argumentações de Hume sobre a justiça são dominadas pelos temas da propriedade privada, troca de bens e acordos contratuais. Os deveres da justiça são definidos por essas práticas; e a virtude da justiça consiste na fidelidade a eles ou na disposição aprendida de ser fiel a eles. Os institutos da propriedade, da troca e do contrato são, todos, produto de convenções humanas que se opõem à tendência humana natural de favorecer aqueles com quem temos laços pessoais estreitos. Hume acreditava que essas convenções são adotadas e impostas porque, apesar de sua artificialidade, as pessoas as consideram úteis.

Nas argumentações de Hume sobre a justiça, especialmente nas argumentações acerca dos fundamentos do direito à propriedade privada, está implícita a teoria de que esses institutos podem ser aperfeiçoados por meio de um meticuloso projeto humano. É claro que, em princípio, eles também estão sujeitos à degradação, em razão de um projeto deficiente ou de uma construção descuidada. Mas a postura de Hume era otimista – igual à de todos os integrantes da corrente de pensamento a que se aplicou o rótulo de "Iluminismo". Num voo retórico, Hume invoca o emblemático cientista Isaac Newton a fim de traçar uma comparação entre o papel da justiça na sociedade civil e o papel da gravidade com relação ao movimento dos corpos:

> A necessidade da justiça para o suporte da sociedade é a única base dessa virtude [i.e., a virtude da justiça]; e, uma vez que nenhuma excelência moral é mais altamente valorizada, podemos concluir que essa circunstância de utilidade tem, em geral, o vigor mais acentuado e o domínio mais completo sobre nossos sentimentos [...] É inteiramente adequado para as regras da filosofia e, mesmo, do senso comum que onde se descobriu que qualquer princípio possui uma força e uma energia notáveis em determinado caso atribua-se a ele uma energia similar em todos os casos semelhantes. Essa é, na verdade, a principal regra filosófica de Newton.[78]

Hume deduz que agora compreendemos as forças que levam os seres humanos a se comportar como o fazem. A partir desse conhecimento podemos desenvolver uma compreensão sistemática das leis de movimento que respondem pelo comportamento humano, bem como um conjunto de prescrições em defesa dos principais institutos capazes de aumentar o bem-estar humano.

Como Hume, Cesare Beccaria sustentava que os institutos e as práticas que compõem a sociedade civil são artificiais ou conven-

144 · BREVE HISTÓRIA DA JUSTIÇA

cionais, já que diferentes do natural. É verdade que Beccaria abre seu livro *On Crimes and Punishments* [*Dos delitos e das penas*] (1764) reconhecendo três fontes de onde são extraídos os princípios da moral e da política, e situando a revelação e o direito natural ao lado das convenções humanas como as fontes, respectivamente, da justiça divina, da justiça natural e da justiça política[79]. Não obstante, é surpreendente que, embora sua obra pretenda ser um tratado abrangente sobre o tema do certo e do errado com relação a crimes e punições, ele exclua de seu escopo tanto a revelação como o direito natural, aparentemente em razão de essas fontes dizerem respeito "àquela justiça que emana de Deus e cujo propósito imediato tem que ver com as punições e recompensas da vida após a morte"[80]. Entre os seres humanos, a justiça baseia-se estritamente em convenções com as quais eles concordaram para seu benefício mútuo. Beccaria chega ao ponto de sugerir que a justiça não é algo "real". Em vez disso, ela "é simplesmente uma forma por meio da qual os humanos concebem as coisas, uma forma que influencia de maneira desmesurada a felicidade de todos"[81].

Smith também sustentava que o mundo social é constituído por convenções que são fruto de ações humanas e de inumeráveis acordos humanos, expressos ou tácitos; além disso, ele acreditava que o mundo é passível de aperfeiçoamento por meio de reformas meticulosamente projetadas e executadas, empreendidas com a finalidade de promover propósitos humanos. Smith divergia de Hume quanto à origem dos sentimentos que ajudam a defender a justiça. Enquanto Hume havia considerado esses sentimentos artificiais, Smith argumenta assim na *Theory of Moral Sentiments* [*Teoria dos sentimentos morais*] (1759): "A natureza implantou no coração humano aquela consciência de não merecimento e os medos de uma pena merecida que estão presentes em sua transgressão como as grandes salvaguardas da sociedade

O SURGIMENTO DA UTILIDADE · 145

humana [...]."[82] Embora o sentimento de justiça seja natural, as instituições por meio das quais ele é promovido ou imposto não são. O mais célebre exemplo do *corpus* de Smith, extraído da *Inquiry into the Nature and Causes of the Wealth of Nations* [*Investigação sobre a natureza e a causa da riqueza das nações*] (1776), é a divisão do trabalho. Embora a divisão do trabalho "não seja originalmente o resultado de qualquer sabedoria humana, que antevê e planeja a opulência geral a que ela dá ensejo"[83] – em outras palavras, não seja originalmente um produto do projeto humano deliberado –, ela é, de fato, uma consequência de incontáveis acordos humanos concluídos ao longo de muitos anos, alguns dos quais produziram costumes e práticas estabelecidos, outros se transformaram em instituições. Embora não sejam originalmente o produto de um projeto deliberado, todas essas instituições e práticas estão sujeitas a reforma e aperfeiçoamento por meio da intervenção humana que vise a favorecer os propósitos humanos.

Incansável defensor das reformas legais e políticas, Bentham também endossava as afirmações claramente hobbesianas de que a esfera do mundo social é um produto das convenções humanas, não de propósitos naturais, e de que esse mundo está, e deve estar, sujeito a um processo de reconstrução que vise à promoção dos objetivos humanos. Talvez a evidência mais famosa desse ponto de vista seja sua afirmação, feita em *Anarchical Fallacies* [*Falácias anárquicas*] (1823), de que "os direitos naturais são simplesmente um absurdo: direitos naturais e imprescritíveis, um absurdo retórico – absurdo ao quadrado"[84]. Bentham não estava criticando – como às vezes se acredita – todos os recursos ao conceito de direitos. Ele apenas estava rejeitando a afirmação de que alguns direitos são inerentes por natureza. Para Bentham, os direitos, como todos os outros aspectos importantes do universo humano das instituições e dos costumes, são fruto de convenções humanas.

146 · BREVE HISTÓRIA DA JUSTIÇA

Hume, Beccaria, Smith e Bentham também endossaram a proposição de que em geral os seres humanos têm aproximadamente as mesmas capacidades, assim como são merecedores da mesma consideração da parte de qualquer pessoa que esteja comprometida com a administração ou reforma das instituições ou dos costumes humanos. No ensaio "Of the Original Contract" [Do contrato original], Hume diz:

> Quando consideramos como os homens são quase iguais quanto à força física, e mesmo quanto às capacidades e faculdades mentais, até serem aperfeiçoados pela educação, devemos admitir, necessariamente, que nada senão seu próprio consentimento poderia, inicialmente, juntá-los e sujeitá-los a qualquer autoridade.[85]

Em *Enquiry Concerning the Principles of Morals* [*Investigação sobre os princípios da moral*] (1751), Hume dá a entender que relações de justiça são, necessariamente, relações entre pessoas que são, pelo menos, relativamente iguais entre si, de tal maneira que, se uma espécie de criaturas que fosse racional, embora claramente inferior aos humanos quanto ao vigor do corpo e da mente, viesse a se misturar com os humanos, nossa relação com os membros dessa espécie seria de comando e obediência[86], não de justiça. Essa premissa baseia-se estritamente na tradição; ela remonta pelo menos a Tucídides, e é fundamental para a teoria da justiça de Aristóteles. Contudo, Hume chega a uma decisão diametralmente oposta à que Aristóteles e inúmeros outros pensadores chegaram. Para Aristóteles, a conclusão dessa premissa é de que as relações adequadas entre algumas categorias de seres humanos são relações de comando e obediência, não de justiça, já que alguns seres humanos são naturalmente inferiores a outros. Para Hume, a conclusão é o oposto: já que todos os seres humanos são, aproximadamente, iguais entre si quanto à capacidade física e mental, é

O SURGIMENTO DA UTILIDADE · 147

apropriado que as relações entre eles sejam conduzidas de maneira justa. Na *Investigação*, Hume critica já de início os europeus por se livrarem de "todas as restrições de justiça e mesmo de humanidade" ao tratarem com os "índios", baseando-se na vã suposição de sua (dos europeus) superioridade categórica. Do mesmo modo, e por motivos semelhantes, ele critica os homens de "muitas nações" por submeterem as mulheres àquilo que, na prática, corresponde à escravidão[87]. Para Hume, essas negações da igualdade humana fundamental são simplesmente injustas.

Beccaria também parece endossar a proposição de que todos os homens têm aproximadamente as mesmas capacidades e são merecedores da mesma consideração. Por exemplo, numa época em que o privilégio de ser elegível para testemunhar diante do tribunal era rigorosamente negado a muitas pessoas, ele defendia que qualquer pessoa razoável, inclusive as mulheres, deveria ser aceita como testemunha[88]. Beccaria também se mostrava favorável a que júris escolhidos por sorteio complementassem o trabalho do juiz, além de endossar a prática de que toda pessoa acusada fosse julgada por seus pares[89]. Ele defendia veementemente que tanto os nobres como as pessoas do povo deveriam estar sujeitos aos mesmos tipos de pena, criticando, na prática, o costume de impor multas aos ricos, que não tinham nenhuma dificuldade de pagá-las, e aplicar punição corporal aos pobres. Embora Beccaria, que estava profundamente envolvido nas tentativas de fazer uma reforma legal, não tivesse anunciado um princípio geral de igualdade, ele parece ter aceito que nenhum ser humano deve merecer mais consideração do que outro, ao menos em matéria de direito.

Como vimos anteriormente no Capítulo 4, Smith expressou, com veemência, opiniões semelhantes a respeito da igualdade humana. Em *Riqueza* ele sustenta que:

148 · BREVE HISTÓRIA DA JUSTIÇA

> A diferença de talentos naturais nos diversos homens é, na verdade, muito menor do que aquilo que sabemos [...] A diferença entre as personalidades mais dessemelhantes, por exemplo, entre um filósofo e um porteiro, parece não se originar tanto da natureza como do hábito, do costume e da educação.[90]

Na verdade, Smith era um importante defensor da ideia de que as diferenças de talento natural entre os seres humanos são relativamente insignificantes. Ele tinha plena consciência de que os homens que ganham a vida por meio do trabalho manual em geral parecem ser consideravelmente inferiores, quanto à capacidade mental, àqueles que tiveram acesso a uma educação prolongada e ao lazer. Essa aparência, contudo, resulta do fato de que, numa divisão do trabalho complexa, "a ocupação da grande maioria daqueles que vivem do trabalho [...] acaba ficando restrita a umas poucas atividades bem simples"[91], e essa restrição tem um efeito profundamente degradante no conhecimento e na capacidade intelectual dos trabalhadores pobres. Ele observa que esse efeito só pode ser mitigado por meio de uma forte intervenção governamental capaz de oferecer recursos educacionais, além de outros semelhantes – intervenção que Smith defendeu n'*A riqueza das nações*.

Bentham também acreditava que os talentos geralmente são distribuídos de maneira relativamente igual entre os seres humanos e que todas as pessoas merecem igual consideração:

> O que frequentemente parece não ocorrer a esses fanáticos defensores do bem comum no auge do seu fanatismo é que, assim como um feixe de varas é composto de varas, a população é composta de indivíduos; que a porção que cada indivíduo ocupa na população é igual à do outro; e a felicidade de um representa a mesma porção da felicidade do povo que a felicidade do outro.[92]

O SURGIMENTO DA UTILIDADE · 149

A essência da afirmação de Bentham é, basicamente, a mesma da declaração mais célebre que John Stuart Mill fez muito mais tarde com relação àquilo que ele chama de máxima de Bentham (embora não exista nenhum registro dessas palavras nos textos de Bentham): "Todos têm o mesmo valor, ninguém vale mais que ninguém."[93]

II

Se os pensadores que estamos examinando aqui concordam que os contornos do mundo social são fruto de convenções humanas e não de propósitos naturais inatos, e que esses contornos estão sujeitos a reforma à luz do projeto humano, como eles pensavam que deveria ser o objetivo desse projeto? Como a justiça se relacionava com ele? Sabemos que esses proto- e primeiros utilitaristas postulavam que os seres humanos possuem aproximadamente as mesmas capacidades, sendo merecedores também da mesma consideração. Tomando esse postulado como premissa, que objetivo final os arquitetos e construtores do mundo social deveriam perseguir?

A defesa que Hume faz da justiça é emblemática das respostas a essas perguntas que sua linha de pensamento viria a oferecer. Hume pressupõe que a afirmação de que a justiça é útil para a sociedade conta com um amplo apoio. Ele tenta demonstrar uma proposta mais radical, a saber, que "a utilidade pública é a única fonte de justiça, e que as considerações sobre as consequências benéficas dessa virtude são o único fundamento de seu mérito"[94]. Essa afirmação oferece uma pista importante para a concepção de Hume acerca dos objetivos que devem compor o núcleo das instituições da sociedade civil.

Observei anteriormente que, para Hume, a virtude da justiça define-se fundamentalmente como o respeito pela propriedade

150 · BREVE HISTÓRIA DA JUSTIÇA

privada. Por essa razão, às vezes se diz que sua concepção de justiça é extremamente limitada. Essa afirmação subestima a importância vital que o instituto da propriedade privada tem na visão de Hume. Uma análise mais acurada da defesa que Hume faz da propriedade privada irá indicar por que ele considerava essa instituição a base da sociedade civil, esclarecendo, ao mesmo tempo, suas concepções de utilidade e de justiça.

Seu argumento é o seguinte:

> Embora tenhamos uma predileção natural por nós próprios e por nossos amigos, somos capazes de aprender as vantagens resultantes de uma conduta mais equânime. Embora recebamos poucos prazeres da mão generosa e liberal da natureza, por meio da arte, do trabalho e da dedicação podemos extraí-los com grande abundância. Consequentemente, as ideias de propriedade tornam-se indispensáveis em toda sociedade civil; consequentemente, a justiça obtém sua utilidade para a população; e, consequentemente, despontam apenas seu mérito e sua obrigação moral.[95]

Embora curto, esse excerto oferece um esboço preciso da principal linha de raciocínio de Hume. Os principais objetivos que levam os seres humanos a se associar entre si na sociedade civil são garantir a paz e obter bens que lhes permitam gozar a vida. A natureza nos oferta poucos desses bens por meio de sua "mão generosa e liberal". Em vez disso, precisamo-nos esforçar bastante para obtê-los, transformando, por meio desse esforço, as matérias-primas que a natureza nos oferece em bens próprios para o consumo humano. No entanto, a maioria das pessoas relutará em alocar tempo e energia para a produção de bens, a menos que tenham a garantia de que irão se beneficiar de seu próprio trabalho. O instituto da propriedade privada dá essa garantia. Quando as pessoas obtêm o direito aos bens que produziram ou à terra que ocuparam, e quando existe um governo que faça cumprir, de

O SURGIMENTO DA UTILIDADE · 151

fato, esse direito, elas se sentem estimuladas a ser diligentes e produtivas. Quando direitos exequíveis a bens ou a terra, obtidos por meio de transações com outros, tiverem sido acrescentados a esses direitos, então, juntamente com a efetiva implementação de promessas relacionadas a transações futuras (contratos), os alicerces de uma sociedade mercantil – aquela cujos membros geralmente se envolvem na produção de bens a serem consumidos por outros, na expectativa confiável de que eles irão usufruir de maior quantidade de bens em troca – terão sido lançados.

Resumindo, além de garantir a paz, o principal objetivo pelo qual as pessoas se associam entre si na sociedade civil é o de criar condições que contribuam para que elas aproveitem a vida. O instituto da propriedade privada e as convenções que regulam as práticas contratuais e de troca ajudam a alcançar esse objetivo. A virtude da justiça é definida pelo respeito aos direitos à propriedade privada, à troca e ao contrato; e a propensão a ser justo – uma propensão que é contrária à natureza – é inculcada a fim de assegurar as vantagens de uma sociedade que irá produzir uma riqueza abundante por meio do comércio, cujo propósito é aumentar a satisfação que os seres humanos tiram da vida. Os governos são instituídos, principalmente, para fazer cumprir os direitos à propriedade privada, os quais, por sua vez, permitem que a sociedade crie riqueza[96]. "O hábito e a tendência dessa virtude [a justiça] é conseguir a felicidade e a segurança", e Hume acredita que a produção de bens é um dos principais instrumentos que tendem a promover a felicidade.

Adam Smith dava uma ênfase ainda maior à criação de riqueza como o objetivo principal da legislação que Hume. Ele discordava de Hume com relação aos fundamentos básicos da sociedade civil e da justiça. Onde Hume propõe uma descrição estritamente naturalista das origens das instituições e das opiniões que consti-

152 · BREVE HISTÓRIA DA JUSTIÇA

tuem a sociedade civil – segundo a qual essas instituições e opiniões são fruto de um processo civilizatório por meio do qual os seres aprendem gradativamente a se adaptar, a fim de obter as vantagens da segurança e da riqueza –, Smith identifica Deus como sua origem última. Como pivô dessa diferença está o fato de que, enquanto Hume, seguindo Hobbes, prescindiu da noção de causação final, Smith reviveu o modelo aristotélico segundo o qual, em qualquer explicação completa, as causas finais têm seu lugar estabelecido ao lado das causas eficientes. Numa passagem que quase poderia ter sido redigida por Darwin, ele observa:

> Em todas as partes do universo observamos recursos ajustados com a astúcia mais precisa aos objetivos que eles pretendem produzir; e, na estrutura de uma planta ou do corpo de um animal, admiramos como cada coisa é projetada para levar em frente os dois grandes propósitos da natureza: o amparo ao indivíduo e a propagação da espécie.[97]

Não obstante, num movimento claramente antidarwinista, ele prossegue, observando que

> nestes, e em todos os assuntos semelhantes, ainda distinguimos a causa eficiente da causa final dos diferentes impulsos e organizações. A digestão da comida, a circulação do sangue e a secreção dos diferentes sucos que são extraídos dela, são todas operações indispensáveis para os grandes objetivos da vida animal. Não obstante, nós nunca tentamos considerá-las a partir daqueles objetivos, e sim a partir de suas causas eficientes, nem acreditamos que o sangue circule ou a comida seja digerida por iniciativa própria, e, além disso, com uma percepção ou intenção voltada para os objetivos da circulação ou da digestão.[98]

Smith não está propenso a imaginar, como Darwin fez depois dele, que os intrincados mecanismos que observamos ao nosso

O SURGIMENTO DA UTILIDADE · 153

redor poderiam ter surgido na ausência de um ser que pretendesse que eles fossem como são. De acordo com a visão de Smith, o ser que põe intencionalmente esses mecanismos em movimento é Deus, que, como um relojoeiro, consegue organizar as inúmeras partes, tanto da natureza como da sociedade, para que funcionem visando a alcançar o objetivo determinado por ele.

Criticando implicitamente Hume, Smith argumenta:

> Quando, por meio dos princípios naturais, somos levados a promover esses objetivos que um raciocínio sofisticado e esclarecido nos recomendaria, ficamos bastante inclinados a imputar a esse raciocínio, como sua causa eficiente, os sentimentos e ações por meio dos quais promovemos esses objetivos, e a acreditar que eles representam a sabedoria do homem, quando, na verdade, eles representam a sabedoria de Deus.[99]

Parece que, nesse caso, o alvo de Smith é a interpretação de Hume para as origens da tendência que nos permite viver de acordo com os princípios de justiça. Também como Hume, ele acredita que, embora os seres humanos geralmente possuam sólidos sentimentos de caridade para com a família e os amigos, e mais fracos para com os outros, uma forte disposição de retribuir as ações dos outros com justiça é muito mais importante para a subsistência da sociedade do que a caridade. No entanto, ao interpretar tanto a fonte como o conteúdo dessa disposição, Smith toma outro caminho. Enquanto Hume afirmava que o sentido de justiça é aprendido gradativamente, à medida que os seres humanos se tornam cada vez mais conscientes de sua utilidade, Smith sustenta (numa passagem já reproduzida parcialmente antes) que o sentido de justiça está implantado nos seres humanos:

> A natureza implantou no coração humano aquela consciência de não merecimento e os medos de uma pena merecida que es-

154 · BREVE HISTÓRIA DA JUSTIÇA

tão presentes em sua transgressão como as grandes salvaguardas da sociedade humana, para proteger o fraco, conter o violento e punir o culpado.[100]

Como prova, ele observa que esse sentido inato de justiça às vezes entra em conflito com o que a utilidade pública requer. A utilidade pública pode exigir que o sentinela que dorme em tempo de guerra seja condenada à morte, mesmo que sua negligência não tenha causado nenhum prejuízo, a fim de dar um desincentivo poderoso para que outros façam o mesmo. Porém, um espectador imparcial provavelmente poderia considerar o sentinela uma vítima infeliz das circunstâncias em vez de um maldoso transgressor e se sentiria muito mais à vontade tolerando que ele não fosse punido do que permitindo que um assassino escapasse da punição[101]. É frequente ocorrer uma discrepância entre o que o senso de justiça exige e o que a utilidade pública requer, e, na visão de Smith, essa discrepância vale como prova em favor de sua teoria da origem e da natureza do senso de justiça – e contra a teoria de Hume.

No entanto, a finalidade de Deus ao implantar o senso de justiça, bem como outras disposições, nos seres humanos é promover o bem-estar; isso é feito, em grande medida, quando ele nos confere motivações que nos levam a produzir bens para nosso próprio usufruto e para o usufruto dos outros. Do mesmo modo que as partes de um relógio e o sistema circulatório de um animal realizam seu objetivo sem ter a intenção de fazê-lo e sem conhecê-lo, os seres humanos são induzidos tanto a punir a injustiça como a criar riqueza sem compreender os objetivos a que suas ações visam. No caso da criação de riqueza, a disposição que leva a esse resultado é a famosa "propensão a pechinchar, negociar e trocar uma coisa por outra", uma propensão que, segundo Smith, "é comum a todos os homens, não sendo encontrada em

O SURGIMENTO DA UTILIDADE · 155

nenhuma outra espécie de animais"[102]. Já que a benevolência ativa das pessoas geralmente não ultrapassa os limites da família e dos amigos, elas precisam procurar outras motivações que atendam às necessidades e aos desejos que não podem ser atendidos no interior desses círculos. A motivação em que elas podem confiar é o interesse próprio dos outros. Se as pessoas puderem produzir objetos que são desejados pelos outros e puderem trocá-los pelos bens que elas desejam para si, agindo assim elas conseguirão aumentar seu bem-estar. Se puderem aumentar sua produtividade por meio de uma especialização radical, poderão ser capazes de colher benefícios ainda maiores por meio de trocas com os outros. Surge assim a famosa divisão do trabalho, que Smith considera a principal fonte de riqueza das sociedades comerciais.

Muito embora Deus tenha implantado nos seres humanos disposições que geralmente agem para promover seu bem-estar sem exigir que seus portadores compreendam como ou por que essas disposições são projetadas para atingir esse objetivo – disposições que levam uma pessoa "por meio de uma mão invisível, a promover um objetivo que não fazia parte de seu plano"[103] –, uma vez que esse projeto se torna acessível à inteligência humana, cabe aos legisladores e planejadores promovê-lo. *A riqueza das nações* de Smith é, do começo ao fim, um argumento em defesa de uma legislação que apoie o "sistema de liberdade natural", uma primeira versão da ideia de um sistema de mercado relativamente livre, que Smith considerava o melhor instrumento que os humanos podem inventar para gerar riqueza e, por meio disso, aumentar o bem-estar humano, junto com uma legislação e com medidas governamentais suplementares concebidas para corrigir os efeitos adversos do sistema sobre os trabalhadores pobres. Smith acreditava que os princípios de justiça – que, de modo bastante semelhante ao de Hume, ele explicava como sendo um conjunto

156 · BREVE HISTÓRIA DA JUSTIÇA

de regras baseadas no respeito ao instituto da propriedade privada – tendem a esse fim. Ele sustentava que o mesmo acontece com o sistema de liberdade natural. Consequentemente, embora o rompimento de Smith com a teoria aristotélica de que o cenário básico do mundo social é um produto de propósitos naturais inatos seja muito menos evidente e nítido do que o rompimento dos outros pensadores que estamos analisando aqui, ao enfatizar o papel que a ação humana pode e deve desempenhar na reclassificação desse cenário ele se junta aos seus contemporâneos. O objetivo do seu segundo e mais famoso livro foi mostrar aos renovadores do mundo social e aos legisladores (pois Deus era o arquiteto, e os seres humanos, desconhecendo os projetos a que suas ações visavam, eram os construtores iniciais) como eles poderiam conceber uma legislação que apoiasse os planos de Deus para a felicidade dos seres humanos por meio da promoção da criação de riqueza.

Beccaria também defendeu a afirmação de que o principal objetivo da sociedade civil deveria ser promover a felicidade. Para alcançar esse objetivo, Hume e Smith ficaram de olho no aumento de estoque de bens disponíveis para satisfação humana. Beccaria, ao contrário, concentrou-se na minimização dos sofrimentos associados ao crime e à pena – uma área judicial e administrativa à qual Hume e Smith dedicaram apenas uma atenção superficial. Beccaria sustentava que as leis existentes relativas ao crime e à pena eram "o resíduo dos séculos mais bárbaros", aproximando-se dos códigos legais do antigo Império Romano, das práticas dos lombardos e "dos livros incoerentes de obscuros intérpretes acadêmicos"[104]. Embora as leis devessem se basear em contratos entre homens livres, todas as leis que existiram têm sido "as ferramentas das paixões de um punhado de homens ou o resultado de uma necessidade transitória e casual"[105]. Beccaria desejava pôr

O SURGIMENTO DA UTILIDADE · 157

um pouco de ordem nessa desordem, uma ordem que atendesse aos interesses de todos os membros da sociedade, e não apenas aos de uns poucos privilegiados.

Suas propostas de reforma legal e penal procuram atingir três objetivos: reduzir de maneira geral a severidade das penas; equiparar as penas entre todas as classes de pessoas, das mais privilegiadas às mais carentes; e canalizar as penas no sentido de aumentar a felicidade dos membros da sociedade. De um modo que lembra Hobbes, Locke e outros teóricos do contrato social, ele defende que o direito que a sociedade tem de punir seus membros decorre da transferência que cada um deles fez de uma parte de seus direitos naturais para o conjunto, no ato de criação da sociedade civil. Portanto, qualquer pena que vá além da necessidade de preservar os vínculos da sociedade civil é injusta por natureza. Beccaria defende, por exemplo, que as punições severas só podem ser justificadas se for possível demonstrar que elas contribuem de maneira positiva para o bem comum – o que, segundo ele, é raro[106]. Ele se mostra decididamente contrário ao uso da tortura, que considera uma relíquia do costume bárbaro de julgamento por ordálio porque esse método de conseguir provas é ineficaz e injusto. Ele dá início a uma vigorosa polêmica contra a pena de morte, que ele considera um ato de guerra contra o cidadão por parte da sociedade. Área após área, Beccaria tenta convencer seus leitores de que muitas das práticas de punição existentes em sua época são injustificadamente severas, e de que (como vimos anteriormente neste capítulo) tanto os privilegiados como as pessoas comuns deveriam ser punidas da mesma forma; por exemplo, aplicando também uma pena corporal aos transgressores privilegiados no caso de tal pena ser aplicada aos menos favorecidos.

O critério básico de punição de Beccaria é que "o dano causado pela pena deve ser maior que o bem que o criminoso pode

158 · BREVE HISTÓRIA DA JUSTIÇA

obter com o crime"[107]. A lógica dessa regra é que o objetivo da pena deve ser evitar que o criminoso cometa outros crimes e impedir que outros façam o mesmo. Muito embora Beccaria ofereça uma descrição do direito de punir que é contratualista e baseada nos direitos – uma visão que, em princípio, está voltada para o passado (já que, segundo essa explicação, o *direito* de punir em determinado momento baseia-se em acontecimentos que devem ter acontecido antes daquele momento) –, sua explicação do *propósito* da pena é rigorosamente voltada para o futuro:

> É evidente, a partir das considerações elementares já demonstradas, que o propósito da pena não é atormentar ou afligir qualquer criatura sensível, tampouco desfazer um crime já cometido. Como pode um corpo político que, como sereno modificador das paixões individuais, não deve se deixar levar pela paixão abrigar essa crueldade inútil, que é o instrumento da raiva, do fanatismo ou de tiranos fracos? Será que os lamentos de um canalha podem desfazer o que foi feito e fazer o relógio andar para trás?[108]

As leis em geral, e as leis penais em especial, deveriam ser avaliadas "do seguinte ponto de vista: se elas conduzem ou não à maior felicidade, partilhada entre o maior número de pessoas"[109]. Beccaria observa que é melhor evitar os crimes do que puni-los. "A arte de conduzir os homens para sua maior felicidade[110] é o principal objetivo de toda boa legislação."

Jeremy Bentham foi o grande sistematizador da abordagem utilitarista da reforma legal e institucional como um todo. Valendo-se em grande medida de Hume e aceitando Beccaria – cujo livro sobre jurisprudência penal ele chamou de, "entre todas as descrições, a primeira que é uniformemente censória"[111] (em outras palavras, o primeiro livro sobre leis que é crítico e avaliativo, em vez de simplesmente expositivo) –, Bentham desenvolveu uma teoria rigorosa e abrangente que tem como pressuposto funda-

O SURGIMENTO DA UTILIDADE · 159

mental a proposição de que os arquitetos, construtores e reformadores do mundo social civilizado devem se esforçar em criar leis e instituições que maximizem a felicidade de seus membros. Bentham é célebre por sua associação ao princípio da utilidade. Numa obra relativamente antiga, *A Fragment on Government* [*Um fragmento sobre o governo*], ele afirmava que "é a maior felicidade para o maior número de indivíduos é a medida do certo e do errado"[112]. Em suas obras posteriores, Bentham modificou essa formulação de forma significativa, referindo-se apenas ao "princípio da maior felicidade"[113]. Embora Bentham jamais explicasse por escrito os motivos dessa mudança, é plausível imaginar que ele tenha se dado conta de que essa declaração original era ambígua, carecendo, portanto, de rigor. Quando dizem para maximizar a felicidade coletiva e também maximizar o número de pessoas que são felizes, só nos resta perguntar o que fazer nos casos em que esses dois comandos apontam para políticas divergentes. Suponhamos, por exemplo, que a forma mais conveniente de maximizar a felicidade coletiva fosse adotar leis ou políticas que deixariam muitas pessoas extremamente felizes, embora deixassem algumas infelizes, enquanto a melhor forma de distribuir felicidade entre o maior número de pessoas não resultasse na maximização da felicidade coletiva (talvez porque as pessoas mais felizes neste último modelo não estariam *tão* felizes como estariam no primeiro). Como não diz qual desses rumos de ação ela implica, a afirmação inicial de Bentham acerca do princípio de utilidade é falha.

Quaisquer que sejam os motivos para essa mudança, Bentham seguiu em frente e desenvolveu uma teoria utilitarista extremamente sistemática, que tem muito a dizer tanto sobre os sistemas legais e institucionais que provavelmente aumentam a satisfação dos membros da sociedade – tema que ocupava o centro das aten-

160 · BREVE HISTÓRIA DA JUSTIÇA

ções de Hume e Smith – quanto sobre as reformas do direito criminal e penal que poderiam minimizar o sofrimento que as sociedades impõem por iniciativa própria.

A teoria de Bentham é amplamente caricaturada e pouco compreendida. Antes de tocar em seus pontos fundamentais, gostaria de afastar alguns equívocos a seu respeito.

Primeiro, embora abra a *Introduction to the Principles of Morals and Legislation* [*Introdução aos princípios da moral e legislação*] afirmando:

> A natureza colocou a humanidade sob o governo de dois senhores poderosos: a *dor* e o *prazer*. Cabe unicamente a eles indicar o que nos convém fazer, bem como decidir o que devemos fazer. De um lado, o critério de certo e errado; de outro, a sequência de causas e efeitos, estão presos a seu trono [...].[114]

– Bentham não afirma que todos os seres humanos busquem direta ou conscientemente o prazer como um objetivo. Como John Stuart Mill depois dele, Bentham acreditava que o *objeto* das ações de uma pessoa pode ser qualquer coisa. Ele acreditava, basicamente, que a *causa* dessas ações é o prazer que elas trazem à pessoa (ou a dor que elas lhe permitem evitar); mas Bentham não defende que todas as pessoas busquem deliberadamente o prazer em todas as suas ações.

Segundo, Bentham não considera que os *indivíduos* tenham a obrigação de procurar maximizar o bem-estar social ou a felicidade do conjunto da sociedade – menos ainda a felicidade de cada pessoa do mundo – o tempo todo ou durante parte do tempo. Embora a impressão de que ele defendia esse ponto de vista tenha sido alimentada tanto por críticos recentes do utilitarismo, como John Rawls, como por utilitaristas globais recentes, como Peter Singer –, ela é falsa.

O SURGIMENTO DA UTILIDADE · 161

Terceiro – e talvez mais importante –, Bentham não defendia que os legisladores deveriam procurar implementar diretamente o princípio da maior felicidade adaptando ou fazendo pequenos ajustes nos resultados da legislação e das diretrizes de governo com esse objetivo. Ele evitou essa abordagem direta da maximização da utilidade por pelo menos duas razões. Uma delas é que ele não achava que os legisladores estejam geralmente em condição de fazer cálculos precisos a respeito da utilidade coletiva. Ele reconhecia que muitas pessoas possuem o que ele chamava de "valores idiossincráticos"; na verdade, ele reconhecia, ao menos de maneira geral, aquilo que os autores viriam a chamar muito mais tarde de problema de comparações interpessoais de utilidade (ou de bem-estar). Em suma, ele não era o defensor de uma "aritmética política" simplista, como tem sido frequentemente descrito. Além disso, Bentham acreditava que, em geral, a utilidade pública pode ser mais bem promovida quando os legisladores assentam os fundamentos legais sobre os quais os seres humanos podem construir um padrão de expectativas seguro. Como Hume e Smith antes dele, Bentham tinha uma forte tendência a pensar que as pessoas podem aproveitar melhor a vida se forem capazes de agir livremente, dentro de um sistema de regras estável que minimize as eventuais surpresas que às vezes perturbam mesmo o melhor cenário das previsões humanas.

Também como Hume e Smith, Bentham acreditava que uma estrutura estável e legalmente ordenada é um pré-requisito para o desenvolvimento de expectativas que se constituam em fonte direta de uma grande quantidade de prazer (pensem nas horas que as pessoas muitas vezes gastam planejando um feriado nos trópicos – e fantasiando sobre ele –, ou o tempo que elas imaginam passar com um amigo íntimo), bem como para qualquer modelo amplo de cooperação social (incluindo uma complexa divisão do traba-

162 · BREVE HISTÓRIA DA JUSTIÇA

lho) que possa produzir uma grande quantidade de prazer suplementar por meio da criação de bens. Ao contrário de Hume, ele sustentava que tal estrutura deveria conter o que ele chamava de "princípio de fornecimento de segurança"[115], que impõe aos legisladores a obrigação de garantir meios de subsistência – as condições materiais da liberdade – a todos os membros da sociedade que não fossem capazes de fornecê-los a si. (Smith não defende explicitamente que os legisladores têm a obrigação de sustentar as pessoas assim desamparadas, embora pareça claro que ele acreditava que tais providências seriam uma medida adequada.) Enfim, tanto para Bentham como para Hume e Smith, a viga mestra de qualquer estratégia para promover a utilidade pública era a elaboração de um conjunto de regras de propriedade que levasse à criação de um volume significativo de riqueza, embora Bentham (contrariamente a algumas interpretações equivocadas contemporâneas) também tivesse enfatizado bastante a distribuição de riqueza.

Bentham também endossava princípios de punição que eram surpreendentemente similares aos de Beccaria. O principal critério de punição de Bentham é que "*o valor da pena não pode, em nenhum caso, ser menor do que aquilo que seja suficiente para exceder o lucro da transgressão*"[116]. Uma vez que o principal objetivo da legislação penal deve ser impedir que as pessoas cometam crimes, o sofrimento imposto a um malfeitor deve exceder o bem que ele espera ganhar com seu crime – porém, acrescenta Bentham, somente na margem mínima necessária para impedir eficazmente os crimes. A teoria da pena de Bentham apresenta inúmeras semelhanças com a de Beccaria. Embora divirjam em aspectos menores, elas concordam que o objetivo de qualquer modelo de direito criminal e penal deve ser oferecer estímulos que reduzam o índice de criminalidade ao nível mais baixo possível, enquanto

O SURGIMENTO DA UTILIDADE · 163

aplica aos perpetradores a menor quantidade de sofrimento necessário para atingir esse objetivo.

III

Os protoutilitaristas e os primeiros utilitaristas cujas ideias analisamos aqui concordam, então, que os arquitetos, construtores e renovadores do mundo social devem ter como objetivo o aumento do bem-estar humano, entendido como felicidade ou gozo da vida. Beccaria concentrou-se nas contribuições a esse objetivo que ele acreditava serem alcançáveis por meio de reformas do direito criminal e penal e de suas práticas. Hume e Smith dedicaram a maior parte de sua atenção aos recursos que poderiam ser usados para aumentar a produção de bens de consumo e o prazer. Bentham pegou as duas linhas de argumentação e consolidou-as numa teoria utilitarista geral.

Essa concepção do objetivo que deveria ser perseguido por aqueles que estão em condição de reformar a esfera do mundo social estava bem de acordo com seu tempo. Durante os meados e o final do século XVIII, nas regiões do mundo que esses autores conheciam melhor, a pobreza era um fenômeno comum. Períodos de fome e inanição não eram excepcionais. Portanto, para esses autores, a importância de manter uma sociedade mercantil produtiva capaz de atender às necessidades e a alguns dos desejos de seus membros parecia evidente. Ao mesmo tempo, o conhecimento necessário para adaptar os sistemas sociais de uma forma que aumentasse a produção de bens para a satisfação humana parecia estar, pela primeira vez na história, ao alcance da mão. Entre esses pensadores, Hume não foi o único a se inspirar na compreensão aparentemente definitiva de Newton acerca das leis de movimento que explicam os movimentos dos corpos celestes e dos corpos terrestres. A ideia de que se podia alcançar uma com-

164 · BREVE HISTÓRIA DA JUSTIÇA

preensão semelhante das leis de movimento que se aplicam às sociedades humanas pareceu não exigir um grande salto de fé; além disso, tendo em mãos essas leis, parecia não haver motivo para duvidar de que os seres humanos estivessem em condição de reconstruir suas instituições e práticas do modo que fosse mais adequado para atender às necessidades e aos desejos humanos.

Hume, Beccaria, Smith e Bentham definiram a justiça tendo como referência, fundamentalmente, esse objetivo. Para Hume, a essência da justiça consiste no respeito aos direitos da propriedade privada. Mas a própria propriedade privada é justificada porque sua adoção aumenta a produtividade das sociedades humanas. Embora Bentham tivesse ampliado consideravelmente a concepção de justiça de Hume, nem ele nem Smith se afastaram muito dela.

Além do mais, Smith aumentou a importância da propriedade privada ao afirmar que a principal fonte da produtividade e da riqueza é uma divisão do trabalho altamente desenvolvida, na qual os produtores adquirem habilidades extremamente especializadas e uma grande eficiência. Como Hume, Smith argumentava que "comércio e manufaturas raramente conseguem prosperar durante muito tempo em um país que não usufrua de uma administração regular da justiça"[117], que ele equiparava à implementação dos direitos de propriedade e dos contratos. Porém, embora Smith concordasse com Hume que a implementação dos direitos de propriedade e dos compromissos é uma base imprescindível para qualquer sociedade mercantil bem-sucedida, ele foi além de Hume ao sugerir a abundância que pode decorrer de uma divisão do trabalho bem desenvolvida. Na frase de abertura de sua obra magna, Smith argumenta assim: "O mais importante progresso das forças produtivas do trabalho, e a parte mais importante da habilidade, da destreza e do discernimento com o qual ele é diri-

O SURGIMENTO DA UTILIDADE · 165

gido ou aplicado em toda parte, parece ter sido resultado da divisão do trabalho." Smith reconhece que o progresso tornado possível dessa forma – e observado nos países desenvolvidos da Europa – é tamanho que "o alojamento de um príncipe europeu nem sempre supera o de um diligente e frugal camponês, enquanto o alojamento deste último supera os de muitos reis africanos [...]"[118].

A confiança de Smith na capacidade da divisão do trabalho de aumentar a produtividade expandiu-se rapidamente entre os economistas políticos e, de modo mais gradual, além desses círculos. Sua descoberta marcou época, levando à reformulação de hipóteses básicas acerca dos propósitos da legislação e da forma que uma sociedade civil florescente deveria assumir.

No entanto, ao concentrar-se rigidamente no objetivo de aumentar a felicidade, esses pensadores deslocaram a reciprocidade do centro do pensamento a respeito da justiça. Na verdade, a ideia de justiça tinha estado associada à proteção dos direitos de propriedade desde muito antes da época de Aristóteles. Porém, nessas encarnações anteriores o conceito de reciprocidade quase sempre ocupara uma posição fundamental no que se refere ao modo pelo qual aquela ideia era definida. A justiça corretiva era considerada *corretiva*, não *melhorativa*. Seu propósito não era aumentar a felicidade, nem mesmo melhorar alguma outra forma de bem-estar. Em vez disso, tal como imaginado, o propósito da justiça corretiva – com a reciprocidade em seu centro – era restaurar uma ordem que havia sido violada, seja obrigando o transgressor a devolver a propriedade que ele havia roubado, seja impondo um prejuízo ao perpetrador que tivesse alguma proporção com o prejuízo que ele havia imposto à vítima. Quando Hume e seus seguidores redefiniram a justiça como um instrumento a serviço da utilidade, eles empurraram a reciprocidade

166 · BREVE HISTÓRIA DA JUSTIÇA

para as margens da ideia de justiça. Em vez de pensar na reciprocidade como algo essencial para aquela ideia, eles reinventaram a justiça como uma ferramenta cujo propósito era fornecer uma estrutura que estimularia a produção de bens para satisfação dos humanos ou justificar um conjunto de regras destinadas a minimizar o sofrimento que alguns membros da sociedade impõem aos outros, ou ambos. Essa observação é verdadeira mesmo no que diz respeito a Smith, que afirmava que os sentimentos redistributivistas são implantados nos seres humanos pela natureza, mas, em última análise, considerava esses sentimentos segundo sua tendência de promover a utilidade pública e invocava um princípio de dissuasão muito parecido com os que Beccaria e Bentham projetaram como a base legítima para determinar a severidade das penas[119]. Na teoria da pena, a noção de retribuição – que é uma das aplicações do conceito de reciprocidade – foi praticamente abandonada. Como diz Beccaria (numa passagem reproduzida anteriormente de forma mais longa), "o propósito da pena não é atormentar ou afligir qualquer criatura sensível, nem desfazer um crime já cometido [...][120]". É claro que nenhum defensor da justiça retributiva jamais havia afirmado, no sentido literal, que o propósito da pena fosse desfazer um crime. Contudo, no sentido ético ou legítimo, foi exatamente assim que os primeiros autores haviam imaginado esse propósito.

À primeira vista, a concepção utilitarista de justiça surpreende muitas pessoas por ser mais sensível e humana que a visão mais antiga que enfatizava a reciprocidade. Por que as pessoas deveriam sofrer mais do que devem, ou ser privadas de bens que podem lhes trazer alegria? Mas a abordagem utilitarista tem seus próprios problemas para atormentá-la. Um dos supostos problemas mais observados é que a concepção utilitarista forneceria, em determinadas circunstâncias, uma justificativa para punir pessoas inocentes. Imaginemos que um crime odioso tenha sido cometido. Embora não se consiga encontrar seu autor, o crime foi amplamente noticiado e a população exige que o malfeitor seja identificado e punido para diminuir o medo de que ele ataque novamente. O medo é tão poderoso que tem um efeito paralisante, muito além de qualquer reação racional: as pessoas recusam-se a sair de casa, o movimento do comércio despenca, as fábricas e outros locais de trabalho fecham as portas porque muitas pessoas estão tão assustadas que nem vão mais trabalhar. Nessas circunstâncias, o bem maior pode ser alcançado identificando-se falsamente alguém como autor do crime, prendendo-o e condenando-o ou simplesmente detendo-o até que a calma se instaure novamente. Críticos do utilitarismo têm alegado com frequência que a abordagem utilitarista da justiça criminal endossaria esse cenário, apontando essa conclusão como um defeito fatal da abordagem utilitarista da justiça. Embora alguns autores tenham argumentado que as versões mais plausíveis e mais amplamente defendidas da teoria utilitarista são imunes a essa acusação[121], as manobras que supostamente isolam a teoria dessa crítica levantam, elas próprias, questões difíceis de responder – e, seja como for, não fica claro que consigam fazê-lo.

Os pré-utilitaristas e os primeiros utilitaristas que examinamos anteriormente consideravam que os seres humanos eram agentes livres e responsáveis. Isso é válido mesmo no caso de Bentham, que frequentemente é caricaturado de maneira equivocada como alguém que considerava os seres humanos autômatos ou animais que reagem a estímulos de forma pavloviana. Porém, esses autores não extraíram desse conceito sobre as pessoas a inferência que Aristóteles e muitos outros extraíram, a saber, que relações de justiça entre pessoas livres e responsáveis são relações de reciprocidade. Sua nova representação da justiça foi funda-

168 · BREVE HISTÓRIA DA JUSTIÇA

mental. Para eles, a justiça assumiu um caráter teleológico, como o fizera para Platão, cuja teoria é um corpo estranho na história das ideias a respeito da justiça anteriores ao século XVIII. O objetivo que eles imaginaram para a justiça tinha pouco em comum com o *télos* (meta) que Platão tinha em mente. Para Platão, a justiça tem que ver fundamentalmente com o aperfeiçoamento de almas razoavelmente ordenadas, e secundariamente com a construção e a manutenção de uma cidade voltada para o aperfeiçoamento dessas almas. Os primeiros pensadores utilitaristas rejeitaram tanto a concepção platônica do papel da natureza na definição da natureza da justiça como suas hipóteses sobre a desigualdade humana categórica. Contudo, substituíram-nos por um *télos* alternativo, o da felicidade coletiva, que também era refratário ao conceito de reciprocidade. Essa nova representação da ideia de justiça deixou uma forte impressão, que continua extremamente influente hoje.

A percepção de Smith de que a divisão do trabalho é responsável pela maior parte da produtividade das sociedades mercantis altamente desenvolvidas deixou seu próprio legado significativo nas ideias sobre a justiça. Pois a noção de que a própria divisão do trabalho – e não os esforços dos trabalhadores tomados isoladamente – é que é responsável pela maior parte da riqueza produzida nas economias complexas afetou seriamente o princípio de contribuição, cujo modelo genérico Aristóteles colocara próximo ao núcleo da teoria sobre a justiça, permanecendo lá desde sua época. É óbvio que todos os bens que são fruto do trabalho são produzidos, em última análise, pelas ações de trabalhadores individuais, mesmo que essas ações estejam divididas em pequenas fatias imperceptíveis. Mas, se as habilidades e a eficiência com que os indivíduos contribuem para o processo de produção – seja no interior de uma única empresa ou, de forma mais significativa, no interior da divisão do trabalho da sociedade como um todo – só se tornam possíveis pelo fato de que inúmeras outras pessoas possuem e utilizam suas próprias habilidades especializadas e alcançam sua própria eficiência, os bens que todas essas pessoas produzem são, basicamente, produtos sociais e não simplesmente criações individuais. Qual o sentido, então, de basear opiniões acerca da justiça no princípio de contribuição, quando, numa divisão do trabalho complexa, as maiores contribuições são feitas, na verdade, pela própria divisão do trabalho? A descoberta que Smith fez do papel que a divisão do trabalho desempenha na criação da riqueza preparou o terreno para uma série de quebra-cabeças a respeito de como esse produto social deve ser distribuído. Na verdade, essa descoberta deu origem ao problema moderno da justiça social.

CAPÍTULO 6

A TEORIA DA JUSTIÇA DE KANT

I

No apagar das luzes do século durante o qual a tradição utilitarista tomou forma, Immanuel Kant produziu uma resposta enérgica e crítica a essa tradição; essa resposta permaneceu uma fértil fonte alternativa de ideias a respeito da justiça por mais de duzentos anos. Como os defensores da concepção de justiça baseada na utilidade, Kant adotou sinceramente a hipótese de que todos os seres humanos têm o mesmo valor. No entanto, em outros assuntos fundamentais ele se distanciou de Hume e de seus sucessores. E, o que é mais importante, Kant rejeitou enfaticamente a hipótese de que a promoção da alegria ou da felicidade humana pudesse, jamais, servir de base para ideias razoáveis sobre a justiça. Para Kant, a verdade essencial sobre os seres humanos – a verdade que é relevante para as considerações de justiça – é que eles são agentes livres, racionais e responsáveis. Os protoutilitaristas e os primeiros utilitaristas não negavam que os seres humanos são (ao menos potencialmente) criaturas livres e racionais. Não obstante, tais atributos não constituíam a base das ideias a respeito da justiça desses filósofos. Para Kant, ao contrário, o postulado de que os seres humanos são (potencialmente) livres, racionais e respon-

172 · BREVE HISTÓRIA DA JUSTIÇA

sáveis é o alicerce de todas as ideias razoáveis a respeito da justiça
e da moralidade como um todo.

Kant oferece, no ensaio "Theory and practice" [Teoria e prática],
um exemplo[122] emblemático das divergências entre ele e aqueles
que baseiam suas ideias a respeito da justiça no conceito de utilidade. Imagine que alguém tenha sido indicado como inventariante de um espólio valioso cujo proprietário morreu e cujos herdeiros, além de ignorarem a existência do espólio, já tenham riqueza
própria, embora também sejam extremamente perdulários e in-
sensíveis. Suponha que o inventariante e sua família – composta
de mulher e filhos – estejam enfrentando dificuldades terríveis e
que a riqueza contida no espólio fosse suficiente para tirá-los da
miséria. Por fim, suponha que o inventariante fosse capaz, se de-
cidisse fazê-lo, de tomar posse do espólio para o uso de sua família sem que houvesse a possibilidade de que a apropriação jamais
fosse descoberta pelos herdeiros ou por qualquer outra pessoa. É
evidente, nesse cenário, que, ao sonegar o espólio de seus herdeiros e ao se apropriar dele para socorrer a família, o inventariante
conseguiria aumentar a felicidade coletiva das partes em questão,
levando-se em conta todos os herdeiros, bem como todos os membros de sua própria família. Ele conseguiria aumentar bastante a
felicidade dos membros de sua família, sem diminuir, ainda que
minimamente, a felicidade dos herdeiros. Não obstante, Kant dá
a entender que esse ato de apropriação estaria errado. Como o
inventariante tem o dever de distribuir o espólio de acordo com
a vontade do proprietário morto, ao direcioná-lo para outro que
não os herdeiros designados, ele estaria violando esse dever. (Re-
parem que o raciocínio de Kant levaria à mesma conclusão se
as pessoas pobres, cuja miséria poderia ser aliviada se elas recebessem uma parte da propriedade, fossem desconhecidas do inventariante.) Apesar do impulso que alguns poderiam sentir de

A TEORIA DA JUSTIÇA DE KANT · 173

desviar os recursos em questão dos beneficiados previstos a fim de aliviar a miséria humana, Kant argumenta que o dever que o inventariante tem de distribuir esses recursos do modo como o proprietário pretendia deve se sobrepor à tentação de desviá-los para promover a felicidade. Essa concepção foi sintetizada de forma incisiva na observação de que, para Kant, o *direito* (ética ou moralmente) vem antes do *bem*.

A fama de Kant como um dos grandes filósofos modernos firmou-se, de uma vez por todas, com a publicação da *Critique of Pure Reason* [*Crítica da razão pura*], em 1781. Seus principais textos sobre moral e filosofia política surgiram posteriormente, começando com *Groundings for the Metaphysics of Morals* [*Fundamentos da metafísica da moral*], em 1785, e culminando com *Metaphysics of Morals* [*Metafísica da moral*], de 1797. Durante as quase duas décadas que dedicou a esses textos, Kant aperfeiçoou e refinou seus argumentos. Basearei minha argumentação principalmente nos textos da década de 1790, entre eles os ensaios em *Teoria e prática* (1793) e *Perpetual Peace* [A paz perpétua] (1795), bem como na *Metafísica da moral*.

Kant frequentemente invoca dois argumentos para refutar a ideia de que a utilidade pode servir como um fundamento adequado para raciocinar a respeito da moralidade e da justiça. O primeiro é que todas as conclusões a que possamos chegar raciocinando com base na utilidade seriam duvidosas. Esse é o ponto principal do exemplo do inventário. Kant argumenta que o inventariante que decide como dispor da propriedade com base nas consequências utilitaristas seria obrigado a avaliar as consequências de cada solução possível (por exemplo, apoderar-se do espólio de uma só vez, usá-lo gradualmente ou distribuí-lo entre os herdeiros na esperança de que, agindo assim, melhoraria sua reputação e acabaria se beneficiando financeiramente disso) – um

174 · BREVE HISTÓRIA DA JUSTIÇA

exercício que certamente seria inconclusivo, deixando o inventariante sem uma orientação moral clara. Por outro lado, afirma ele, o inventariante que opta por fazer o que (segundo Kant) o dever exige não tem nenhuma dúvida quanto ao modo legítimo de agir. Ele dá a entender que até mesmo uma criança de oito ou nove anos consegue perceber como agir de acordo com o dever[123].

Em segundo lugar, Kant também argumenta que uma teoria da moralidade razoável não pode se basear na felicidade porque as causas da felicidade variam de pessoa para pessoa, de modo que só o indivíduo afetado está em condições de decidir qual a melhor forma de buscar sua felicidade (43 [215])[124]. As pessoas precisam descobrir o que lhes traz alegria a partir da experiência, e a experiência de cada pessoa é única. Consequentemente, não se pode chegar a nenhuma conclusão geral (ou, pelo menos, a nenhuma conclusão universal) acerca da moralidade com base na felicidade – e, na visão de Kant, os preceitos de moralidade devem ser universais por natureza, controlando todos do mesmo modo, sem levar em conta tendências que variam de pessoa para pessoa. Além disso, Kant argumenta que é correto permitir que cada ser humano busque a felicidade do seu próprio jeito, e é errado tentar impor aos seres humanos qualquer concepção particular de felicidade[125]. Ele parece supor que é típico da abordagem utilitarista tentar impor a felicidade dessa maneira.

Nenhum dos argumentos é convincente. O primeiro pressupõe que essa coisa de conflito autêntico de deveres morais não pode existir. Pois, se tais conflitos fossem possíveis, de vez em quando as normas do dever (tal como Kant o imagina) não conseguiriam produzir conclusões inequívocas acerca do modo legítimo de agir de uma pessoa. Nesse caso, a alegada vantagem da doutrina de Kant sobre o pensamento utilitarista desapareceria, uma vez que as conclusões da primeira podem ser tão incertas como as desta última abordagem do pensamento moral. Não obstante, a hipótese de Kant de que não é possível surgir nenhum conflito autêntico de deveres morais parece forçada. Tomemos emprestado um de seus próprios exemplos: suponhamos que uma pessoa cujo navio acabou de naufragar tenha se agarrado a uma prancha para não afundar[126]. Outro sobrevivente, tão exausto quanto o primeiro, e certo de que irá afundar se não encontrar algo que o mantenha à tona, agarra-se à prancha. Infelizmente, a prancha só consegue aguentar um deles. Kant argumenta que seria errado que o primeiro sobrevivente empurrasse o segundo para longe da prancha a fim de salvar sua própria vida. Seu raciocínio é que é meu "dever absoluto" não tirar a vida de outra pessoa que não me causou nenhum mal, mas apenas meu "dever relativo" preservar minha própria vida. Em outras palavras, sou obrigado a preservar minha própria vida somente se puder fazê-lo sem cometer um crime (isso é o que torna esse dever um dever relativo), e (ele parece supor) empurrar a outra vítima para longe da prancha seria cometer um crime. No entanto, não é evidente que a conclusão de Kant acerca desse exemplo seja correta. Por que meu dever de salvar minha própria vida não tem o mesmo peso que meu dever de não tirar a vida de outra pessoa quando só um de nós pode sobreviver? Parece mais razoável concluir que esse é um caso em que acontece um autêntico conflito de deveres morais. Parece que o principal motivo para que Kant chegue a uma conclusão contrária seja a determinação de que sua doutrina de moralidade deve excluir todas as possibilidades de ambiguidade moral, mesmo que em alguns casos o fundamento para essa exclusão não seja plenamente convincente.

Seu segundo argumento é problemático – em parte porque ele confunde princípios morais, a respeito dos quais se pode dizer (e, na visão de Kant, seguramente) que devem ser inequívocos,

176 · BREVE HISTÓRIA DA JUSTIÇA

com orientações práticas, as quais, por natureza (e pelas razões apontadas por ele), frequentemente não podem sê-lo; e em parte porque ele se baseia numa interpretação errada do utilitarismo. Como vimos, os defensores de uma concepção de justiça baseada na utilidade reconheciam que as causas da felicidade variam de pessoa para pessoa. Esse reconhecimento é o aspecto principal da noção de valores "idiossincráticos" de Bentham, e é fundamental para as políticas que Hume, Bentham e muitos outros pensadores com a mesma visão defendiam. Deduz-se dele que as orientações práticas decorrentes de uma concepção de justiça baseada na utilidade não podem sofrer um ajuste fino tal que nos dê a certeza de que elas irão maximizar a utilidade coletiva. Mesmo que não surgissem outros obstáculos a esse ideal, a quantidade de informações detalhadas necessárias para atingi-lo seria grande demais para que pudéssemos obtê-las de maneira viável. A resposta dos utilitaristas a esse problema era apoiar leis e políticas que aumentassem as oportunidades e os recursos disponíveis para os indivíduos, de modo que eles pudessem usar essas vantagens para buscar a felicidade do seu próprio, e às vezes idiossincrático, modo. Essa resposta também consegue aparar, com eficácia, a força do segundo argumento de Kant, que parece se basear na suposição de que as teorias utilitaristas do direito e da política prescrevem a imposição de um tipo específico de felicidade. Os princípios morais defendidos pelos pensadores utilitaristas (pelo menos por Bentham, que, por esse motivo, é amplamente considerado o primeiro representante plenamente sistemático do utilitarismo) eram claros – exatamente como Kant acreditava que eles deveriam ser –, mesmo que as prescrições práticas deles decorrentes nem sempre fossem claras. E, além disso, tais princípios deixavam um amplo espaço para que os indivíduos buscassem a felicidade do seu próprio modo.

II

Sejam quais forem as deficiências das críticas de Kant às ideias de justiça baseadas na utilidade, o verdadeiro interesse de sua obra está na alternativa que ele propôs a essas ideias. Kant sustenta que o fundamento adequado da moralidade e da justiça é a liberdade, não a felicidade. A fim de entender sua concepção de liberdade e as implicações para a justiça que, segundo ele, decorrem dela, devemos primeiro perscrutar rapidamente o universo peculiar da metafísica kantiana.

Na *Crítica da razão pura*, Kant havia defendido que o escopo do conhecimento humano é inevitavelmente limitado, como consequência das formas pelas quais os seres humanos são (e não são) capazes de conhecer[127]. Embora seja desnecessário, e fosse imprudente, tentar sintetizar aqui a argumentação dessa obra conhecida por seu esoterismo, é importante para os nossos objetivos observar que, ao longo dessa argumentação, Kant estabelece uma diferença entre duas formas de conhecimento fundamentalmente diferentes. A primeira é o tipo de conhecimento que podemos ter dos objetos, ou dos possíveis objetos, tal como aparecem, ou poderiam aparecer, para nós. Podemos chamar o tipo de conhecimento que obtemos dessa forma de *conhecimento fenomenológico*. (Conhecimento fenomenológico é mais ou menos a mesma coisa que conhecimento empírico: o tipo de conhecimento que adquirimos por meio das observações e da experiência do mundo.) Kant argumenta que todo o nosso conhecimento fenomenológico é moldado a *priori* por determinados atributos universais (e, portanto, inescapáveis), os quais ele chama de "categorias". Por exemplo, sempre que imaginamos algo no mundo (i.e., no universo), imaginamos que ele está situado no espaço e tem propriedades espaciais. (Mesmo um ponto que supomos não ocupar nenhum espaço tem as propriedades espaciais de não ocupar nenhum espaço

178 · BREVE HISTÓRIA DA JUSTIÇA

e de estar localizado numa posição específica no espaço.) Do seu ponto de vista, tudo o que se nos apresenta o faz necessariamente de uma forma espacial. De modo semelhante, tudo o que se nos apresenta o faz necessariamente dentro de uma relação com o tempo: tem uma propriedade temporal. Kant também afirma que todo conhecimento fenomenológico – todo o conhecimento que temos das coisas tal como se nos apresentam – é permeado por determinadas categorias por meio das quais nós associamos e dissociamos as coisas entre si. Por exemplo, temos a impressão de que tudo o que imaginamos está relacionado a outras coisas por meio da causalidade. Mesmo quando desconhecemos quais são as conexões causais entre as coisas – como frequentemente acontece –, pensamos que as coisas estão ligadas causalmente a outras coisas e, de fato, não conseguimos imaginá-las de outro modo.

A segunda forma de conhecimento proposta por Kant é o conhecimento das coisas tal como elas são em si, isto é, tal como podem ser conhecidas se pudessem ser despidas de seus atributos fenomenológicos. Kant chama essa forma de conhecimento de conhecimento número, por causa do substantivo grego *noun*, que indicava inteligência, intelecto ou mente, e do termo abstrato de ação *noesis*, que Platão utiliza para nomear a forma mais elevada e verdadeira de conhecimento.

Platão dá a seus leitores a nítida impressão de que a *noesis* é acessível aos seres humanos, embora somente àqueles poucos que possuem uma natureza filosófica e nos quais essa natureza encontra-se desenvolvida em seu nível mais elevado. Para Kant, ao contrário, o conhecimento das coisas tal como são em si – *conhecimento número* – é inacessível aos humanos. Embora possamos imaginar que esse tipo de conhecimento seja possível para algum tipo de ser, não podemos alcançá-lo; e, além disso, nem mesmo podemos ter a certeza (em qualquer sentido preciso de conhecimento) de que ele esteja, em princípio, acessível a qualquer tipo de inteligência. As noções de espaço e de tempo, bem como categorias como a da causalidade, são inerentes ao modo como os seres humanos são capazes de conhecer. Não conseguimos transcender as limitações impostas por aquelas noções e categorias; ou, pelo menos, não conseguimos obter um conhecimento que as transcenda.

De acordo com Kant, os seres humanos têm um profundo interesse prático em raciocinar sobre três coisas sobre as quais somos incapazes de obter um conhecimento fenomenológico (ou empírico). Esses assuntos são o livre-arbítrio, a imortalidade da alma e a existência de Deus[128]. O primeiro desses assuntos é fundamental para a teoria da justiça de Kant.

Na visão de Kant, não podemos provar nem ter um conhecimento certo de que os seres humanos possuem livre-arbítrio. Todavia, podemos demonstrar que a moralidade só faz sentido se os seres humanos são livres. Com base nisso, podemos legitimamente *postular* que os seres humanos são livres. E, com base nesse postulado, podemos raciocinar amplamente acerca do conteúdo da moralidade e da justiça. Por meio desse caminho podemos usar a razão para descobrir as *leis da liberdade*, como Kant as chamava, leis que nos prescrevem o que convém que aconteça e quais são os nossos deveres, diferentemente das *leis da natureza*, que apenas nos ajudam a explicar o que acontece de fato no mundo[129]. Essa linha de raciocínio conduz à "doutrina dos deveres", na qual

> O homem pode e deve ser representado em termos de sua capacidade peculiar para a liberdade, que é inteiramente suprassensível; e também, do mesmo modo, simplesmente em termos de sua *humanidade*, sua personalidade independentemente de atributos físicos (*homo noumenon*), tão diferente do mesmo sujeito representado quanto influenciada pelos atributos físicos, *homem* (*homo phaenomenon*). (65 [239])[130]

180 · BREVE HISTÓRIA DA JUSTIÇA

Em outras palavras, devemos raciocinar como se soubéssemos que os seres humanos, tais como são em si, além do alcance de nosso conhecimento fenomenológico, são agentes livres. E, embora eu não vá reproduzir aqui sua linha de argumentação, disso também decorre, para Kant, que devemos raciocinar a partir do pressuposto de que os seres humanos são agentes racionais. Liberdade e racionalidade são os atributos que compõem a base de todo raciocínio moral; pois, na falta desses atributos, o raciocínio moral não faz sentido.

A teoria da justiça de Kant baseia-se, então, no mesmo dualismo que serve de suporte a toda sua metafísica. Vale a pena observar que esse dualismo entre *Homo phaenomenon* e *Homo noumenon* é bastante semelhante ao dualismo entre corpo e alma que desempenhou um papel fundamental no pensamento cristão desde seus anos iniciais. O corpo é o eu visível; a alma é o eu invisível no qual reside a verdadeira pessoalidade dos homens e das mulheres. No pensamento cristão, a alma é, de longe, o parceiro mais importante dessa dupla. De modo semelhante, no pensamento de Kant, o *Homo noumenon* desempenha, de longe, o papel mais importante. Os atributos não físicos ("suprassensíveis") do *Homo noumenon* são a base da teoria da justiça de Kant. Como ele era um cristão protestante, não deve causar surpresa o fato de que algumas hipóteses, alguns conceitos e algumas preferências que sustentam sua teoria da justiça possam ser encontrados no interior da grande família do pensamento cristão.

Como vimos, o postulado-chave sobre o qual Kant baseia sua teoria da moralidade – da qual sua teoria da justiça representa uma parte – é que o homem, considerado um *Homo noumenon*, é livre. Uma vez que o objeto dessa afirmação é o homem considerado *Homo noumenon*, a afirmação não é uma afirmação empírica. Em outras palavras, não é uma afirmação acerca de um atributo hu-

A TEORIA DA JUSTIÇA DE KANT · 181

mano que possamos descobrir, provar ou contestar por meio da observação. Em vez disso, é uma afirmação acerca da (pressuposta) natureza essencial do homem. Também é uma afirmação normativa, uma afirmação acerca daquilo que é conveniente que exista. Dizer que o homem, considerado *homo noumenon*, é livre significa dizer, em parte, que convém que o homem seja livre, que ele tem o direito de ser livre.

A concepção de liberdade de Kant está no núcleo de sua teoria da justiça. Portanto, para entender essa teoria é importante compreender que Kant não endossa a noção comum de liberdade como a ausência de restrições aos atos de alguém. Em vez disso, ele define liberdade como a submissão apenas às leis que a pessoa aplica a si mesma, seja sozinha ou junto com outros (50 [223]). Para ele, ser livre não é agir sem restrições, e sim não depender das restrições impostas pelos desejos arbitrários dos outros (63 [237-38])[131].

Além do mais, uma vez que sua ideia de liberdade se baseia no homem considerado *Homo noumenon* – na pressuposta, mas não exatamente conhecível, natureza essencial do homem –, as diferenças empíricas que separam uma pessoa da outra não têm nenhuma relação com as implicações dessa ideia para a justiça ou para os direitos das pessoas. Aristóteles parece ter baseado sua hipótese de que os seres humanos são categoricamente desiguais entre si por natureza na observação de que, como uma questão empírica, as pessoas diferenciam-se dramaticamente em termos de capacidades. Hobbes, Hume e Adam Smith basearam suas alegações a respeito da igualdade dos seres humanos na afirmação de que, na verdade, as pessoas têm mais ou menos as mesmas capacidades, ao menos se deixarmos de lado o impacto da sociedade e das diferenças de educação. Do ponto de vista kantiano, as observações a respeito das capacidades ou de outros atri-

182 · BREVE HISTÓRIA DA JUSTIÇA

butos empíricos das pessoas são irrelevantes para questões de direitos e de justiça. Desse ponto de vista, cada pessoa possui um valor absoluto, e o possui em igual medida com todos os outros seres humanos.

III

Kant constrói toda a sua teoria moral, incluindo sua teoria da justiça, sobre o alicerce proporcionado pelo postulado de que o homem, considerado *Homo noumenon*, é livre. Ele argumenta que, raciocinando a partir desse postulado, podemos chegar a um único princípio de moralidade supremo, que ele chama de "imperativo categórico" (IC). O imperativo categórico é um *imperativo* no sentido de que é um comando, na verdade, uma ordem, que define o que as pessoas podem e não podem (devem e não devem) fazer. Ele é *categórico* no sentido que se aplica a todas as pessoas (na verdade, a toda criatura que é livre e racional), sejam quais forem as aspirações, as intenções ou os objetivos que essa pessoa tenha.

Podemos comparar o imperativo categórico com (aquilo que Kant chama de) "imperativos hipotéticos". Um imperativo, ou comando, é hipotético se sua aplicabilidade sobre as pessoas depender das aspirações, das intenções ou dos objetivos específicos que elas venham a adotar. ("Imperativo condicional" seria uma denominação mais apropriada.) Se eu passo a aspirar a me tornar um violinista *virtuose*, então é um imperativo hipotético para mim buscar os recursos necessários para alcançar essa aspiração – tendo aulas, praticando e assim por diante. Não tenho nenhuma obrigação moral de adotar ou realizar essa aspiração e ela não é compartilhada por um grande número de pessoas. Portanto, esse imperativo hipotético específico não se aplica a elas, e só se aplica a mim na medida em que eu conserve minha aspiração. Por outro lado, os imperativos categóricos aplicam-se a todos com a mesma força, e com mais força do que os imperativos hipotéticos. Se surgir um conflito que me impeça de obedecer, em determinada ocasião, tanto a um imperativo hipotético como ao imperativo categórico, este tem prioridade.

Embora Kant formulasse o imperativo categórico de várias formas diferentes, ele sustenta que, na verdade, só existe um único imperativo categórico. Esse imperativo (em uma de suas formulações) é: "Aja somente de acordo com a máxima por meio da qual você possa ao mesmo tempo desejar que ela se torne uma lei universal."[132] Segundo Kant, toda a teoria da justiça decorre desse único comando.

Frequentemente se diz que o imperativo categórico é uma versão da "Regra de Ouro", expressa em geral na afirmação: "Tudo quanto, pois, quereis que os homens vos façam, assim fazei-o vós também a eles."[133] As semelhanças entre os dois são certamente consideráveis. Ambas as afirmações representam comandos categóricos, em outras palavras, incondicionais. Ambas são reflexivas, no sentido de que ambas exigem que a pessoa a quem elas se dirigem se coloque no lugar do outro e considerem se uma ação contemplada seria aceitável a ela naquela circunstância hipotética. Ambas as afirmações foram feitas para ser aplicadas universalmente a todos os seres humanos.

Não obstante, as afirmações de Kant diferenciam-se da Regra de Ouro tal como aparece no Evangelho Segundo Mateus. A Regra de Ouro foi feita para ser aplicada a ações individuais. Ela exige que seu destinatário considere como ele gostaria que os outros agissem com relação a ele. Embora o imperativo categórico também se aplique a ações individuais, ele o faz por meio de máximas (máximas são princípios ou normas de ação que os indivíduos adotam na busca dos objetivos, propósitos e projetos que

184 · BREVE HISTÓRIA DA JUSTIÇA

eles escolhem); e, além disso, ele pede que julguemos as máximas não tomando por base aquilo que gostaríamos que nos acontecesse, e sim considerando se poderíamos desejar que nossas máximas se tornassem leis universais. Embora o processo de reflexão ao qual Kant exige que nos submetamos se pareça com o processo ordenado na Regra de Ouro, ele é mais complexo, mais abstrato e mais generalizado.

As diferenças entre a formulação do imperativo categórico feita por Kant e a afirmação da Regra de Ouro do Evangelho Segundo Mateus são significativas no contexto da teoria da justiça de Kant. Podemos obter uma pista dessas diferenças refletindo sobre outra passagem bem conhecida do Sermão da Montanha – a mesma fala na qual Jesus apresenta sua afirmação da Regra de Ouro. Logo antes de enunciar essa regra, Jesus observa:

> Ouviste que foi dito: "Olho por olho, dente por dente." Eu, porém, vos digo: não resistais ao perverso; mas, a qualquer que te ferir na face direita, volta-lhe também a outra; e, ao que quer demandar contigo e tirar-te a túnica, deixa-lhe também a capa. Se alguém te obrigar a andar uma milha, vai com ele duas.[134]

A mensagem fundamental do Sermão da Montanha, incluindo a Regra de Ouro, é que é injusto fazer mal aos outros. Essa mensagem tem uma semelhança incrível com o argumento que Sócrates defende n'*A república* de que fazer mal aos outros nunca pode ser justo, um raciocínio que ele utiliza a fim de desmerecer as diversas versões da ideia de justiça como reciprocidade por meio das quais ele é introduzido nos argumentos iniciais da obra de Platão. A ideia de que a reciprocidade é fundamental para a justiça é tão estranha ao Sermão da Montanha – e à mensagem dos Evangelhos como um todo – como era a Platão n'*A república*. No entanto, como veremos, o conceito de reciproci-

A TEORIA DA JUSTIÇA DE KANT · 185

de desempenha um papel fundamental e imprescindível na teoria da justiça de Kant.

Na formulação mencionada anteriormente, o tipo de objeto para o qual o imperativo categórico (IC) é planejado para ser aplicado é ambíguo. O tipo mais óbvio de objeto dos comandos do IC é uma ação. Porém, o IC comanda que alguém decida se uma ação é permissível ou não refletindo sobre a máxima por trás dessa ação; de modo que, no mínimo indiretamente, parece que o IC também se aplica às máximas (princípios, normas de ação ou tipos de ação). Na teoria moral de Kant como um todo, o IC é, na verdade, a base para comandos – para leis morais – que se aplicam a ambos os tipos de objeto. A diferença entre esses dois tipos (ações, por um lado, e máximas, por outro) é fundamental para uma divisão entre as duas partes principais de sua teoria moral. Quando aplicadas a *máximas* (e aos fins ou objetivos a que essas máximas almejam), as leis morais são chamadas leis *éticas*. As leis éticas constituem prescrições acerca do conjunto de intenções e objetivos que podemos legitimamente adotar. Quando aplicadas a *ações*, as leis morais são chamadas leis *jurídicas* (42 [214]). As leis jurídicas estabelecem limites à conduta das pessoas, não a suas intenções ou objetivos. Tomada em seu conjunto, a teoria moral de Kant abarca os dois tipos de lei. Entretanto, sua teoria da justiça preocupa-se unicamente com as leis jurídicas e com as ações externas que podem ser controladas por meio delas.

Kant acreditava que era impossível obrigar as pessoas a adotar intenções. (Parece também decorrer daquilo que ele entende como liberdade que seria prejudicial obrigar as pessoas a adotar intenções, mesmo que fosse possível fazê-lo.) Por essa razão, os deveres de compaixão, que só podem ser cumpridos por alguém que mantenha intenções que são adequadas a esses deveres, estão sujeitos às leis éticas, não às leis jurídicas (i.e., leis de justiça).

186 · BREVE HISTÓRIA DA JUSTIÇA

Contudo, não decorre disso que as intenções sejam irrelevantes para a teoria da justiça de Kant (diferentemente de sua teoria ética). De acordo com essa teoria, as leis públicas podem *proibir* as pessoas de agir com determinadas intenções, mesmo que não possam *exigir* que elas ajam de acordo com quaisquer intenções prescritas. Por exemplo, a proibição do homicídio premeditado, segundo a qual essa transgressão se diferencia do homicídio involuntário pela presença, no transgressor, da intenção de cometer o ato, seria compatível com a teoria da justiça de Kant. Embora ela tenha sido concebida para ser aplicada a ações, e somente a elas, a intencionalidade é indispensável para descrever algumas ações (como o homicídio premeditado), e as leis de justiça podem ser dirigidas a esses tipos de ações, bem como àqueles para os quais a intencionalidade não é indispensável.

IV

A teoria da justiça de Kant, então, é uma teoria das leis morais ou das leis da liberdade que estabelece limites às ações externas das pessoas, limites que podem ser impostos por meio da coerção. A base dessa teoria é o princípio do direito universal, cuja origem é o imperativo categórico, e que Kant formula assim:

> Qualquer ação é *correta* se puder coexistir com a liberdade de todos, de acordo com uma lei universal, ou se em sua máxima a liberdade de escolha de cada um puder coexistir com a liberdade de todos, de acordo com uma lei universal. (56 [230])

Como Kant prontamente dá a entender, um aspecto importante desse princípio é justificar o uso da coerção para evitar que as pessoas impeçam a liberdade dos outros.

Existe uma crença disseminada de que Kant pensava que a coerção legal *só* pode ser justificada para garantir a liberdade. Observem, contudo, que não é isso que diz seu princípio de direito

A TEORIA DA JUSTIÇA DE KANT · 187

universal. Certamente é verdade que, segundo esse princípio, uma ação coercitiva (como, por exemplo, uma ação para impor uma lei coercitiva) deve ser *compatível* com a liberdade todos, de acordo com uma lei universal. No entanto, não decorre daí que o único *propósito* ou objetivo permissível para uma tal ação coercitiva seja garantir a liberdade. Também é importante ter em mente que Kant não equiparou a liberdade à ausência, ou mesmo à minimização, de restrições às ações das pessoas. Do seu ponto de vista, pessoa livre é aquela que só está sujeita às leis que ela transmite a si própria, seja sozinha ou juntamente com outros. Além do mais, o transmissor de lei relevante é, em seu entendimento, o *Homo noumenon* – não o *Homo phaenomenon*. A pessoa que transmite leis a si própria é a pessoa despida de seus atributos físicos, incluindo seus desejos e tendências individualizados, não aquela que está carregada desses atributos. A liberdade da pessoa não será reduzida se ela, como um eu empírico – como *Homo phaenomenon* –, estiver sujeita a leis transmitidas a ela por seu eu "suprassensível" – pelo *Homo noumenon* –, nem se essas leis forem impostas por meio de uma decisão da qual outros participem.

Kant recorre ao princípio básico de sua teoria da justiça – o princípio do direito universal – para chegar a conclusões sobre dois tipos de tema. O primeiro tem que ver com relações individuais entre pessoas. O nome que ele dá a esse tema, como um todo, é *direito privado*, dentro do qual inclui os assuntos hoje familiares da propriedade, das transações e dos contratos. Ele também inclui debaixo desse título a discussão dos direitos sobre as pessoas. (Os "direitos sobre as pessoas" incluem os direitos de um homem sobre sua esposa, os direitos dos pais sobre os filhos, e os direitos de um chefe de família sobre seus empregados. Embora Kant acreditasse que todos os seres humanos possuem um valor absoluto em igual medida que todos os outros, ele também acei-

188 · BREVE HISTÓRIA DA JUSTIÇA

tava como natural que algumas pessoas ocupassem posições de superioridade no interior da família.) O segundo tema, *direito público*, tem que ver com o Estado civil, isto é, com o Estado (ou sociedade civil, como tinha sido denominado, uma forma que logo se tornaria anacrônica).

Esses dois temas estão inextricavelmente entrelaçados. Por exemplo, Kant diferencia entre posse e propriedade, argumentando que a propriedade, que é um dos principais componentes do direito privado, só é possível num Estado civil em que as reivindicações aos direitos de propriedade podem ser reconhecidas e atendidas. Embora examine o direito privado antes de passar para o tema do direito público, para ele não pode haver direito privado fora do Estado civil, isto é, de um Estado com poderes coercitivos por meio dos quais os direitos privados dos cidadãos podem ser implementados.

Para Kant, sociedade justa é aquela cujos membros respeitam os direitos uns dos outros, abstendo-se de violá-los. Como Hume e seus sucessores, Kant apresentou uma defesa veemente do direito à propriedade privada. Ele reconhecia que as pessoas adquirem uma propriedade porque esperam que ela seja útil para elas próprias. Mas o raciocínio de Kant em defesa da legitimidade da propriedade privada não depende da afirmação de que o instituto da propriedade é útil. Para ele, esse direito está baseado na liberdade inerente aos seres humanos como *Homines noumena*. O postulado que é fundamental para a teoria moral – sem o qual, na visão de Kant, a moralidade não faz sentido – é que os seres humanos possuem livre-arbítrio. Dizer que os seres humanos possuem livre-arbítrio é dizer que nossas decisões e ações não são causadas inexorável e exclusivamente por tendências e desejos empíricos. É dizer que somos capazes, por natureza, de sujeitar essas ações a nossos desejos, de acordo com as leis da liberdade.

E, do mesmo modo que somos capazes de sujeitar nossas ações a nossos desejos, também somos capazes de afirmar nossos desejos sobre as coisas. O direito à propriedade privada é justificado pela capacidade que os seres humanos têm de afirmar seus desejos sobre as coisas. Kant argumentava que os direitos dos seres humanos têm origem no direito inicial à liberdade, que pertence a todo ser humano em virtude de sua humanidade. Ele também argumentava que todos os seres humanos são intrinsecamente iguais, no sentido de que têm o direito de não ser constrangidos pelos outros mais do que os outros possam ser constrangidos por eles (63 [237]). No entanto, Kant nega que essa igualdade inata acarrete um direito à igualdade de posses[135]. Ele afirma que todos os súditos do Estado têm o direito de ser tratados como iguais perante a lei; portanto, ninguém deve receber privilégios especiais ou estar sujeito a uma discriminação desfavorável em questões legais. Ele também afirma que todo membro do Estado deve ter o direito de concorrer a todas as posições privilegiadas que a sociedade ofereça; e, além disso, ele critica explicitamente o instituto da aristocracia hereditária. Porém, Kant defende de maneira decidida a desigualdade de bens, entre os quais ele inclui as superioridades e habilidades físicas e mentais, bem como os bens materiais no sentido mais usual do termo[136].

Embora Kant admita que, em virtude de seus atributos "físicos" (seus atributos como *Homines phaenomena*), alguns seres humanos estejam adaptados para ocupar posições de superioridade sobre os outros com vistas à tomada de decisão no interior da família, e apesar de defender a desigualdade (mesmo a "desigualdade extrema"[137]) de bens, o conceito de reciprocidade é essencial para sua teoria do direito privado. De fato, o tema mais fundamental dessa teoria é que relações justas entre pessoas que

190 · BREVE HISTÓRIA DA JUSTIÇA

são iguais por natureza (o que, para ele, significa todas as pessoas) são relações de reciprocidade equilibrada em que o ponto de referência relevante é o *Homo noumenon*, não o *Homo phaenomenon*. Eis aqui uma passagem representativa extraída de "Theory and practice" [Teoria e prática]:

> A *liberdade* do homem como ser humano, como um princípio para a constituição de uma comunidade, pode ser expressa na seguinte fórmula. Ninguém pode me obrigar a ser feliz de acordo com sua concepção de bem-estar dos outros, pois cada um pode buscar sua felicidade do modo que lhe aprouver, desde que não viole a liberdade que os outros têm de perseguir um fim semelhante que possa ser conciliado com a liberdade de todos os outros dentro de uma lei geral praticável – i.e., *ele deve conceder aos outros o mesmo direito que ele próprio usufrui*.[138]

Na verdade, a ênfase de Kant na reciprocidade entre pessoas consideradas portadoras de livre-arbítrio fica evidente em suas formulações do imperativo categórico e do princípio do direito universal. Ao destacar a universalidade nessas formulações, ele está destacando, ao mesmo tempo, a reciprocidade entre pessoas consideradas aptas para a liberdade.

Em nenhum lugar a ênfase de Kant na reciprocidade é mais evidente que em sua teoria da pena, que ele analisa dentro do tópico do direito público. Aqui, como alhures, Kant chama a atenção para as diferenças entre o raciocínio utilitarista e sua própria abordagem da justiça. "A punição pelo tribunal" (nesse caso, ele inclui sentenças proferidas contra pessoas em razão de delitos cíveis, bem como penas impostas por transgressões criminais), diz ele, "nunca pode ser aplicada simplesmente como um instrumento para promover algum outro bem para o próprio criminoso ou para a sociedade civil. Ela deve ser aplicada a ele unicamente *porque ele cometeu um crime*." Nesse caso, o alvo evidente da crítica é o fato de que o raciocínio utilitarista a respeito da justiça poderia levar à punição de um inocente por causa do bem maior. Pode-se argumentar que essa preocupação está voltada para uma possibilidade meramente hipotética, uma vez que os utilitaristas geralmente não defendiam a punição do inocente. Kant, no entanto, também está preocupado que o raciocínio utilitarista possa levar a uma punição que não seja suficientemente severa para representar uma resposta equilibrada ao delito criminoso. De fato, ele dirige a esse alvo algumas das declarações mais violentas de toda a sua filosofia política:

> O princípio da punição é um imperativo categórico, e ai daquele que rasteja pelos meandros do eudemonismo [a teoria de que o objetivo de produzir felicidade deve estar na base dos princípios de moralidade] a fim de descobrir algo que livre o criminoso da pena ou mesmo diminua seu montante [...] Pois, se a justiça desaparecer, a vida do homem sobre a terra não tem mais valor. (141 [331-32])

Kant acreditava, por uma questão de justiça, que deveríamos nos preocupar tanto com a punição branda demais do culpado quanto com a aplicação de uma pena imerecida ao inocente por causa de um pretenso bem maior.

Qual o tipo e o montante de punição exigidos pela justiça? A resposta de Kant é clara. O princípio de punição em

> nada difere do princípio de igualdade (quanto à posição da agulha no prato da balança da justiça), não devendo inclinar-se mais para um lado do que para outro. Consequentemente, qualquer que seja o mal imerecido que você imponha a outra pessoa dentro da população, que o mesmo mal seja imposto a você [...] somente a *lei de retribuição* (*ius talionis*) [...] pode especificar, de maneira definitiva, a qualidade e a quantidade da punição. (141 [332])

192 · BREVE HISTÓRIA DA JUSTIÇA

Kant situa-se inteiramente no campo daqueles que defendem que o conceito de reciprocidade faz parte do fundamento sobre o qual está baseada a ideia de justiça. Além disso, seus argumentos a respeito da punição deixam claro que ele é um adepto resoluto da noção de reciprocidade rigorosamente equilibrada. Embora ele não sustente que as punições aplicadas àqueles que cometem delitos devam ser sempre de um tipo idêntico aos delitos que eles impuseram a suas vítimas, sua teoria da pena é uma alusão bastante próxima ao ensinamento bíblico do olho por olho, dente por dente.

Textos antigos endossavam amplamente a ideia de que a justiça é uma questão de reciprocidade equilibrada entre iguais e reciprocidade desequilibrada entre desiguais. Embora Kant aceitasse as desigualdades de poder legítimo como naturais e fosse um ferrenho defensor das desigualdades de posses (incluindo as faculdades físicas e mentais, bem como os bens exteriores), ele apoiava firmemente a visão de que o ponto de referência relevante para se refletir acerca da justiça é o *Homo noumenon*, não o *Homo phaenomeno*, a pessoa concebida como possuidora da aptidão para a liberdade e como portadora de direitos, em vez do indivíduo carregado de atributos físicos (incluindo os psicológicos). Como possuidores da aptidão para a liberdade, todos os seres humanos são iguais. Para Kant, então, o princípio que deveria sustentar a punição para todos, independentemente da posição, deveria ser o princípio de reciprocidade equilibrada. Mesmo que a pena dos que ocupam uma posição superior não possa ser sempre do mesmo tipo da imposta aos que lhes são inferiores, Kant sustenta que a pena que é aplicada às pessoas privilegiadas deve ter consequências equivalentes à imposta às pessoas comuns (141 [332]). Segundo ele, a pena que é branda demais – não importa qual o motivo, seja em consideração a um pretenso bem maior seja em respeito à posição social da pessoa – re-

A TEORIA DA JUSTIÇA DE KANT · 193

presenta uma injustiça tão grave como a pena que é severa demais (ou imposta a uma pessoa inocente).

Kant reserva uma de suas críticas mais severas aos oponentes da pena capital, com destaque para o nome de Cesare Beccaria. Ele sustenta que Beccaria "foi movido por sentimentos exageradamente compassivos de uma benevolência fingida", perdendo-se em raciocínios que não passam de "sofismas e artifícios jurídicos" (143 [334-35]). Alguém é punido "porque desejou uma *ação punível*" (143 [335]). O erro de Beccaria é não conseguir distinguir entre o *Homo noumenon*, o eu da razão pura que legisla de acordo com o princípio do direito universal, e o *Homo phaenomenon*, o eu com atributos físicos, incluindo impulsos e tendências, que geralmente leva à transgressão das leis e dos direitos dos outros. A pena capital é a pena desejada pelo eu racional, de acordo com a justiça distributiva rigorosa, para qualquer pessoa que queira e execute um ato de homicídio. Embora às vezes hesite em pontos de menor importância, Kant não tem nenhuma dúvida de que o princípio no qual a pena deve se basear é o princípio de reciprocidade equilibrada.

V

Ao examinarmos o tópico da pena, já vimos de relance a esfera que Kant chama de direito público. Embora a maioria das transgressões às quais a pena é imposta ocorra em relações individuais entre pessoas (que são o foco do direito privado), Kant foi enfático em afirmar que a pena só pode ser imposta por uma corporação pública, a saber, o Estado. Nesse caso, como em muitas outras áreas da sua teoria da justiça, em sua opinião o direito privado depende funcionalmente do direito público.

Em outras palavras, Kant acreditava que só é possível manter a justiça nas relações entre as pessoas ingressando no Estado civil

194 · BREVE HISTÓRIA DA JUSTIÇA

– isto é, juntando-se a outros numa comunidade (ou Estado). Ele afirmava que os seres humanos têm o dever inquestionável de ingressar nesse Estado:

> uma união como um fim em si mesmo que todos *devem compartilhar* e que, portanto, é um dever incondicional e primário sejam quais forem as relações externas entre os seres humanos [...] só é encontrada numa sociedade na medida em que ela constitua um Estado civil, i.e., uma comunidade.[139]

Tão essencial, de fato, é o Estado civil para a justiça que qualquer um que esteja inclinado a não entrar como membro de uma comunidade e a permanecer num estado "natural" e pré-político pode ser legitimamente obrigado ou coagido a juntar-se à comunidade.

O principal argumento de Kant em defesa dessa conclusão é que somente instituindo uma vontade coletiva (ou geral) respaldada por um importante poder coercitivo é que as pessoas podem ter a garantia de que os outros respeitarão seus direitos. Antes da criação de tal poder, cada um tem o direito de fazer o que lhe parece correto e bom para si. No entanto, nesse estado pré-político, cada um também está exposto à possibilidade de ser reprimido por meio da vontade arbitrária dos outros. Portanto, a primeira coisa que qualquer grupo de pessoas deve fazer é juntar-se aos outros para criar um Estado que possua poder suficiente para fazer cumprir os direitos de seus cidadãos. O único tipo possível de sociedade justa é um Estado justo.

Kant também sustenta que qualquer tipo de resistência à autoridade legislativa de um Estado, em quaisquer circunstâncias, é absolutamente contrária à justiça (130-31 [319-20])[140]. Por uma questão de justiça, os súditos de um Estado devem obediência incondicional a seu soberano. Seu raciocínio é que não pode ha-

A TEORIA DA JUSTIÇA DE KANT · 195

ver justiça sem Estado, e que qualquer rebelião, sedição ou resistência contra ele constitui uma ameaça à sua própria existência e, consequentemente, à justiça. Escrevendo num período em que a turbulência desencadeada pela Revolução Francesa ainda não havia amainado, ele não parece ter levado em conta a possibilidade de que um regime político pode ser constituído de tal maneira que pode, na verdade, se fortalecer com algumas formas de resistência a leis e políticas públicas, em vez de ser ameaçado por elas.

Essas declarações a respeito da área de atuação do direito público – que é legítimo obrigar as pessoas a aderir a um Estado se elas estiverem relutantes em fazê-lo, e que os súditos de um Estado devem obediência incondicional a seu governante – são surpreendentes numa filosofia política baseada nas ideias de liberdade e do valor absoluto de cada pessoa. Tanto nesse caso como em outros, é importante ter em mente a concepção particular de liberdade de Kant, como submissão apenas às leis que o indivíduo se atribui, seja sozinho ou junto com outras pessoas. A liberdade *não* é "uma procuração para fazer o que se deseja a menos que isso signifique cometer injustiça com os outros"[141]. Embora Kant acreditasse firmemente que cada um possui valor absoluto na mesma medida que todos os outros, sua concepção de liberdade é de natureza muito mais social do que muitos intérpretes de sua obra perceberam.

Kant nos pede que consideremos o Estado civil – ou o Estado – como o resultado de um "contrato original" pactuado por aqueles que se tornam membros do Estado. Para ele, embora esse contrato seja uma "ideia da razão" em vez de um fato empírico ou histórico – assim como a ideia de *Homo noumenon* é uma ideia da razão –, é uma ideia da razão que, segundo ele, tem um grande significado prático[142]. Seus textos sobre o direito público mos-

196 · BREVE HISTÓRIA DA JUSTIÇA

tram que, embora grande parte do objetivo do Estado civil seja proteger os direitos dos indivíduos contra seus semelhantes, os termos do acordo que sustenta esse Estado são muito mais abrangentes do que essa norma parece transmitir.

Kant opõe-se firmemente ao Estado paternalista, que, para ele, é o Estado que trata seus súditos como se fossem crianças incapazes de discernir o que é benéfico do que é prejudicial para eles[143]. Segundo ele, um Estado desse tipo, por melhores que sejam suas intenções, significa "o maior despotismo concebível"[144], pois ele nega a seus cidadãos o direito humano fundamental de buscar a felicidade da maneira que julgarem adequada, desde que, ao fazê-lo, não prejudiquem a liberdade dos outros de agir da mesma forma. Como ele defende que o tratamento igual a que todos têm direito conforme as leis do Estado é inteiramente compatível com uma grande desigualdade de bens[145], ele também parece se opor à redistribuição de riqueza com o propósito de alcançar a igualdade de bens. Essas observações levaram alguns intérpretes a concluir que Kant defendeu o Estado mínimo, um Estado que não deveria ir muito além de prover a defesa comum e fazer cumprir os direitos pessoais, os direitos de propriedade e os contratos.

A verdade é que Kant defendeu um Estado muito mais forte do que o Estado mínimo. Ele o fez com base na ideia de um contrato original, que é a principal ideia da sua teoria da justiça no domínio do direito público. Embora possa ser injusto que o Estado redistribua riqueza entre os cidadãos com o propósito de equiparar seus bens, não apenas se permite, mas se exige que, por uma questão de justiça, o Estado redistribua riqueza sempre que essa ação seja necessária para alcançar o propósito de atender às necessidades (136 [326]). Kant deixa claro que o Estado pode, legitimamente, cumprir sua obrigação de sustentar os membros da sociedade que são incapazes de se manter transferindo haveres dos ricos para os pobres. Ele também defende que, por uma questão de justiça, o Estado deve efetuar essa transferência de riqueza por meio de uma taxação imposta coercivamente, descartando explicitamente a possibilidade de que as necessidades dos pobres sejam atendidas por meio de um programa de contribuições voluntárias. Longe de apoiar um Estado mínimo, Kant defendia que um Estado justo é aquele que assegura que as necessidades de todos os seus membros, incluindo aqueles que são incapazes de se sustentar, sejam atendidas por meio de medidas impostas coercivamente, medidas essas que exijam que os ricos contribuam com uma parte de seus bens para atender às necessidades dos outros.

O raciocínio de Kant é direto. Os ricos devem sua própria existência – e, a *fortiori*, sua riqueza – ao Estado, no sentido de que, sem ele, eles não conseguiriam viver, quanto mais prosperar. Portanto, eles são obrigados, em troca desses benefícios, a contribuir de acordo com o necessário para o bem-estar de seus concidadãos (136 [326]). Sua obrigação de ajudar a sustentar os pobres baseia-se no princípio de reciprocidade.

A conclusão de Kant está implícita na ideia do contrato original. Se o tema de sua teoria do direito privado é que relações justas entre pessoas são relações de reciprocidade equilibrada nas quais o ponto de referência relevante é o *Homo noumenon*, o tema de sua teoria do direito público é que a ideia do contrato original – um acordo hipotético no qual os membros de um Estado assumem obrigações para com seus concidadãos em troca da garantia de que seus próprios direitos e necessidades serão defendidos – é o princípio por trás de todos os direitos públicos, o teste para saber se as leis e as políticas públicas são justas ou injustas.

Para Kant, a ideia do contrato original é o veículo para determinar se as leis e as políticas são justas ou não, assim como o im-

198 · BREVE HISTÓRIA DA JUSTIÇA

perativo categórico é o teste para averiguar se as máximas e as ações particulares dos indivíduos são de fato legítimas. Se existe uma lei tal com que o conjunto da população não poderia ter concordado num contrato original, então a lei é injusta[146]. Se, por um lado, existe uma lei tal que poderia ter sido objeto de tal acordo – um acordo ao qual o conjunto da população teria dado seu consentimento –, então no mínimo pode-se argumentar que ela é justa (e Kant acredita que é dever do povo considerar tal lei justa mesmo que a desaprove). Um conjunto de leis que permite a alguns membros do Estado ser privados dos recursos necessários para atender a suas necessidades é um conjunto de leis para o qual ao menos algumas pessoas teriam negado sua aprovação num contrato original. Tal conjunto de leis seria, portanto, injusto. De modo mais geral, *qualquer* lei ou política que não poderia ter merecido a aprovação do conjunto da população num contrato original é injusta. Kant não acreditava que a resistência ao governante ou ao Estado jamais pudesse ser justa, mesmo que o propósito dessa resistência fosse opor-se a leis injustas. Mas ele acreditava, *sim*, que às vezes as leis são injustas, e que a ideia do contrato original oferece um teste intelectualmente rigoroso para determinar se elas são justas ou não.

VI

Ao contrário dos autores utilitaristas, Kant colocou o conceito de reciprocidade bem no centro da sua teoria de justiça. No domínio do direito privado, que diz respeito às relações particulares entre as pessoas, ele endossou a noção de reciprocidade equilibrada entre iguais; e, além disso, como pensasse que todas as pessoas – consideradas *Homines noumena* – fossem iguais, ele via a reciprocidade equilibrada como *a* base das relações justas entre pessoas privadas. No domínio do direito público, a visão de Kant é mais difícil de classificar. Está claro que o conceito de reciprocidade também desempenha um papel abrangente nesse caso, no sentido de que todos aqueles que gozam dos benefícios do Estado civil devem, em troca, assumir obrigações para com seus concidadãos – obrigações que, em algumas circunstâncias, os obrigariam a abrir mão de parte de sua riqueza para atender às necessidades dos outros. No entanto, é difícil caracterizar precisamente a noção de reciprocidade que Kant apresenta nesse caso. O conceito de reciprocidade *equilibrada*, num sentido bem definido, parece não se aplicar.

Kant abrira novos horizontes para pensar a justiça. Embora tivesse alcançado uma visão da sociedade como um todo sistêmico, com propriedades e produtos que são mais bem explicados pelo conjunto em vez de pelas partes tomadas separadamente (essa é a essência de sua concepção da divisão do trabalho e de suas consequências), Adam Smith não construiu uma concepção de justiça diferente ao redor dessa visão. Kant fez exatamente isso. Ao reelaborar a conhecida noção de contrato original, transformando-a num teste para a legislação de uma comunidade considerada de um ponto de vista sistêmico, ele adentrara um novo mundo, não mais consciente, talvez, do que Cristóvão Colombo em sua primeira viagem às Américas. Embora a expressão "justiça social" ainda não tivesse sido cunhada, Kant havia descoberto atributos que continuaram essenciais para o conceito de justiça social durante os dois últimos séculos[147].

Kant deixou para a posteridade uma visão de sociedade justa conscientemente em desacordo com a visão defendida pelos teóricos da utilidade. Esta passagem da *Metafísica da moral* nos oferece um olhar sobre ela:

> Não devemos entender o bem-estar do Estado como a *prosperidade* e a *felicidade* de seus cidadãos; pois a felicidade talvez possa

200 · BREVE HISTÓRIA DA JUSTIÇA

lhes advir mais facilmente e como eles gostariam que ela [viesse] num estado de natureza (como afirma Rousseau) ou mesmo sob o jugo de um governo despótico. Em vez disso, por bem-estar do Estado entendemos a situação na qual sua constituição esteja plenamente de acordo com os princípios do direito; é essa situação que a razão, *por meio de um imperativo categórico*, torna obrigatório que nos empenhemos em alcançar. (129 [318])

Uma sociedade justa, para Kant, é aquela cujo propósito e cuja inclinação mais importantes são manter relações sociais de respeito e reciprocidade mútuos entre cidadãos livres e iguais, não aumentar de seu bem-estar, entendido em termos materiais. Na verdade, a concepção que ele tinha dessa sociedade era imperfeita. Considerando os seres humanos em termos altamente abstratos, como *Homines noumena*, Kant subestimou o quanto a qualidade das relações entre as pessoas é refém, inevitavelmente, de suas circunstâncias relativas. Além disso, sua concepção de direito privado como originário da reciprocidade rigidamente equilibrada apresenta certa tensão com sua concepção de direito público, baseada, tal como é, na ideia de um contrato original, o qual não pode ser reduzido aos termos da reciprocidade equilibrada. Não obstante, Kant havia demarcado o território, senão a terminologia, da justiça social, e o fizera com uma visão que transcendeu as lutas de classes que estavam destinadas a transformar esse território num campo de batalha ao longo do século XIX e depois.

CAPÍTULO 7

A IDEIA DE JUSTIÇA SOCIAL

I

Durante o século XIX, um conjunto de pensadores extremamente influentes e ecléticos descobriu um novo posto de observação do qual poderia examinar a esfera da justiça. Partindo das alturas que já haviam sido conquistadas por autores como Smith, Bentham e Kant, esses pensadores rumaram para uma altitude ainda mais ambiciosa. Eles conceberam a ideia de utilizar padrões ideais de justiça como base para uma avaliação radical do conjunto das instituições sociais, avaliação essa que teria como foco o modo pelo qual os benefícios e os ônus da sociedade são distribuídos e poderia ser invocada para defender uma transformação global da sociedade. Os conceitos visionários abrangentes que eles inventaram a partir dessa nova perspectiva privilegiada acabaram ajudando a reconfigurar a própria esfera observada.

É verdade que muitos pensadores anteriores ao século XIX haviam lançado um olhar visionário sobre suas próprias sociedades. N'*A república*, a primeira obra sintética de teoria política, Platão traça o retrato elaborado de uma *pólis* que, se tivesse se tornado realidade, teria subvertido algumas das hipóteses mais básicas de seus cidadãos, bem como muitas das práticas sobre as quais se erguera sua Atenas natal. No entanto, Platão não esperava,

202 · BREVE HISTÓRIA DA JUSTIÇA

e provavelmente não pretendia, ver o tipo de *pólis* que ele descreveu tornar-se realidade[148]. Do mesmo modo, a *Utopia* de Thomas Morus, escrita no início do século XVI, descreve uma sociedade comunista aparentemente ideal situada num país insular de localização incerta. Na verdade, Morus não pretendia que essa descrição fosse tratada como modelo para uma transformação global da sociedade; e, além disso, ele provavelmente teria achado divertido ou repulsivo (ou ambas as coisas) se isso tivesse acontecido[149]. Escrevendo no século XVII, Thomas Hobbes propôs mudanças radicais no modo como seus contemporâneos encaravam seus sistemas políticos; porém, suas propostas, embora de longo alcance, restringiam-se quase que inteiramente ao âmbito político e, se tivessem sido adotadas, teriam tido um impacto duvidoso sobre a vida social e econômica. Embora tivesse proposto mudanças importantes na condução e na regulamentação das questões econômicas – mudanças que também teriam exercido um impacto significativo nas relações sociais –, Adam Smith não pretendia derrubar o conjunto das instituições – nem da sua nem de qualquer outra sociedade. Dos autores que analisamos até agora, Bentham é o que chega mais perto de visualizar as aspirações radicais que encontramos em muitos pensadores do século XIX. No entanto, embora afirmasse ter inventado um novo modo de encarar as instituições e os costumes, e fosse um reformador sério e comprometido, Bentham defendia apenas reformas graduais, ainda que importantes. Embora um grupo de pensadores, de Hobbes até Bentham, considerasse que o mundo social era um produto de convenções humanas que podem ser melhoradas à luz do projeto humano, nenhum desses pensadores teve a ideia de usar padrões ideais de justiça como a base de uma avaliação radical do amplo espectro das instituições sociais, e nenhum imaginou o tipo de transformação global que se tornou quase um lugar-comum na visão dos pensadores políticos e sociais do século XIX.

A IDEIA DE JUSTIÇA SOCIAL · 203

Novas formas de conceber a justiça surgiram no século XIX porque as percepções da esfera do mundo social, e do impacto que a atividade humana é capaz de ter sobre esse mundo, haviam mudado. Hobbes, Hume e muitos outros já haviam retratado essa esfera como um produto das ações humanas, em vez de uma paisagem moldada exclusivamente pela mão da natureza. Por volta do início do século XIX, esse retrato estava mais nítido que antes. Muitos pensadores adotaram o ponto de vista de que aspectos importantes da esfera social – incluindo estruturas sociais e institucionais que condenavam grandes parcelas da população a uma vida insegura e frequentemente miserável e, muitas vezes, a uma morte prematura – são produto de ações, convenções e instituições que poderiam ser reformadas ou subvertidas e substituídas por meio de esforços humanos. Quiçá pela primeira vez na história, começou a parecer verdadeiramente possível (ao menos para alguns observadores) refazer o sistema político e a sociedade a partir do zero. Um elemento que ajudou a produzir essa mudança de percepção foi o fluxo constante de inovações tecnológicas que alteraram os contornos da vida econômica e social da Grã-Bretanha e da Europa entre o início do século XVIII e o início do século XIX. A invenção dos instrumentos de precisão para marcar o tempo, o rápido progresso da navegação resultante (que teve consequências importantes para o comércio internacional), a locomotiva a vapor e o tear mecânico estavam entre os muitos acontecimentos que ajudaram a remodelar a vida econômica e social da maioria das pessoas comuns da época. Era como se as descobertas científicas que tinham começado a brotar lentamente no século XVII, e eram representadas de forma emblemática pelas leis da mecânica de Newton, houvessem lançado os alicerces para que os seres humanos subjugassem e controlassem a natureza, bem do modo que Francis Bacon profetizara[150]. Sem muita

204 · BREVE HISTÓRIA DA JUSTIÇA

dificuldade, o raciocínio deduziu que, se podemos induzir a natureza a obedecer a nossas ordens, por que a sociedade humana – da qual, afinal de contas, somos os criadores – não poderia ser levada a fazer o mesmo?

Entretanto, o segundo e talvez decisivo elemento que influenciou as hipóteses sobre as perspectivas de transformação social foi a Revolução Francesa, que teve início em 1789 e terminou em meados da década de 1790. Diferentemente da Revolução Americana ocorrida pouco mais de uma década antes, a Revolução Francesa era considerada por muitos de seus principais defensores – assim como por seus oponentes – um rompimento radical com o passado, um acontecimento apocalíptico que buscava refundar o sistema político e a sociedade da França sobre princípios inteiramente novos. A revolução teve um impacto enorme na visão política e social de um grande número de observadores, mesmo que suas consequências práticas, como Alexis de Tocqueville deu a entender duas ou três gerações mais tarde, fossem menos dramáticas do que pareciam na época[151]. Se a revolução científica e tecnológica dos séculos XVII e XVIII havia lançado as bases para uma nova consciência das possibilidades de transformação social, a Revolução Francesa completou a transição para um novo conjunto de percepções.

Escrevendo em 1814 junto com seu secretário e colaborador Augustin Thierry, Henri de Saint-Simon demonstrava essa percepção com a proposta profética de reorganizar a comunidade europeia:

> A ordem social foi subvertida porque não corresponde mais ao nível educacional; cabe a vocês criar uma ordem mais avançada. A nação foi dissolvida; cabe a vocês reconstituí-la.[152]

"Subvertida" e "dissolvida", "criar" e "reconstituir": os termos que Saint-Simon e Thierry escolhem para argumentar indicam que uma dramática transformação social não era apenas possível, mas inevitável, em razão do colapso da velha ordem.

A percepção de Saint-Simon com relação às perspectivas de uma transformação radical foi compartilhada por muitas pessoas da sua própria geração e das gerações seguintes, perdurando durante boa parte do século XX. Mas o escritor cujas obras simbolizam a glorificação dessa percepção é Karl Marx. Escrevendo em meados do século, Marx argumentava que, até aquele momento, a história humana havia sido construída sem que houvesse qualquer consciência humana das consequências amplas e sistêmicas das ações humanas. Como resultado, os principais modelos e padrões de cooperação social tinham adotado, ao longo da história, uma sequência de formas extremamente pretensiosas que jamais tinham sido projetadas conscientemente por nenhum ser humano. (Marx estava interessado especialmente no modo pelo qual as atividades produtivas e os recursos das sociedades eram organizados, porque ele acreditava que as principais características de todas as outras instituições importantes decorrem dessa organização.) Não obstante, Marx acreditava que a humanidade da sua época encontrava-se no início de uma mudança fundamental no rumo da história. Uma compreensão clara, precisa e abrangente das forças que conduzem a história humana começara a surgir. Quando essa compreensão esclarecida das forças fundamentais da história tiver se disseminado entre as massas (o proletariado), os seres humanos poderão assumir o controle de seu próprio destino e moldar o futuro de acordo com sua vontade coletiva. A história, então, tomará um novo rumo, um rumo que, pela primeira vez, será ditado consciente e deliberadamente por uma vontade humana coletiva.

Ao conceber a ideia da conjuntura histórica ímpar na qual ele pensava se encontrar, Marx recorreu bastante às ideias de Adam

206 · BREVE HISTÓRIA DA JUSTIÇA

Smith e de autores posteriores sobre o tema da economia política. Como vocês recordam, Smith afirmara que a divisão do trabalho característica das sociedades mercantis modernas – que ele acredita representar, de longe, a principal fonte dos importantes recursos produtivos dessas sociedades – surgira apesar do fato de ninguém jamais tê-la projetado ou buscado conscientemente. A principal de todas as fontes de riqueza social, ela era o resultado involuntário de um grande número de transações e atividades produtivas que as pessoas haviam realizado ao longo de muitas gerações, em defesa de seus próprios objetivos relativamente egoístas, e não visando à melhoria da produtividade da sociedade ou ao aumento de sua riqueza. Smith e seus sucessores esforçaram-se para apresentar generalizações ou "leis" que pudessem explicar essas atividades e suas consequências globais, do mesmo modo que as leis de Newton pareciam explicar os movimentos dos corpos celestes e terrestres.

Marx aceitou muitos dos conceitos fundamentais de Smith e de outros economistas políticos clássicos. O que ele não aceitou foi a afirmação de que esses conceitos captam leis inexoráveis (ou "férreas") que devem determinar inevitavelmente o curso futuro da história bem como seu passado. Para Marx, o passado havia sido determinado por leis férreas porque a história passada fora construída por seres humanos que não tinham consciência das consequências extremamente abrangentes e significativas de suas atividades. Um futuro conduzido por seres humanos que possuem essa consciência seria completamente diferente.

A linguagem por meio da qual Marx revela sua percepção das possibilidades de uma mudança transformadora é impressionante. À obra que ele considerava sua realização máxima, *Capital* [*O capital*], ele deu o subtítulo de *A Critique of Political Economy* [*Uma crítica da economia política*]. No prefácio da primeira edi-

A IDEIA DE JUSTIÇA SOCIAL · 207

ção dessa obra (1867), Marx escreve a respeito "das leis naturais da produção capitalista", que funcionam "com férrea necessidade, visando a resultados inevitáveis", e da "lei econômica de movimento da sociedade moderna"[153]. Resumindo, ele endossa entusiasticamente a afirmação – que ele remete a Ricardo, Malthus e a muitos outros da escola de economia política clássica, além de Smith – de que as economias de sua época e de períodos anteriores estão sujeitas a leis que determinam o rumo e o destino dessas economias sem levar em conta a vontade ou as intenções humanas. Porém, do seu ponto de vista, essa afirmação só é verdade com relação a uma época que ele acreditava estar prestes a terminar. Numa obra anterior, *The German Ideology* [*A ideologia alemã*] (1845-1846), que Marx escreveu junto com Friedrich Engels mas se recusou a publicar, os autores fazem uma distinção clara entre duas fases da existência humana. Na primeira, o homem "continua na sociedade natural", na qual "existe uma clivagem entre o interesse particular e o interesse comum". Nessa fase da história, a atividade humana "não é dividida voluntária, mas naturalmente", de modo que "a própria ação do homem torna-se uma força externa contrária a ele"[154], e a força conjunta dos seres humanos torna-se

> uma força externa que existe fora deles, cuja origem e objetivo eles ignoram, os quais, portanto, não podem controlar e, ao contrário, passam por uma série de fases e etapas específicas que independem da vontade e da ação do homem [...][155]

A referência de Marx e Engels a uma atividade que é dividida natural em vez de voluntariamente parece ser uma alusão ao conceito de Smith de uma divisão do trabalho que toma forma e permanece essencial para a coordenação das ações humanas sem que seja planejada, pretendida ou prevista por qualquer ser humano. Eles concluem observando:

208 · BREVE HISTÓRIA DA JUSTIÇA

> A fixação da atividade social, essa petrificação do nosso próprio trabalho em um poder objetivo que nos domina e escapa ao nosso controle, contrariando a nossa expectativa e destruindo os nossos cálculos, é um dos momentos capitais do desenvolvimento histórico até aos nossos dias*.[156]

A "fixação da atividade social" que Marx e Engels atribuem aqui a uma etapa da história que (segundo eles) está para ser superada refere-se aos mesmos fenômenos que são o objeto das "leis naturais" e da "lei econômica de movimento da sociedade moderna" n'*O capital* e nos textos dos economistas políticos anteriores.

Ao contrário dessa fase da existência, Marx e Engels evocam outra fase, na qual a atividade humana será dividida voluntária não "naturalmente", e na qual os seres humanos irão controlar suas ações em vez de ser controlados por elas. A divisão e o objetivo do trabalho estarão sujeitos a uma vontade humana coletiva. Os interesses particulares dos indivíduos não estarão mais separados do interesse comum. Resumindo, os seres humanos serão capazes de assumir, coletivamente, o controle de suas vidas sociais como um todo e de determinar, por meio de sua vontade coletiva, o rumo que a história tomará.

Embora Marx e Engels tivessem uma fé exagerada na capacidade potencial dos seres humanos de reconstruir suas sociedades, sua ideia geral de que a humanidade – ou, pelo menos, a humanidade europeia – estava prestes a escapar da submissão a relações supostamente naturais era compartilhada por pensadores de um amplo espectro ideológico. John Stuart Mill, por exemplo, era um crítico frequente da tendência de considerar as relações sociais como relações naturais, estendendo sua campanha contra

---

* MARX, Karl; ENGELS, Friedrich. *A ideologia alemã*. Lisboa/São Paulo: Presença/Martins Fontes, 1976, p. 41. (N. do T.)

A IDEIA DE JUSTIÇA SOCIAL · 209

essa tendência para áreas que a maioria de seus contemporâneos comunistas e socialistas não tocava – por exemplo, na polêmica contra a submissão das mulheres[157]. Naturalmente, muitos pensadores do século XIX adotaram hipóteses mais modestas acerca das possibilidades de reforma do que Marx ou Mill; e, além disso, pensadores conservadores – de Edmund Burke em diante – defendiam que a ilusão de naturalidade era uma característica salutar do modo como os seres humanos tendiam a considerar seu mundo social. A postura desses pensadores encontrava-se a quilômetros de distância da de Marx e era diametralmente oposta às ideias de Mill. Porém, os cronistas e intérpretes da revolução científica, da Revolução Industrial e da Revolução Francesa haviam aberto as comportas para um novo jeito de conceber o mundo social, o qual não poderia ser ignorado por ninguém que quisesse desempenhar um papel significativo no intercâmbio de ideias que moldou as formas pelas quais os autores e outras pessoas do século XIX refletiam a respeito da justiça. O dilúvio que se seguiu acabou dando uma nova forma ao território da justiça.

Henry Sidgwick, um líder de tradição utilitarista da geração seguinte à de John Stuart Mill, fez a afirmação mais clara a respeito da questão para a qual o novo modo de pensar conduziu. Se os seres humanos são capazes, ao menos em princípio, de refazer suas instituições políticas e sociais (e econômicas) a partir do zero, então não faz sentido recuar às formas "naturais" da vida humana, como fizeram pensadores tão diferentes como Hume e Kant no século XVIII, para responder a perguntas fundamentais sobre a justiça. Após breve análise crítica da ideia do natural com relação à justiça, em *Methods of Ethics* [*Métodos da ética*], Sidgwick fez a seguinte pergunta: "Existem quaisquer princípios claros a partir dos quais podemos elaborar uma distribuição idealmente justa de direitos e privilégios, deveres e sofrimentos entre seres humanos como tais?"[158]

210 · BREVE HISTÓRIA DA JUSTIÇA

A ideia de um conjunto de princípios a partir do qual podemos elaborar uma distribuição idealmente justa de direitos e privilégios, deveres e sofrimentos, que pode ser utilizada para avaliar o conjunto das instituições sociais e para defender a transformação dessas instituições caso se constate que elas são deficientes, é a ideia de justiça social. Adam Smith realizou o esforço preliminar que tornou possível a expressão dessa ideia, e Immanuel Kant descobriu o território no qual ela brotou. Não obstante, só depois da morte desses pensadores é que foram inventados os conceitos e a terminologia que deram forma a essa ideia, a princípio de um modo rudimentar e, posteriormente, de uma forma mais desenvolvida e acurada. No âmbito das ideias a respeito da justiça, Sidgwick havia feito *a* pergunta do século XIX.

II

Filósofos e críticos ofereceram duas respostas essenciais a essa pergunta, duas candidatas principais ao título de critério ideal de justiça social. Uma delas é sugerida em um volume dos documentos de Saint-Simon do primeiro quarto do século. Examinem, por exemplo, sua contribuição para o periódico intitulado *Organizer* [*Organizador*][159], publicado em 1819. Saint-Simon pede que seus leitores imaginem dois cenários hipotéticos. Num deles, a França perde, num dia, trinta mil de seus principais cidadãos, entre eles o irmão do rei e vários aristocratas do mais alto nível, todos os principais funcionários da casa real, todos os ministros do governo, todos os conselheiros de Estado e, resumindo, praticamente todos os principais funcionários públicos, juntamente com as figuras mais importantes da Igreja Católica e dez mil dos mais ricos proprietários de terra. A França teria sofrido uma grande perda. Todavia, Saint-Simon argumenta que essa perda não resultaria numa "desgraça política" para o Estado, e que, embora muitos sofressem com a perda de tantas pessoas eminentes, as razões de seu sofrimento seriam puramente sentimentais.

Em outro cenário, a França perde apenas três mil – não trinta mil – cidadãos. Nesse cenário, porém, esses três mil incluem os principais cientistas, artistas e artesãos; de poetas, pintores e músicos a naturalistas, químicos, doutores e relojoeiros; e de agricultores, tanoeiros, fiadores de linho e fabricantes de máquinas a pedreiros, carpinteiros, fundidores e negociantes. Esses homens, sustenta Saint-Simon, são os produtores mais importantes do país, as pessoas mais úteis para seus concidadãos e aqueles que mais contribuem para a cultura e a prosperidade da França. Se esses três mil desaparecessem de um só golpe, ele sustenta, a França se tornaria instantaneamente um "corpo sem vida"[160].

Ao propor esses dois cenários hipotéticos, Saint-Simon traça uma comparação precisa entre aqueles que contribuem para o prestígio da nação e para o bem-estar de seus compatriotas e aqueles cuja existência é essencialmente parasitária dos esforços e contribuições dos outros, que, segundo sua avaliação, não são apenas imprestáveis, mas, certamente, prejudiciais à nação, porque eles consomem recursos que de outro modo poderiam ser direcionados para atividades úteis e porque eles manejam todo o poder que conseguem reunir para preservar um *status quo* imperfeito. A preponderância deste último grupo mostra que a "sociedade é um mundo que está de cabeça para baixo"[161]. A nação funciona baseada nos princípios de que os pobres devem deixar de atender diariamente às suas necessidades para que os ricos vivam no luxo; de que os homens mais culpados – aqueles que roubam seus concidadãos em grande escala – devem ser os responsáveis pela punição das pequenas infrações cometidas pelos de posição social inferior à deles; e de que os ignorantes e indolentes devem governar aqueles que são capazes e diligentes.

212 · BREVE HISTÓRIA DA JUSTIÇA

Uma das linhas divisórias na crítica de Saint-Simon é a que existe entre ricos e pobres, e fica claro que ele é terminantemente contrário à acumulação de riqueza dos primeiros à custa dos últimos, o que, segundo ele, nada mais é que um roubo. Porém, a principal divisória que ele traça é entre os que contribuem e são úteis socialmente e os que consomem sem contribuir, os quais, no melhor dos casos, são inúteis e, como regra, perniciosos. Ele ataca os ricos não porque são ricos, mas porque são parasitas que não contribuem em nada para o bem comum ou para o bem de seus compatriotas; e ele alinha-se com os talentosos e os pobres porque eles não conseguem colher as recompensas que merecem por conta das contribuições que fazem. As ideias de Saint-Simon a respeito de uma ordem social legítima e justa se fundamentam no princípio do merecimento, segundo o qual o que as pessoas merecem receber está baseado naquilo que elas dão de contribuição à sociedade.

O princípio de justiça de Saint-Simon (se é que podemos lhe dar esse nome, uma vez que ele escreveu como um polemista e reformador, em vez de fazê-lo como um filósofo metódico) tem um sentido próximo do tema fundamental da teoria do direito privado de Kant. Lembrem-se de que esse tema é a ideia de que relações justas entre pessoas são relações de reciprocidade equilibrada. A reciprocidade equilibrada significa, aproximadamente, que a justiça se realiza quando alguém recebe o equivalente em valor daquilo que deu (ou quando dá o equivalente em valor daquilo que recebeu). A versão saint-simoniana desse princípio é muito mais prosaica do que a de Kant. Para este, o ponto de referência relevante para determinar se as relações entre as pessoas atendem ao critério de reciprocidade equilibrada é o *Homo noumenon*, não o *Homo phaenomenon* – ou seja, a pessoa como o agente presumido de uma vontade completamente livre, e não alguém

A IDEIA DE JUSTIÇA SOCIAL · 213

sobrecarregado com o peso de inclinações, emoções, competências e outros atributos empíricos particulares. Saint-Simon não tinha muita paciência com esses conceitos metafísicos. Para ele, as pessoas – pessoas comuns, de carne e osso – merecem colher o que (realmente) plantam. E o que (ou o quanto) elas colhem tem que ver com o quanto elas realmente contribuem e com quão úteis são suas atividades e produtos.

Assim como Marx o fará duas gerações mais tarde[162], Saint-Simon considerava o princípio do merecimento um princípio socialista. Ele acreditava que a melhor maneira de garantir que as recompensas recebidas pelas pessoas fossem proporcionais às contribuições que elas dão à sociedade é fazendo que o produto social (*grosso modo*, a riqueza gerada pelo esforço conjunto de todos os membros da sociedade) fosse distribuído por autoridades imparciais, as quais também ficariam com a responsabilidade final de direcionar os esforços produtivos do conjunto dos cidadãos. Resumindo, Saint-Simon foi um profeta precoce da tecnocracia. Contudo, o princípio do merecimento não era defendido exclusivamente por socialistas e tecnocratas. Muitas pessoas acreditavam, de fato, que a demanda de mercado mede com precisão o merecimento, ao menos desde que os mercados possam ser aperfeiçoados. E o entusiasmo com a perfectibilidade (e as supostas capacidades autossustentáveis) dos sistemas de mercado conquistou uma – e permaneceu numa – posição de respeito no século XIX entre um amplo e influente grupo de intelectuais e reformadores. Socialistas e tecnocratas como Saint-Simon estavam unidos aos defensores do livre mercado e do *laissez-faire* na oposição ao – e, em muitos casos, no desprezo pelo – regime de privilégios e proteções especiais para poucos que ficou sendo conhecido como o *Ancien Régime* (por meio da associação à ordem política e social hierárquica que predominara na França até a época da

214 · BREVE HISTÓRIA DA JUSTIÇA

Revolução). Além do mais, o suporte à ideia de que a justiça social é alcançada quando as contribuições são retribuídas de acordo com o princípio do merecimento unia muitos daqueles que se alinhavam a uma dessas posições. Não obstante, esses campos seguiam caminhos diversos quando se tratava de questões relacionadas ao modo pelo qual a noção de "contribuição" deveria ser concebida e, *a fortiori*, dos instrumentos institucionais para alcançar a justiça social.

Lembrem-se de que Saint-Simon incluiu poetas, pintores e músicos entre aqueles que mais contribuíam para as conquistas da França e para o bem-estar de seus cidadãos. Era evidente que, em sua época, poetas, pintores e músicos não conseguiam receber uma remuneração substancial oferecendo seus serviços e produtos no mercado livre. Esses artistas geralmente dependiam da boa vontade de patrocinadores abastados para sua sobrevivência econômica, e mesmo alguns dos mais renomados e artisticamente bem-sucedidos entre eles passavam grande parte da vida na pobreza. Para Saint-Simon, o fato de que os artistas, e outros de sua classe, sejam mal remunerados por um sistema no qual a compensação é distribuída por meio de mercados livres é uma prova das falhas desse sistema de distribuição, não o sinal de que os artistas deixem de contribuir ou que lhes falte merecimento. A solução, para ele, era adotar um sistema de distribuição de recompensas proporcional ao merecimento que se afastasse dos princípios de livre mercado. Não é preciso dizer que os defensores dos sistemas de livre mercado e do *laissez-faire* viam as coisas de modo diferente.

Apesar de ser, sob muitos aspectos, um pensador excêntrico, pode-se afirmar que Herbert Spencer ofereceu a explicação mais lúcida de uma linha de raciocínio que a maioria dos defensores do princípio do merecimento tal como determinado pela instituição do livre mercado só compreendeu vagamente. Spencer ar-

A IDEIA DE JUSTIÇA SOCIAL · 215

gumentava que a ideia de justiça contém dois elementos. Um é o elemento da igualdade. Se cada um perseguisse seus objetivos sem dar atenção aos direitos dos outros, o resultado seria um eterno conflito. A consciência desse fato faz que as pessoas percebam que precisam estabelecer limites à liberdade de ação de cada um; a experiência sugere que esses limites devem ser os mesmos para todos. Um princípio de justiça, então, é a ideia de que cada um tem o direito à liberdade de ação dentro de uma esfera que é limitada pelas esferas idênticas às quais todos os outros têm direito[163].

Além desse elemento de igualdade, Spencer sustenta que a ideia de justiça contém um segundo e mais primordial elemento: o da desigualdade. Esse elemento pode ser expresso na declaração de que "cada um receberá os benefícios e os infortúnios conforme sua própria natureza e consequente comportamento"[164]. Essa declaração é uma versão do princípio do merecimento. Uma vez que os seres humanos diferem entre si quanto à natureza (suas capacidades e inclinações) e ao comportamento, a decorrência desse princípio é que indivíduos diferentes receberão benefícios e infortúnios desiguais e experimentarão consequências desiguais. Se esse princípio de justiça fosse efetivo, então aqueles que contribuem bastante para a sociedade receberiam bastante de volta. Aqueles que contribuem só um pouco receberiam só um pouco, e aqueles que causam dano receberiam dano como pagamento.

Para Spencer, a verdadeira concepção de justiça contém esses dois elementos equilibrados entre si. Uma sociedade é justa se (1) seus membros são iguais na medida em que cada um tenha a liberdade assegurada dentro de uma esfera de ação limitada pelas esferas semelhantes dos outros; e (2) as consequências favoráveis e prejudiciais que fluem para seus membros são equivalentes em valor às consequências favoráveis e/ou prejudiciais causadas por eles.

216 · BREVE HISTÓRIA DA JUSTIÇA

Spencer acreditava que esse resultado equilibrado e recíproco é mais bem alcançado numa sociedade em que cada pessoa gozar de ampla liberdade para se envolver em transações com qualquer outra pessoa – ou se recusar a fazê-lo –, com poucas restrições além daquelas impostas pelas partes envolvidas. Em outras palavras, ele acreditava que a justiça, tal como definida pelo princípio do merecimento, é mais bem alcançada numa sociedade de mercado.

Embora Spencer tivesse uma opinião bastante radical quanto ao conjunto de liberdades que os indivíduos deveriam usufruir numa sociedade de mercado, suas ideias acerca do alcance adequado da liberdade individual não eram excepcionais para sua época. Na verdade, os entusiastas da sociedade de mercado que viviam no século XIX apropriaram-se da concepção do modelo de liberdade natural de Adam Smith – que ele imaginara como um método para organizar as forças produtivas – e o transformaram num modelo para o conjunto das relações sociais. Muitas das ideias típicas do século brotaram dessa ampliação. A ideia de liberdade de contrato é um excelente exemplo. Essa ideia – que, pode-se dizer, teve seu apogeu como questão prática na década de 1860[165] (embora continuasse a ter tremendas consequências legais durante grande parte do século XX) – baseia-se no repúdio a restrições à liberdade das partes privadas de celebrar acordos compulsórios entre si, quaisquer que sejam os motivos dessas restrições. O fato de as partes privadas serem em geral imensamente desiguais entre si quanto ao poder de barganha ou ao controle de informação – como acontecia frequentemente com os proprietários das fábricas e os trabalhadores manuais – não impediu que os defensores da liberdade de contrato defendessem que esse tipo de remoção de restrições à liberdade dos indivíduos levaria a uma justa distribuição de recompensas por contribuições baseada no princípio do merecimento.

A IDEIA DE JUSTIÇA SOCIAL · **217**

No núcleo ideológico dessa nova concepção estava a ideia de que as relações sociais deveriam ser o resultado das vontades de indivíduos privados, em vez de serem compelidas por regras e convenções que podem ser contrárias aos desejos desses indivíduos. Como Marx, os defensores da sociedade de mercado queriam se livrar das restrições das "forças externas". Porém, enquanto Marx acreditava que essas forças só podem ser superadas numa sociedade que seja governada pela vontade coletiva de seus membros (e ele supunha que essa vontade coletiva surgiria numa sociedade pós-capitalista), os defensores da sociedade de mercado sustentavam que elas só podem ser derrotadas quando os indivíduos são livres para agir de acordo com suas vontades particulares, com praticamente nenhuma restrição exceto aquelas impostas pela necessidade de conceder a todos os outros indivíduos liberdade suficiente para fazer o mesmo. Para esses pensadores, o ideal é que os indivíduos só sejam incomodados com as obrigações que eles consentiram em assumir por meio de acordos voluntários.

É claro que nem os mais entusiastas apoiadores da sociedade de mercado estenderam esse ideal para todo tipo de relação social, sem exceção. Praticamente todos os defensores da sociedade de mercado aceitavam que algumas áreas da vida humana deviam ser dispensadas de seguir o padrão das relações sociais extremamente individualistas que eles consideravam ser a característica definidora de uma sociedade justa. O próprio Spencer fez uma distinção clara entre a esfera do Estado e a esfera da família[166]. No Estado, as relações sociais deveriam se basear em acordos voluntários entre indivíduos livres. A ideia de uma justiça baseada no princípio do merecimento aplica-se a essa esfera, e somente a ela. A família, contudo, deveria ser regulada por normas diferentes, que assegurassem a importância da sensibilidade às necessidades individuais. Do ponto de vista de Spencer, a ética da

218 · BREVE HISTÓRIA DA JUSTIÇA

família acarreta um tratamento desigual de seus membros com a finalidade de lutar por resultados iguais, enquanto a ética da sociedade ou do Estado mais abrangente acarreta um tratamento igual que leva inevitavelmente a resultados desiguais por causa das desigualdades de merecimento.

No entanto, o principal interesse de Spencer – como o de quase todos os outros defensores da sociedade de mercado – eram as relações sociais fora da família. Como muitos outros pensadores notáveis de sua época, ele acreditava estar vivendo num tempo em que o fundamento moral da sociedade havia passado por uma transformação positiva. Na visão de todos esses pensadores, no passado as relações sociais tinham sido dominadas por convenções que eram transmitidas de geração a geração. Baseados na convenção, os critérios que moldaram essas relações eram refratários a alterações intencionais, geralmente sendo passíveis de mudança apenas por meio de processos intergeracionais graduais e habitualmente imperceptíveis. Para Spencer, e para muitos de seus contemporâneos, era como se esse domínio pesado do passado sobre o presente tivesse sido derrotado em sua própria época. Eles acreditavam que, no futuro, as relações sociais seriam moldadas principalmente por acordos entre indivíduos privados conforme suas vontades. Parecia que o fundamento das relações sociais havia sofrido uma mudança significativa – e, talvez, permanente – da posição social para o contrato[167].

Então, o princípio do merecimento podia ser entendido tanto como um princípio socialista, que vira realidade quando autoridades competentes e imparciais distribuem recompensas segundo uma concepção de merecimento definida coletivamente, quanto como um princípio liberal, que vira realidade quando os indivíduos têm a maior liberdade possível de realizar transações com outras pessoas e colher a retribuição que elas, consideradas indi-

A IDEIA DE JUSTIÇA SOCIAL · 219

vidualmente, estão dispostas a conceder. Interpretado de uma ou de outra forma, parece que o princípio do merecimento – apesar das afinidades com conceitos que haviam sido enunciados anteriormente por Aristóteles, Kant e outros – representou um rompimento radical com as práticas do *Ancien Régime* e, na verdade, com práticas que haviam prevalecido em todas, ou praticamente todas, as sociedades conhecidas do passado.

III

A principal alternativa ao princípio do merecimento para o título de critério ideal de justiça social no século XIX foi o princípio de necessidade. O preceito que se tornaria famoso durante esse século, "De cada um segundo sua capacidade, a cada um segundo sua necessidade", é creditado ao pensador e ativista do século XIX Louis Blanc, embora se tenha insinuado que a ideia central por trás desse preceito pode ser encontrada no mínimo em meados do século XVIII[168]. Seja como for, a ideia de que a riqueza devia ser distribuída com base na necessidade começara a circular por volta da década de 1790. Em meados dessa década, François-Noël Babeuf (que adotou o pseudônimo de "Gracchus" Babeuf, inspirado no nome de uma linhagem familiar de *gens Sempronia* da antiga república romana – uma linhagem que o reformador social Tibério Graco e de seu irmão Gaio tornaram famosa) ajudou a fundar uma associação política depois que a Constituição do Ano III (1795) revogou os princípios democráticos radicais de uma fase anterior do período revolucionário. Um dos principais objetivos da sociedade era buscar igualdade econômica e política para todos os cidadãos da França. Na primavera de 1796, a associação soltou um manifesto exigindo, entre outras medidas, uma "República de Iguais" que aboliria a propriedade privada da terra e estabeleceria um sistema educacional que desse acesso ao mesmo

220 · BREVE HISTÓRIA DA JUSTIÇA

tipo de educação para todos. Detido e julgado por conspirar para derrubar o governo em 1797, Babeuf pronunciou um longo e memorável discurso em sua defesa, antes de ser condenado e levado, em seguida, à execução. Suas ideias não eram originais. Ideias igualitárias, e mesmo comunistas, estavam muito em voga na França na década de 1790 e, em alguns casos, mesmo antes. Sua eloquência e seu martírio, porém, deram origem a uma lenda que desempenhou um papel importante no desenvolvimento de uma ideia de justiça baseada na necessidade.

Por volta da época em que Babeuf foi executado, o filósofo alemão Johann Gottlieb Fichte – um dos mais eminentes seguidores de Kant – chegou a conclusões similares às de Babeuf e, além disso, eram baseadas em argumentos filosóficos mais rigorosos. Usando a ideia do contrato original de um modo bastante semelhante ao de Kant, Fichte sustentava que cada um que vive num Estado tem o direito à garantia do Estado de que ele será capaz de ganhar a vida com o seu trabalho. Se o Estado não honrar sua promessa, então o súdito "não recebeu o que é plenamente seu" e "o contrato está inteiramente cancelado no que diz respeito a ele"[169]. Fichte reafirmou e, pode-se dizer, fortaleceu esse ponto de vista num texto posterior, afirmando que um Estado "racional" garantiria que os bens fossem distribuídos a todos os cidadãos, com o objetivo de permitir a cada um deles ter uma vida agradável, e que cada cidadão recebesse, "por direito", uma cota adequada de bens[170].

O princípio de necessidade extraiu sua força de várias ideias que haviam sido desenvolvidas durante o século XVIII. Como vimos, Thomas Hobbes, David Hume e Adam Smith tinham argumentado que quase todos os seres humanos têm mais ou menos as mesmas capacidades, resultando as diferenças de destreza e habilidade existentes entre eles quase que inteiramente da edu-

A IDEIA DE JUSTIÇA SOCIAL · 221

cação e da socialização, e não de talentos inatos. Nem Hobbes nem Hume acreditavam que, por uma questão de justiça, essa igualdade de talentos devesse acarretar que todas as pessoas desfrutassem de bens materiais iguais ou tivessem o direito de que suas necessidades fossem atendidas de maneira idêntica; e Smith, que parece ter ficado mais incomodado com as enormes desigualdades do que qualquer um desses pensadores mais antigos, não acreditava que a igualdade de bens ou de satisfação das necessidades pudesse ser conciliada com o sistema de liberdade natural, que ele prezava. Entretanto, para muitos pensadores do século XIX, a ligação entre igualdade de talentos e igualdade de satisfação de necessidades parecia óbvia. Se em geral nenhuma pessoa é, por natureza, mais capaz do que outra, por que alguns deveriam receber uma cota maior dos benefícios da sociedade do que outros? De acordo com essa linha de raciocínio, o princípio de necessidade tem sido às vezes considerado compatível com o princípio do merecimento, em vez de ser uma alternativa contrária a esse princípio.

Existe uma linha alternativa de raciocínio que recorre à premissa de que todos os seres humanos têm rigorosamente o mesmo valor, independentemente de quão iguais ou desiguais suas capacidades e talentos naturais possam ser. Vimos que essa premissa é fundamental para a teoria da justiça de Kant. Na verdade, a ideia de justiça como satisfação igual de necessidades guarda uma relação próxima com a – e, em alguns aspectos, é uma descendente direta da – teoria do direito público de Kant. O principal elemento dessa teoria é a ideia do contrato original, que menciona que, se certa lei não recebeu o consentimento de toda a população num contrato original, então ela é injusta. Embora Kant se opusesse veementemente à opinião de que a justiça exige igualdade de posses (em larga medida como reação a um bando

222 · BREVE HISTÓRIA DA JUSTIÇA

de ideias radicais que haviam influenciado bastante grande parte da Europa logo após a Revolução Francesa), ele também era um veemente defensor da ideia de que o Estado que permite que alguns de seus membros sejam privados dos recursos necessários para atender a suas necessidades é, quanto a isso, injusto, já que os termos sobre os quais tal Estado foi fundado não poderiam ter sido objeto de um consentimento universal em um contrato original. Com o passar do tempo, a premissa kantiana de igual valor alcançou uma posição mais destacada na constelação de ideias a respeito da justiça social do que o postulado de Hume e Smith da igualdade de talentos.

Karl Marx, que era um leitor atento de Smith e, como vimos, tomou emprestadas de seu antecessor algumas de suas ideias mais importantes, rejeitava a própria ideia de justiça como uma noção potencialmente construtiva, mantendo essa posição ao longo de toda a vida, de seu primeiro ensaio publicado, "On the Jewish Question" [Sobre a questão judaica] (1843), à "Critique of the Gotha Program" [Crítica ao programa de Gotha] (1875). Portanto, pode parecer enganoso retratá-lo como defensor da ideia de justiça social baseada no princípio de necessidade. Não obstante, é importante examinar a partir de qual fundamento Marx rejeitou a ideia de justiça. Marx associava, coerentemente, a justiça com a ideia de direitos, e associava a ideia de direitos à (o que ele chamava de) sociedade burguesa, isto é, a um modelo de sociedade cujos membros se consideram separados e independentes entre si, como "mônadas isoladas"[171], em vez de membros mutuamente interdependentes de um todo. Ele associava intimamente o conceito de direitos à propriedade privada[172], sustentando que, por natureza, os direitos estão destinados a servir de baluartes da desigualdade[173]. Marx não defendia a justiça social se ela tivesse de ser alcançada do modo como Fichte imaginou, isto é, por meio

A IDEIA DE JUSTIÇA SOCIAL · 223

de direitos impostos pelo Estado. Marx considerava que o próprio Estado fazia parte do grande problema social que, segundo sua expectativa, seria resolvido por meio de uma transformação revolucionária da sociedade.

Apesar disso, Marx era um ferrenho defensor do preceito apresentado anteriormente: "De cada um segundo sua capacidade, a cada um segundo sua necessidade."[174] Numa carta programática bastante conhecida que ele escreveu em 1875, Marx examinou e rejeitou o princípio do merecimento como base para uma distribuição ideal de bens. Considerando a transição, que ele esperava que acontecesse, de uma sociedade capitalista para uma sociedade comunista, ele afirma:

> Do que se trata aqui não é de uma sociedade comunista que se *desenvolveu* sobre sua própria base, mas de uma que acaba de *sair* precisamente da sociedade capitalista e, portanto, apresenta ainda em todos os seus aspectos, no econômico, no moral e no intelectual, o selo da velha sociedade de cujas entranhas procede. Congruentemente com isso, nela o produtor individual obtém da sociedade – depois de feitas as devidas deduções precisamente aquilo que deu. [...] A mesma quantidade de trabalho que deu à sociedade sob uma forma, recebe-a desta sob outra forma diferente*.[175]

Marx julgava que o princípio do merecimento (ou princípio de contribuição) era um princípio socialista, e considerava que o socialismo era uma etapa necessária no caminho que levava ao surgimento do comunismo. Porém, para ele o socialismo é *somente* uma etapa do caminho para uma sociedade ideal, e o

---

* MARX, Karl. *Carta de Marx a W. Bracke*. Disponível em: <http://www.histedbr. fe.unicamp.br/acer_fontes/acer_marx/tme_05.pdf>. Acesso em: 23 set. 2014. (N. do T.)

224 · BREVE HISTÓRIA DA JUSTIÇA

princípio distributivo sobre o qual ele se baseia é, consequentemente, imperfeito:

> Mas alguns indivíduos são superiores, física e intelectualmente, a outros e, pois, no mesmo tempo, prestam trabalho, ou podem trabalhar mais tempo [...] [o princípio de contribuição] reconhece, tacitamente, como outros tantos privilégios naturais, as desiguais aptidões dos indivíduos, por conseguinte, a desigual capacidade de rendimento. *No fundo é, portanto, como todo direito, o direito da desigualdade*.[176]

A alternativa de Marx ao princípio de contribuição é o princípio de necessidade: "De cada um segundo sua capacidade...". É verdade que ele não considerava que esse preceito fosse um princípio de *justiça* social, porque ele não endossava a ideia de que o resultado que o preceito determina deve ser alcançado por intermédio de direitos impostos pelo Estado. Ao contrário, ele acreditava que, numa sociedade suficientemente humanitária, os seres humanos tratariam uns aos outros segundo o princípio de necessidade, sem serem obrigados a fazê-lo por meio de um Estado coercitivo. No entanto, a despeito da distância que procurou colocar entre ele próprio e o discurso a respeito da justiça, Marx foi (em nossos termos, não nos dele) o mais influente defensor, no século XIX, da ideia de justiça social baseada no princípio de necessidade.

Nunca é demais enfatizar que o preceito "De cada um segundo sua capacidade, a cada um segundo sua necessidade" tem duas partes, como também acontece com o princípio do merecimento. Este último diz, essencialmente, que os benefícios de que as pessoas usufruem (ou os prejuízos que elas sofrem) devem ser equivalentes em valor às contribuições que elas fazem (ou aos prejuízos

---

* MARX, Karl. *Carta de Marx a W. Bracke*. Disponível em: <http://www.histedbr.fe.unicamp.br/acer_fontes/acer_marx/tme_05.pdf>. Acesso em: 23 set. 2014. (N. do T.)

que elas causam). O princípio de necessidade (tal como o chamei para economizar palavras) também propõe uma prescrição para as contribuições que as pessoas devem fazer, bem como para os benefícios que elas devem receber. No entanto, o princípio de necessidade rompe a ligação entre contribuições e benefícios que é sustentada pelo princípio do merecimento.

Seria possível elaborar uma linha de raciocínio que ligue o princípio de necessidade ao conceito de reciprocidade. Como vimos, a ideia de justiça como satisfação igual de necessidades pode ser considerada uma descendente da teoria do direito público de Kant. Para ele, a ideia do contrato original – um acordo hipotético no qual os membros de um Estado assumem obrigações para com seus concidadãos em troca da garantia de que seus próprios direitos e necessidades serão atendidos – é o princípio que está por trás de todos os direitos públicos. É razoável, portanto, ao menos *prima facie*, pensar que o princípio de necessidade é o resultado de uma relação de reciprocidade entre os membros de uma sociedade.

No entanto, é importante ter em mente que, como o acordo que faz parte dessa linha de raciocínio é hipotético, seus termos estão sujeitos a uma ampla variedade de interpretações. Quando se considera um contrato hipotético que duas ou mais pessoas fariam ou poderiam ter feito entre si, os termos que imaginamos que elas teriam acordado dependerão muito de um conjunto de hipóteses que não estão contidas na ideia do próprio acordo. Quando a reciprocidade é hipotética, suas consequências são incertas. Se existe uma ligação entre o conceito de reciprocidade e o princípio de necessidade, essa ligação é tênue.

É mais plausível pensar no princípio de necessidade como um princípio teleológico do que como um princípio baseado na reciprocidade. A parte que faz referência à contribuição – "De cada

226 · BREVE HISTÓRIA DA JUSTIÇA

um segundo sua capacidade" – está especificada independentemente da parte que trata do benefício – "a cada um segundo sua necessidade". Cada uma das partes do princípio sugere seu próprio *télos* (parcial), e, embora seja óbvio que não pode haver benefícios sem contribuições, cada parte do princípio de necessidade pode ser alterada sem afetar o princípio que sustenta a outra parte. (Por exemplo, poderíamos propor o princípio "De cada um segundo sua capacidade, a cada um segundo seu poder de barganha".) Nesse sentido estrutural, o princípio de necessidade – como um princípio de justiça social – se parece mais a uma concepção de justiça platônica ou utilitarista do que a qualquer das ideias de justiça baseadas no conceito de reciprocidade que dominaram a maior parte das reflexões acerca da justiça, dos antigos babilônios, passando por Aristóteles e continuando depois dele.

IV

Os dois principais princípios de justiça social que ganharam destaque no século XIX – o princípio do merecimento e o princípio de necessidade – estão em total desacordo um com o outro. Mesmo que a afirmação de que quase todos os seres humanos têm aproximadamente as mesmas capacidades estivesse correta, não é verdade que quase todos deem aproximadamente as mesmas contribuições a seus concidadãos. Além disso, as necessidades são distribuídas de maneira desigual entre as pessoas. É evidente que aqueles que mais contribuem para o produto social da sociedade não são, em geral, aqueles cujas necessidades são maiores. Se o princípio do merecimento for interpretado da forma que seus defensores do século XIX pretendiam, ele acarretará uma distribuição idealmente justa de direitos e privilégios, de deveres e sofrimentos – uma distribuição que seria totalmente incompatível com a distribuição acarretada pelo princípio de necessidade. Além do mais, embora o princípio do merecimento esteja baseado inteiramente no conceito de reciprocidade, o princípio de necessidade obviamente não está.

A diferença entre esses dois princípios de justiça social está no centro do grande conflito social que rompeu a calma aparente estabelecida na Europa na esteira das guerras napoleônicas. Independentemente de ser interpretado à moda socialista ou liberal, o princípio do merecimento favorece a ascendente classe média de empreendedores que foi liberada com o colapso do *Ancien Régime*. Muitas dessas pessoas compartilhavam a intuição de Saint-Simon de que um mundo cujos benefícios cabem sobretudo a uma classe de pessoas que conserva sua posição social por meio de privilégios herdados e ciosamente conservados é "um mundo que está de cabeça para baixo". Parecia evidente, para esses pensadores, que aqueles que mais contribuem para o produto social devem receber a parcela maior desse produto, e que qualquer outro princípio distributivista representa, decerto, um obstáculo ao progresso.

O princípio de necessidade, por outro lado, favorece os membros menos dotados da sociedade, aqueles cuja falta de talento – ou (mais frequentemente) falta de oportunidade para cultivar seus talentos ou, ainda, falta de poder de barganha para colher plenamente os benefícios de seus talentos, mesmo quando cultivaram esses talentos e os transformaram em habilidades produtivas – os deixa bem atrás de seus concidadãos mais prósperos. Embora os dois princípios sejam antitéticos ao regime de privilégio hereditário típico do *Ancien Régime*, eles também são antitéticos entre si.

É possível levantar objeções significativas a cada um desses princípios. Como critério de justiça social, o princípio do merecimento baseado na contribuição enfrenta várias dificuldades.

Primeiramente, no contexto do tipo de sociedade mercantil dentro do qual e para o qual ele foi concebido, as consequências

228 · BREVE HISTÓRIA DA JUSTIÇA

do princípio do merecimento são um pouco obscuras. Uma das principais características de uma sociedade mercantil é sua complexa divisão do trabalho, que, do ponto de vista perspicaz de Adam Smith, é, de longe, a mais importante fonte de produtividade de tais sociedades. Se a própria divisão do trabalho é a fonte de quase todos os bens que uma sociedade produz – no sentido de que essa invenção coletiva involuntária é responsável por extrair diversos talentos produtivos de indivíduos que, de outro modo, permaneceriam latentes, e por combinar os esforços desses indivíduos, direcionando-os para aquilo que é, de fato, um mecanismo extremamente produtivo –, então a riqueza dessa sociedade é por natureza um produto social, e não uma simples reunião dos produtos de uma massa de produtores independentes. Porém, se a riqueza da sociedade é um produto social nesse sentido, não é evidente que a partilha justa desse produto seja aquela prescrita pelo princípio do merecimento individual. As capacidades e os desempenhos produtivos das pessoas são o que são unicamente por causa das capacidades e desempenhos complementares e de suporte dos outros. Sem esses outros, os talentos e os esforços de qualquer indivíduo seriam um fracasso.

Uma segunda dificuldade correlata é que o princípio do merecimento sofre de uma espécie de circularidade. Essa objeção pode ser ilustrada por uma analogia entre o merecimento no contexto da justiça social e o merecimento no contexto dos jogos.

Um atacante de futebol altamente produtivo em geral contribui mais para as probabilidades de sucesso do time do que um jogador médio. Por essa razão, é provável que cheguemos à conclusão de que o jogador produtivo merece ser mais aplaudido (e talvez mereça uma porção maior das outras recompensas) do que o jogador médio. Entretanto, as contribuições do atacante contam como contribuições apenas à luz do objetivo estipulado do jogo (vencer) e das regras e condições que determinam as formas pelas quais esses objetivos podem ser perseguidos (marcando mais gols do que o adversário, de acordo com um conjunto complexo de regras). Se adotássemos uma interpretação diferente do objetivo do jogo (poderíamos imaginar, por exemplo, que o principal objetivo de um jogo social seja estimular a civilidade entre os membros das duas equipes), então chegaríamos a uma visão diferente do que conta como contribuição e, consequentemente, da base a partir da qual o aplauso é merecido. E, se as regras ou outras condições do jogo viessem a mudar consideravelmente, então as capacidades e habilidades que trazem sucesso e reconhecimento no futebol (tal como o conhecemos) para o atacante fora de série dariam lugar a outro conjunto de capacidades e habilidades, mais bem adaptadas à nova configuração do jogo. Avaliações de merecimento nos jogos só são factíveis dentro de uma estrutura definida por esses parâmetros.

Os mesmos argumentos são válidos para as noções de contribuição e merecimento no contexto da justiça social. Uma atividade só conta como contribuição à luz de um objetivo estipulado ou de um conjunto de objetivos, sejam eles definidos coletiva ou separadamente pelos membros individuais da sociedade. E os conjuntos específicos de capacidades e habilidades que permitem que os indivíduos contribuam dependem das regras e condições que moldam a atividade social daquela sociedade. Embora às vezes se afirme que o merecimento é uma noção natural (ou "pré--política") – querendo com isso dizer que conferimos merecimento às pessoas independentemente de regras específicas ou dos ambientes institucionais[177] –, essa afirmação não é convincente com relação ao tipo de merecimento que é conquistado, ou adquirido de outro modo, por meio de ações cujos significados são moldados por convenções ou por instituições sociais. A maioria

230 · BREVE HISTÓRIA DA JUSTIÇA

das reivindicações de merecimento que são relevantes para a justiça social são desse tipo.

Apelar a critérios ideais para avaliar as instituições e as organizações sociais do conjunto da sociedade é parte integrante da ideia de justiça social. No entanto, o princípio do merecimento apela a critérios que dependem dos objetivos, das instituições e das organizações sociais da própria sociedade na qual esses padrões devem ser aplicados. Sociedades diferentes valorizam objetivos diferentes, sejam eles definidos coletiva ou individualmente por cada membro. Por exemplo, alguns se interessam mais pela fama, enquanto outros estão mais interessados no luxo, e esses dois objetivos estão longe de esgotar o universo de alternativas disponíveis. Mesmo quando sociedades diferentes valorizam basicamente os mesmos objetivos, as condições dentro das quais elas perseguem esses objetivos variam de maneiras que afetam os conjuntos de capacidades e habilidades por meio das quais os indivíduos podem melhor contribuir. Por exemplo, os atributos que permitiram que os guerreiros merecessem o apoio de todos nas sociedades cuja segurança está sob constante ameaça são diferentes daqueles que permitiram que Albert Einstein alcançasse a condição de herói no século XX. O princípio do merecimento não pode servir como um critério independente, ideal e suficiente para avaliar a justiça das instituições e as práticas de uma sociedade porque o tipo de merecimento que ele invoca não é, na verdade, de modo algum independente dessas instituições.

Embora essas objeções pareçam decisivas na medida em que esse princípio é concebido como a base exclusiva de uma distribuição idealmente justa de direitos e privilégios, deveres e sofrimentos, elas não são determinantes para o próprio conceito de merecimento nem provam que o merecimento deva ser descartado como um elemento importante numa concepção razoável de justiça social. Algumas formas de merecimento são relativamente independentes tanto das complexas divisões do trabalho quanto das convenções sociais. Se duas pessoas são relativamente iguais e uma delas presta um grande e valioso serviço a outra, então é justo que o beneficiário devolva o favor se e quando ele estiver em condição de fazê-lo sem violar outras obrigações importantes. Nesse tipo de caso, existe o sentimento, relativamente independente de convenção, de que a primeira pessoa merece ser recompensada pelo serviço prestado. Portanto, embora seja incorreto dizer que o princípio do merecimento seja *o* princípio de justiça social, o conceito de merecimento conserva algum poder de persuasão, algo que uma concepção razoável de justiça social não deveria ignorar.

O princípio do merecimento também está sujeito a uma terceira dificuldade, que é extremamente séria: numa sociedade hipotética cujos benefícios e deveres sejam distribuídos estritamente de acordo com o princípio do merecimento, muitas pessoas colheriam pouco ou nenhum benefício porque um grande número delas só poderia dar uma pequena contribuição ou não poderia contribuir com nada. Muitas pessoas passariam por graves privações, e algumas delas morreriam prematuramente em consequência disso.

Essa conclusão não perturbou Malthus nem Spencer, dois dos mais destacados defensores do princípio do merecimento nos anos iniciais do século XIX e no final de sua segunda metade, respectivamente. Alguns podem argumentar que, embora essa conclusão demonstre que o princípio do merecimento pode ser *desumano*, ela não suscita, de modo algum, nenhuma questão de *justiça*. Porém, se todos os seres humanos possuem *algum* valor – ainda que nem todos possuam o mesmo valor – e se a concepção

232 · BREVE HISTÓRIA DA JUSTIÇA

de justiça pretende ser útil na avaliação das atividades humanas e das organizações sociais, essa conclusão do princípio do merecimento pode ser considerada uma poderosa objeção a ele.

Se o princípio do merecimento parece inadequado para servir de princípio fundamental da justiça social, o princípio de necessidade também está sujeito a importantes objeções.

Uma dificuldade do princípio de necessidade é que o conceito de necessidade não diz muita coisa. Embora as coisas de que as pessoas precisam para sobreviver sejam muito importantes – acesso a ar respirável e a água potável e uma alimentação adequada –, sua quantidade é extremamente pequena. As coisas de que necessitamos para ter uma vida longa e saudável são em maior quantidade. Por fim, o conjunto de coisas que uma pessoa requer para viver de maneira honrada é ainda maior, estando sujeito a uma grande variação entre as culturas. Adam Smith notou que, na Inglaterra de seu tempo, mesmo alguém do extrato mais baixo da sociedade seria incapaz de aparecer em público sem se envergonhar a menos que possuísse uma camisa de linho e sapatos de couro[178]. Não obstante, ainda que definamos a necessidade de uma forma relativamente generosa, de modo a incluir o acesso às coisas de que a pessoa precisa para ter uma vida digna e de respeito próprio, bastaria uma pequena parte do produto social das sociedades mais produtivas para atender a quase todas as necessidades de cada um. Assim compreendido, o princípio de necessidade só pode ser um princípio de justiça social parcial.

Por essa razão, precisamos recorrer a outro critério que complete o mero princípio de necessidade. O critério que está explícito nos textos de muitos defensores do princípio de necessidade, de Babeuf a Louis Blanc e Marx, além de outros, é a igualdade. A ideia é que, uma vez atendidas as necessidades de todos – no sentido esboçado anteriormente –, o restante do produto social deve

A IDEIA DE JUSTIÇA SOCIAL · 233

ser distribuído em partes iguais a cada um dos membros da sociedade (talvez na forma de bens privados, mas talvez em grande parte por meio do fornecimento de bens públicos acessíveis a todos, tais como parques e inúmeros outros confortos de uma vida social em comum).

Uma grande dificuldade do critério de igualdade é que a distribuição do produto social, em partes iguais, aos membros da sociedade (após as necessidades básicas terem sido atendidas) exigiria um enorme desprendimento por parte dos membros que mais contribuíram para esse produto. As pessoas geralmente entendem que suas relações com os outros são justas quando são, pelo menos, claramente recíprocas. É razoável que elas esperem colher a recompensa de seu trabalho. O princípio de necessidade, completado pelo critério de igualdade, lhes negaria essa recompensa. Isso porque esse princípio determina que o produto social deve ser distribuído sem levar em conta as contribuições que as pessoas fazem para a sociedade e para seus membros. Como o único princípio de justiça social, o princípio de necessidade – completado pelo critério de igualdade – privaria as pessoas do fruto de seu trabalho, romperia toda relação entre a contribuição que as pessoas fazem para o produto social comum e a parte desse produto que lhes advém como benefício, e expulsaria a ideia de reciprocidade da esfera de ação da justiça.

Ao expulsar a ideia de reciprocidade da esfera de ação da justiça, o princípio de necessidade, diferentemente do princípio do merecimento, também romperia qualquer relação entre justiça social e justiça corretiva. Lembrem-se da descrição que Spencer faz do princípio do merecimento: "Cada um receberá os benefícios e os infortúnios conforme sua própria natureza e consequente comportamento."[179] Essa afirmação insinua uma prescrição de justiça corretiva no interior de um princípio mais amplo de justi-

234 · BREVE HISTÓRIA DA JUSTIÇA

ça social. Se aqueles que contribuem para o produto social devem receber benefícios como recompensa por seu merecimento positivo, aqueles que impõem danos a seus concidadãos podem esperar receber dano como retribuição por seu merecimento negativo. De acordo com o princípio do merecimento, o princípio de justiça corretiva é um componente ou corolário do princípio mais amplo de justiça social.

O princípio de necessidade não inclui nenhum componente desse tipo. Muitos de seus defensores no longo século XIX – de Babeuf, logo antes da virada do século, a Marx, em meados do século, e a Kropotkin, cuja carreira como escritor estendeu-se até o início do século XX – consideravam o crime uma faceta de um modelo de vida social gravemente defeituoso, uma faceta que desapareceria, ou pelo menos diminuiria acentuadamente, quando esse modelo tivesse desaparecido. Parece que esses pensadores não consideraram importante fazer uma reflexão séria sobre a relação da justiça com o crime.

O princípio do merecimento estende o conceito de reciprocidade equilibrada – na qual cada benefício proporcionado aos outros acaba voltando para seu autor na forma de um benefício equivalente, e cada prejuízo causado aos outros é retribuído com um prejuízo equivalente – a todos os aspectos da justiça, indiscriminadamente. Contudo, o conceito de reciprocidade equilibrada não é capaz de suportar o peso imposto pela ideia de justiça social. Como uma colher de pedreiro, o conceito de reciprocidade equilibrada é uma ferramenta permanente que tem sido útil para refletir a respeito da justiça e, provavelmente, continuará sendo útil pelo tempo que imaginarmos. No entanto, para reconstruir a esfera da justiça como um todo, é preciso um equipamento mais pesado. O conceito de reciprocidade tem um papel vital a desempenhar na configuração de relações justas entre as pessoas; porém,

A IDEIA DE JUSTIÇA SOCIAL · 235

ao menos em sua forma simples, ele é impróprio para avaliar a esfera da justiça social como um todo. O princípio de necessidade prescinde totalmente do conceito de reciprocidade. Embora esse princípio contenha uma premissa fundamental para qualquer concepção de justiça – a premissa de que todo ser humano tem valor –, ele o faz solapando a justiça nas relações entre as pessoas.

Uma forma de responder às dificuldades evocadas por esses dois princípios seria abandonar totalmente a ideia de justiça social. Pode-se argumentar que o conceito de justiça é talhado para transações particulares entre pessoas, não podendo ser aplicado, de forma significativa, às instituições da sociedade e às organizações sociais em seu conjunto[180]. Ou pode-se argumentar que, embora possamos, de fato, avaliar a justiça ou a injustiça das instituições de uma sociedade e das organizações sociais, esse tipo de avaliação só faz sentido se for baseado em critérios que já sejam imanentes nessas organizações; de modo que a ideia de um critério ideal e independente de justiça social não faz sentido[181].

A primeira das respostas faria que abdicássemos de nossas responsabilidades de moldar nosso mundo social, quando a verdade é que nós o fazemos consciente e deliberadamente, ainda que por meio de idas e vindas, de tentativa e erro, e com fracassos e sucessos também. A segunda resposta, embora endosse a ideia de que somos responsáveis por moldar o mundo social que deixamos para o futuro, afirma que nossas restrições cognitivas são tão graves que só podemos fazê-lo dentro dos limites criadores do presente. Essa afirmação é desmentida pela história da criatividade e da iniciativa humanas.

Uma forma alternativa de responder a essas dificuldades seria concluir que pode ser um erro aplicar um único princípio de justiça a todos os temas. O surgimento da ideia de justiça social

236 · BREVE HISTÓRIA DA JUSTIÇA

no século XIX mudou dramaticamente o panorama da justiça. É razoável supor que, embora esse panorama não possa ser compreendido (ou remodelado) adequadamente com ferramentas que foram criadas para tarefas menos grandiosas, está ao alcance da capacidade humana criar novas ferramentas que nos auxiliem a enfrentar os desafios que foram descortinados a partir da nova perspectiva da justiça social. Para adotar novas ferramentas para novas tarefas, não é preciso permitir que aquelas que durante muito tempo pareceram adequadas para propósitos mais modestos caiam em desuso.

Esta sugestão descreve, em rápidas pinceladas, a rota que o filósofo do século XX John Rawls tentou percorrer através da esfera recém-descoberta da justiça social. Repassemos agora alguns dos principais caminhos trilhados por ele e façamos um balanço do destino que ele alcançou.

CAPÍTULO 8

A TEORIA DA JUSTIÇA COMO EQUIDADE

I

Em meados do século XX, John Rawls iniciou um processo de reflexão sobre uma série de questões que logo o levaram a formular as ideias básicas de uma nova teoria da justiça social. Dedicando-se ininterruptamente a essa tarefa ao longo das décadas de 1950 e 1960, seus esforços foram coroados com a publicação, em 1971, de *A Theory of Justice* [*Uma teoria da justiça*]. Essa obra longa, que expõe seus argumentos de forma elaborada – e cujos fragmentos Rawls fizera circular entre estudiosos durante os anos que precederam sua conclusão –, teve um impacto imediato e significativo na filosofia política acadêmica, além de outras áreas, estimulando uma série muito mais ampla de questões e de pesquisas do que aquela gerada por qualquer outra teoria da justiça social no século XX. Rawls chamou sua teoria de "justiça como equidade". O desenvolvimento e a posterior elaboração dessa teoria ocuparam-no ao longo de toda a vida profissional, do primeiro ensaio publicado em 1951 aos últimos esforços em 2000, apenas dois anos antes de sua morte. Como seria de esperar, o pensamento de Rawls evoluiu ao longo dos quase cinquenta anos que ele dedicou a essa obra, com uma pausa particularmente significativa em sua concepção da teoria ocorrida na década de 1980.

238 · BREVE HISTÓRIA DA JUSTIÇA

No curto espaço de que disponho, deixarei de lado a maior parte desses acontecimentos, concentrando-me nas características principais que se mantiveram relativamente constantes nas diferentes explicações da teoria.

Embora Rawls estivesse a par da miríade de ideias a respeito de justiça social cujo foco eram os conceitos de merecimento e de necessidade, o principal alvo de sua crítica foi o utilitarismo, que, do seu ponto de vista, acabara dominando tão completamente o debate sobre as instituições e as políticas sociais que excluíra de uma reflexão séria qualquer forma alternativa de pensar a respeito delas. Rawls apresentou diversas acusações contra as teorias utilitaristas. Primeiramente, ele argumentou que o utilitarismo oferece uma proteção inadequada para a liberdade. Em determinadas circunstâncias, pode acontecer que a felicidade da maioria seja mais bem alcançada privando-se a minoria de sua liberdade. Se os ganhos agregados de felicidade para a maioria forem maiores do que a perda de felicidade experimentada pela minoria, então o princípio da maior felicidade justificaria a perda de liberdade da minoria. Para Rawls, essa possibilidade basta, por si só, para demonstrar a inadequação do princípio da maior felicidade.

O quanto esse cenário é provável é algo que merece ser discutido. Porém, é um cenário pelo menos plausível, e, ao rejeitar o utilitarismo, Rawls tinha em mente fatos históricos e teorias importantes. Do começo ao fim de sua vida adulta, Rawls teve plena consciência da profunda injustiça que os americanos de origem europeia haviam cometido ao escravizar os africanos e seus descendentes ao longo de várias gerações. Sempre que visitava a capital Washington fazia questão de passar pelo Memorial de Lincoln, como reconhecimento da perversidade dessa prática e da importância de sua abolição[182]. Para ele, qualquer ideia de justiça que proteja a liberdade de maneira inadequada é necessariamente imperfeita.

A TEORIA DA JUSTIÇA COMO EQUIDADE · 239

Rawls também sustentava que o utilitarismo baseia-se numa concepção monista do bem[183]. O que ele tinha em mente nesse caso era que, ao tratar a felicidade como a única medida suprema do bem-estar humano, a teoria utilitarista não consegue conferir o devido reconhecimento ao fato de que os seres humanos têm interesses variados e perseguem objetivos diferentes, dos quais a felicidade pode ser apenas um. Nesse aspecto, a visão de Rawls é uma referência direta à afirmação de Kant de que a liberdade humana, e não a felicidade, deveria estar no centro de nossas ideias a respeito da justiça. Para Rawls, é um fato importante – na verdade, fundamental – que os seres humanos adotem uma variedade de (aquilo que ele chamava) concepções do bem. Algumas pessoas podem acreditar que uma vida feliz é o melhor tipo de vida que o ser humano pode ter, e que, no final das contas, todos os outros propósitos ou objetivos da vida devem estar subordinados ao objetivo de alcançar a felicidade. Outras podem achar que uma vida íntegra, segundo alguma concepção particular do que seja essa virtude, é o melhor tipo possível de vida humana, mesmo que seja conquistada à custa da felicidade. Outras, ainda, podem defender ideias diferentes a respeito dos propósitos ou objetivos da vida humana. Rawls acreditava que o utilitarismo não leva em conta toda a variedade dos propósitos humanos (ou das concepções do bem), não conseguindo, em razão disso, conferir o devido reconhecimento à típica capacidade humana de formular e adotar livremente uma "pluralidade" (como Rawls e muitos outros autores recentes a denominaram) de concepções legítimas do bem.

Essa crítica do utilitarismo talvez não seja inteiramente justificada. O próprio Rawls parece reconhecer que ela talvez não se aplique a todas as formas da teoria utilitarista e, consequentemente, ele define que o objeto principal de sua crítica é a teoria utilitarista "clássica", com a qual ele acredita que Bentham, Mill e

240 · BREVE HISTÓRIA DA JUSTIÇA

Sidgwick concordavam. Contudo, é razoável questionar a afirmação de Rawls, mesmo considerando que ela se dirige apenas a esses teóricos. Como vimos, Bentham reconhecia, e tentava acomodar dentro do escopo da teoria utilitarista, o fato de que os seres humanos defendem valores "idiossincráticos"; John Stuart Mill fez o mesmo. Ao menos alguns dos autores utilitaristas podem ser menos vulneráveis a essa crítica do que Rawls acreditava.

De modo mais geral, Rawls estava insatisfeito com o utilitarismo porque esse corpo teórico não considera que as questões distributivas sejam as questões fundamentais que devam ser colocadas relativamente à justiça. De fato, falando de modo geral, o foco das teorias utilitaristas é o bem-estar humano coletivo, não a justiça. Quaisquer afirmações que essas teorias fazem a respeito da justiça geralmente derivam de, e subordinam-se a, afirmações acerca da utilidade coletiva. Rawls, por outro lado, sustentava que as questões relativas à justiça são as questões mais importantes que podemos colocar no que diz respeito às instituições sociais. Na página de abertura de *A Theory of Justice* ele declara que "a justiça é a principal virtude das instituições sociais [...] leis e instituições, independentemente de quão eficientes e bem ordenadas sejam elas, devem ser reformadas ou abolidas se forem injustas" (3/3). Os termos "eficientes" e "bem ordenadas" são uma alusão aos valores utilitaristas cuja primazia Rawls estava tentando questionar. Ele manifestava com frequência a diferença entre sua teoria e a principal rival, insistindo que, enquanto o conceito principal das teorias utilitaristas é o conceito do bem – do qual deve decorrer a ideia do direito –, na teoria da justiça como equidade o direito vem antes do bem (31/28)[184].

Tendo em vista que o utilitarismo tinha o *status* de alvo principal de sua crítica, é digno de nota que, em um de seus primeiros ensaios, "Two Concepts of Rules" [Dois conceitos de regras] (1955),

A TEORIA DA JUSTIÇA COMO EQUIDADE · 241

Rawls apresente uma defesa limitada do utilitarismo. Como vimos, uma objeção conhecida ao utilitarismo[185] é que os argumentos utilitaristas usados para justificar a punição de transgressores também poderiam ser utilizados para justificar a "punição" de pessoas inocentes se essa prática contribuísse para o bem da sociedade. Rawls afirma que essa crítica está mal colocada.

Embora nesse ensaio Rawls apresente uma defesa limitada do utilitarismo contra algumas críticas, seus principais objetivos, como o título sugere, são distinguir entre dois níveis de argumentação a respeito das regras e demonstrar que o fracasso em observar essa distinção contribuiu para confundir a argumentação moral. Ele defende que existe uma diferença crucial entre a justificativa de uma *prática* e a justificativa das *ações no interior* dessa prática – e, nesse caso, especificamente, entre justificar a prática da punição e justificar as ações no interior dessa prática. A prática da punição pode ser justificada (talvez) apelando-se ao princípio da maior felicidade. No entanto, as ações no interior dessa prática só podem ser justificadas apelando-se para as regras por meio das quais essa prática é constituída, não apelando-se diretamente ao princípio da maior felicidade. As regras por meio das quais a prática da punição é constituída são regras retributivas, não regras (diretamente) utilitaristas. Portanto, segundo o que Rawls diz nesse ensaio, o utilitarismo não é vulnerável à crítica de que ele pode justificar a punição de pessoas inocentes. Essa crítica mal colocada (ele argumenta) aplica de forma inadequada critérios utilitaristas, que deveriam ser aplicados à prática da punição, a atos específicos de punição, que deveriam ser julgados segundo critérios retributivos, não segundo critérios utilitaristas.

Embora a defesa que Rawls faz do utilitarismo contra essas críticas não seja totalmente convincente, o ensaio ainda guarda um grande interesse por dois motivos principais. Primeiro, ele re-

242 · BREVE HISTÓRIA DA JUSTIÇA

vela tendências importantes que se confirmarão em todos os textos de Ralws desse momento em diante. Rawls encarava o utilitarismo com a maior seriedade. Ele o considerava a principal teoria de sua época para avaliar as instituições e as políticas sociais, julgando-a, coerentemente, como a candidata mais séria a esse papel – com a exceção de sua própria teoria da justiça como equidade. Ele não tratava o retributivismo com o mesmo respeito. No ensaio, ele analisa o utilitarismo e o retributivismo como rivais *prima facie*. Rawls insinua – sem argumentar muito – que o retributivismo não pode justificar a prática da punição. Ele defende uma divisão de trabalho entre as visões utilitarista e retributivista: a argumentação utilitarista, insinua, fornece uma base a partir da qual seria possível justificar a prática da punição, enquanto a argumentação retributivista justifica ações no interior dessa prática. Segundo essa concepção da esfera de ação da argumentação, podemos pensar que o utilitarismo seria uma descrição do ponto de vista que o legislador deve seguir ao considerar se adota ou não as regras que constituem a prática da punição, enquanto o juiz encarregado de aplicar essas regras recorre ao ponto de vista retributivista. A decorrência disso é que "a visão utilitarista é mais fundamental"[186]. Mesmo dentro de seu domínio aparentemente "natural", então, Rawls descarta o retributivismo – uma visão de justiça relacionada ao delito que se baseia no conceito de reciprocidade – como uma visão derivada e secundária, uma visão que tem seu próprio lugar, mas somente em subordinação a (aquilo que ele acreditava ser) uma teoria mais abrangente e fundamental. Rawls nunca defendeu seriamente as hipóteses que levaram a essa recusa.

Um segundo ponto interessante no ensaio de Rawls é que ele é o exemplo de uma estratégia que utilizaria constantemente em toda a sua carreira. Ele não rejeita simplesmente o retributivismo.

Em vez disso, ele o subordina a uma visão supostamente mais ampla, nesse caso a visão utilitarista. Para Rawls, o retributivismo é uma abordagem válida da punição, mas apenas a partir de um ponto de vista que seja extremamente limitado, do mesmo modo que o ponto de vista do juiz deve estar limitado pela legislação que ele está encarregado de aplicar. Essa estratégia de argumentação, surpreendentemente similar ao método utilizado por Hegel em suas principais obras filosóficas, da *Phenomenology of Spirit* [*Fenomenologia do espírito*] (1806) em diante, contribuiu de maneira significativa para a impressão magistral que a obra de Rawls causou, e serviu como uma espécie de modelo ao qual ele recorreria frequentemente em sua luta contra as teorias que pareciam ser contrárias à sua.

II

Rawls descreve o objeto de sua teoria como a "estrutura básica" da sociedade. A estrutura básica de uma sociedade compreende suas principais instituições sociais, incluindo a constituição política, as estruturas econômicas fundamentais e as principais organizações sociais. Por exemplo, os institutos da propriedade privada dos meios de produção e dos mercados competitivos são componentes essenciais das estruturas econômicas de algumas sociedades, ao passo que outras se basearam na propriedade coletiva dos meios de produção e em economias dirigidas. As constituições políticas de alguns países oferecem sólidos mecanismos de proteção jurídica para a liberdade de pensamento e de consciência; outras, não. A família monogâmica é uma instituição social fundamental em muitas sociedades, enquanto noutras a família poligâmica, de uma forma ou de outra, tem-se mantido há séculos como uma das principais formas de organização da sociedade.

244 · BREVE HISTÓRIA DA JUSTIÇA

O que *não* está incluído na estrutura básica de uma sociedade? Em diversas passagens, Rawls dedica atenção especial a duas categorias de coisas que, embora possam ser consideradas justas ou injustas, não são o objeto de sua teoria. Uma delas compreende os tipos de normas que regulam as interações e as transações entre as pessoas privadas, tais como as que regulam acordos contratuais e as que se aplicam às práticas das associações privadas (8/7). A outra categoria é composta de ações e transações individuais. Embora certamente possamos afirmar que essas coisas são justas ou injustas, elas não são objeto da teoria de Rawls. Seu tema é a justiça social, e, do seu ponto de vista, o objeto relevante de uma teoria da justiça social é a estrutura básica da sociedade.

Por que o foco na estrutura básica da sociedade? O principal argumento de Rawls é que as instituições e as práticas que contêm a estrutura básica de uma sociedade determinam o quão bem os membros dessa sociedade são capazes de se sair na vida, tanto em termos absolutos como em comparação com os outros. Na verdade, no sentido mais preciso, o verdadeiro objeto de sua teoria é a divisão das vantagens resultantes da estrutura básica de uma sociedade, não a estrutura básica em si (7/6). Ao identificar a estrutura básica como o principal objeto de sua teoria da justiça, na verdade Rawls estava adotando a visão de que a justiça é, acima de tudo, um atributo da esfera da sociedade. Para ele, a ideia de justiça se aplica principalmente ao cenário que determina os locais de privilégio e de privação numa sociedade, e não à natureza das relações entre as pessoas.

Se considerarmos a passagem a seguir, poderemos identificar algumas outras características da argumentação de Rawls em defesa do foco na estrutura básica:

> A estrutura básica é o principal objeto da justiça porque seus efeitos são tão profundos e presentes desde o começo [...] ho-

A TEORIA DA JUSTIÇA COMO EQUIDADE · 245

mens que nascem em posições diferentes têm expectativas de vida diferentes [...] as instituições da sociedade favorecem determinados pontos de partida mais do que outros. Essas [...] desigualdades [...] influenciam as oportunidades iniciais dos homens na vida; no entanto, elas não podem, de maneira nenhuma, ser justificadas recorrendo-se às noções de mérito ou de merecimento. (7/7)

Essa passagem revela dois aspectos significativos. Primeiro, quando Rawls defendia que o objeto relevante de uma teoria da justiça é a estrutura básica, é evidente que suas preocupações acerca das desigualdades estavam concentradas nas desigualdades de oportunidade na vida das pessoas – nas oportunidades (diferenciadas) disponíveis para as pessoas – e não nos resultados finais. Ele descreve aqui as diferentes condições sociais em que os homens "nascem", seus "pontos de partida" e suas "oportunidades iniciais". Segundo, a passagem alude ao fato (que ficou mais evidente em discussões posteriores) de que Rawls estava preocupado com as formas pelas quais instituições sociais importantes moldam as aspirações e as expectativas dos indivíduos, bem como com as formas pelas quais essas instituições determinam a divisão dos benefícios. Mesmo que tenham oportunidades objetivas similares, algumas pessoas não se saem tão bem quanto outras na vida porque têm aspirações ou expectativas menos ambiciosas. Essas aspirações e expectativas são, elas próprias, moldadas pela estrutura básica da sociedade; e essas disparidades subjetivas entre as pessoas eram tão preocupantes para Rawls quanto as diferenças objetivas de oportunidade.

A defesa que Rawls faz do foco na estrutura básica também alude à inadequação das noções de mérito e merecimento. Embora o alvo principal de sua crítica seja o utilitarismo clássico, ele também visa a ideia de que os bens deveriam ser distribuídos se-

246 · BREVE HISTÓRIA DA JUSTIÇA

gundo o merecimento moral (310-15/273-77). Embora fosse necessário muito mais espaço para explorar os meandros da análise que ele faz dessa questão, vale a pena observar que Rawls descarta o merecimento como algo fundamental para a justiça social, mais ou menos do mesmo modo que ele certa vez descartara as tentativas de justificar a prática da punição por razões retributivistas. Ele substitui, basicamente, o conceito de merecimento pelo de expectativas legítimas, um conceito que separa os bens a que os membros de uma sociedade têm direito das contribuições que eles fazem para essa sociedade, mais ou menos do mesmo modo pelo qual o princípio "De cada um segundo sua capacidade, a cada um segundo sua necessidade" rompe a ligação entre contribuições e benefícios (310-11/273-74).

Para Rawls, a estrutura básica não é simplesmente um entre vários objetos de uma teoria da justiça, e a justiça social não é simplesmente um entre vários tipos possíveis de justiça. Em vez disso, a justiça social significa a justiça em seu sentido mais abrangente e fundamental. Rawls imagina uma divisão do trabalho entre os princípios de justiça, que se aplicam à estrutura básica, e as normas ou critérios de justiça, que se aplicam a todos os outros assuntos. Essa divisão do trabalho intelectual é similar à divisão que ele certa feita imaginou entre a justificativa utilitarista da prática da punição e um conjunto de regras retributivistas destinadas a fazer parte dessa prática. Os princípios de justiça social são diferentes das normas e critérios que se aplicam a outros assuntos. É por esse motivo que ele diz que "o modo pelo qual refletimos a respeito da equidade no dia a dia não nos prepara adequadamente para a grande mudança de perspectiva necessária para levar em conta a justiça da própria estrutura básica"[187]. Ao mesmo tempo, esses princípios também antecedem racionalmente essas outras normas e critérios e servem de base para ideias defensáveis acerca da justiça rela-

A TEORIA DA JUSTIÇA COMO EQUIDADE · 247

tivamente a outros assuntos. Como ele observa em *A Theory of Justice*, uma vez que tenhamos uma teoria da justiça social razoável, "as questões de justiça remanescentes [incluindo as que têm que ver com transações, atos criminosos e punições, e com a justiça compensatória, entre outros assuntos] mostrar-se-ão mais tratáveis à luz dela" (8/7).

A distinção que Rawls traça entre os princípios de justiça que se aplicam à estrutura básica e as normas e critérios de justiça que se aplicam a outros assuntos serve como um propósito importante e substancial para o conjunto de sua teoria de justiça. Lembrem-se de que uma das principais objeções de Rawls ao utilitarismo é que ele se baseia numa concepção monista do bem – em outras palavras, que ele não é capaz de conferir o devido reconhecimento ao fato de que os seres humanos defendem, legitimamente, uma grande variedade de concepções do bem. Em sua opinião, o utilitarismo clássico é uma teoria "abrangente", isto é, uma teoria moral que fornece orientações para o planejamento das instituições humanas, bem como para as decisões que os indivíduos temem tomar, e, na verdade, para todos os assuntos aos quais qualquer teoria moral pode ser aplicada. A distinção clara que ele estabelece entre os princípios de justiça que se aplicam à estrutura básica – na verdade, à própria esfera do mundo social – e os critérios de justiça relativos a outros assuntos permite que ele deixe espaço para um grande número de opiniões morais sobre esses outros assuntos, as quais ele acredita devam ser abrigadas numa teoria da justiça social.

Rawls caracteriza sua teoria da justiça como uma teoria "ideal". Para ele, uma teoria da justiça social ideal significa uma teoria que descreve uma sociedade perfeitamente justa (8-9/7-8). Outra expressão que ele utiliza para designar a teoria ideal é "teoria de conformidade absoluta", que ele diferencia da "teoria de conformidade parcial". Rawls não pretende desmerecer a teoria de conformidade parcial, que trata de temas como punição; justiça no início, na conduta e nas consequências da guerra; justificativa da desobediência civil, da resistência combativa e da revolução; e compensação por delitos, entre muitos outros. Ele observa que essas questões são prementes. Rawls afirma que apenas se compreendermos as características de uma sociedade inteiramente justa (ele costuma usar a expressão "sociedade bem-ordenada", embora para ele essa expressão tenha um significado mais amplo, abrangendo sociedades que não são inteiramente justas) é que poderemos alcançar uma compreensão sistemática da base a partir da qual devemos abordar as questões relacionadas à justiça no mundo real. Ele considera que a teoria ideal é mais fundamental do que a teoria não ideal porque acredita que podemos vislumbrar melhor as soluções para os problemas de justiça que surgem no mundo não ideal se tivermos desenvolvido primeiro uma sólida concepção dos princípios de justiça que seriam aplicáveis em circunstâncias ideais.

III

Rawls começa a expor as ideias mais básicas de sua teoria com as seguintes palavras:

> Imaginemos [...] que uma sociedade seja uma associação mais ou menos autossuficiente de pessoas que [...] reconhecem que certas regras de conduta são obrigatórias [...]. Suponhamos ainda que essas regras especifiquem um sistema de cooperação destinado a promover o bem daqueles que participam dele. Então [...] uma sociedade [...] é geralmente marcada por um conflito e também por uma identidade de interesses. Existe uma identidade de interesses uma vez que a cooperação social possibilita uma vida melhor para todos, melhor do que qualquer um teria se vivesse unicamente por meio de seus próprios esforços. Existe um conflito de interesses uma vez que [...] cada um prefere uma por-

A TEORIA DA JUSTIÇA COMO EQUIDADE · 249

ção maior do que uma porção menor. Faz-se necessário um conjunto de princípios para escolher entre os diversos sistemas sociais que definem a divisão dos benefícios [...] Esses princípios são os princípios de justiça social. (4/4)

Tendo essa passagem como referência, examinemos rapidamente as principais ideias da teoria.

A mais rudimentar de todas as ideias subjacentes à teoria de Rawls é a ideia de sociedade como um sistema justo de cooperação social entre pessoas livres e iguais ao longo do tempo, de uma geração a outra[188]. Ele às vezes chama essa ideia de "a mais fundamental ideia intuitiva" da teoria[189]. Rawls não apresenta nenhum argumento em defesa dessa ideia. Em vez disso, como supõe que os leitores irão aceitá-la como um ponto de partida razoável e atraente, ele concentra suas energias na elaboração de uma argumentação baseada nessa ideia e não em sua defesa.

Essa ideia, então, desempenha um papel em sua teoria da justiça como equidade que é similar ao exercido pelas ideias intuitivas fundamentais da geometria no raciocínio geométrico. Embora não acreditasse que fosse possível elaborar uma teoria da justiça sólida e convincente por meio da pura dedução, Rawls aspirava a defender sua teoria o máximo possível como uma geometria moral[190]. As ideias fundamentais sobre as quais as teorias desse tipo se baseiam não são nem verdadeiras nem falsas, não fazendo muito sentido tentar comprová-las ou refutá-las. No final das contas, essas ideias permanecem ou desaparecem em razão de sua utilidade ou da falta dela. Se as propostas e teorias que se baseiam nelas produzem interpretações atraentes dos temas tratados por elas, então sua utilidade está demonstrada. Se não, então as ideias em questão podem ser descartadas em favor de outras opções.

Rawls acreditava que a ideia de sociedade como um sistema justo de cooperação social seria atraente para os leitores. Durante

250 · BREVE HISTÓRIA DA JUSTIÇA

a maior parte de sua carreira (até o início da década de 1980) ele
pareceu acreditar que essa atração fosse geral, ao menos para os
leitores que haviam se envolvido suficientemente com sua teoria
para compreender de forma correta seus principais aspectos. Em
seus últimos anos ele pareceu ter deixado de lado essa suposição,
insinuando que sua teoria é destinada a atrair tipicamente as pessoas que vivem em culturas que foram moldadas por ideias democráticas e liberais.

Seja como for, vale a pena notar que não existe nada de insí-
pido ou anódino na proposta de que a sociedade deve ser concebida como um sistema de cooperação social entre pessoas livres e
iguais. A teoria de Rawls baseia-se numa proposta altamente con-
trovertida, tanto no sentido histórico como geográfico. Aristóteles,
por exemplo, teria ficado chocado com essa afirmação. Na medida em que considerava que as pessoas fossem portadoras de valor,
ele acreditava que elas têm um valor radicalmente desigual porque são categoricamente desiguais em capacidades, de modo que
a ideia de que devemos imaginar a sociedade como um sistema
de cooperação entre pessoas iguais não teria feito o menor sentido para ele. Ele tampouco teria sido muito simpático ou favorável
à ênfase que essa proposta dá à liberdade. Para ele, os seres humanos são dotados de funções que são determinadas pela natureza.
A excelência se revela por meio do desempenho extraordinário
dessas funções que lhes foram determinadas, do mesmo modo que
a excelência do ator se revela por meio da interpretação extraordinária do papel tal como está no roteiro. Muitos pensadores pré-
-modernos teriam achado incompreensível a ideia intuitiva fundamental da sociedade como um sistema justo de cooperação
social entre pessoas livres e iguais, e alguns o teriam achado cen-
surável. O mesmo pode ser dito hoje de muitas pessoas que se li-
bertaram da influência das, ou rejeitaram as, ideias europeias

A TEORIA DA JUSTIÇA COMO EQUIDADE · 251

contemporâneas (e também de algumas pessoas que adotam ideias antiliberais europeias contemporâneas). Numa escala histórica e global, o alicerce sobre o qual Rawls construiu sua teoria é, por si só, uma proposta radical.

Para Rawls, a ideia de sociedade como um sistema justo de cooperação social é a base para discutir a sociedade naquilo que ele chama, a exemplo de David Hume, de condições de justiça (126-30/109-12). Condições de justiça são condições de escassez moderada, em que a mão da natureza nem é tão generosa a ponto de dar aos seres humanos tudo o que eles desejam sem precisar recorrer ao trabalho ou à cooperação social, nem tão severa a ponto de obrigar as pessoas a uma luta tão primitiva pela sobrevivência que impeça a cooperação social. Condições de justiça são aquelas em que nem desfrutamos de abundância ilimitada nem sofremos de privação extrema.

Se a ideia fundamental da teoria de Rawls é a de uma sociedade como um sistema justo de cooperação social entre pessoas livres e iguais, a questão-chave dessa teoria é: em que condições essa cooperação deve ocorrer? Devido aos propósitos de sua teoria da justiça social, Rawls considera a sociedade um empreendimento colaborativo semelhante a uma parceria comercial, um "projeto cooperativo que visa à obtenção de benefícios mútuos". (Não obstante, ele não considerava a sociedade uma associação voluntária porque, na maioria dos casos, os indivíduos são obrigados a se tornar membros da sociedade, tendo pouca ou nenhuma possibilidade de conceder ou recusar seu consentimento[191].) Essa concepção de sociedade tem sua origem na afirmação de Adam Smith de que a principal fonte da formidável riqueza das sociedades modernas é a complexa divisão do trabalho. Para Rawls, as questões relacionadas à justiça social surgem como resultado da produtividade, interpretada de maneira am-

252 · BREVE HISTÓRIA DA JUSTIÇA

pla, que se torna possível por meio da divisão do trabalho. Como afirma ele, "a cooperação social permite que todos tenham uma vida melhor do que teriam se cada um vivesse unicamente de seus próprios esforços". A sociedade é uma espécie de parceria que visa ao benefício mútuo daqueles que resolvem participar dela – ou, nesse caso, que geralmente descobrem que já fazem parte dela. A questão-chave da justiça social diz respeito às condições dessa parceria e, especialmente, ao modo como seus benefícios serão distribuídos entre os participantes.

Para Rawls, o resultado dessa concepção é que as questões distributivas para as quais a justiça social aponta concentram-se de maneira particular no produto social, isto é, nos "bens" (num sentido amplo) que são produzidos pelo esforço conjunto dos coparticipantes. Esses bens podem não ser todos bens "materiais" ou "econômicos" do tipo que Smith tinha em mente. Eles podem incluir, por exemplo, prazeres de tipo não econômico que só podem ser alcançados por meio da colaboração com outras pessoas, como o prazer que sentimos ao tomar parte num jogo que exige diversos participantes, ou o prazer que a amizade nos traz. No entanto, é para esses bens – as diferentes categorias de bens produzidos pelo esforço conjunto dos coparticipantes –, e só para eles, que exigimos um conjunto de princípios que determinem a parte que cabe a cada um.

A questão-chave de Rawls é uma variante da questão de justiça social levantada por Sidgwick aproximadamente um século antes, a saber, se é possível encontrar princípios claros com base nos quais possamos descobrir uma distribuição de direitos, privilégios, deveres e sofrimentos idealmente justa. Observem, contudo, que, enquanto Sidgwick levantara a questão acerca da distribuição dessas coisas "entre seres humanos como tais", Rawls restringe a questão à distribuição de benefícios entre os membros

A TEORIA DA JUSTIÇA COMO EQUIDADE · 253

de determinada sociedade concebida como um empreendimento cooperativo visando a benefícios mútuos. Parece que Rawls acreditava que só podemos encontrar um conjunto de princípios de justiça social coercitivo limitando o alcance de nossa pesquisa a uma sociedade específica (ainda que hipotética), em vez de estendê-la a toda a humanidade.

Observem também que, enquanto Sidgwick escrevera com igual ênfase acerca da distribuição de deveres e infortúnios bem como de direitos e privilégios, a ênfase de Rawls concentra-se, indubitavelmente, na divisão dos benefícios. Um motivo para essa ênfase pode estar em sua concepção da sociedade como um empreendimento mutuamente vantajoso. Embora alguns membros se beneficiem muito mais do que outros, Rawls supõe que normalmente todos se saem melhor por participar de um sistema de cooperação social do que se "cada um vivesse unicamente de seus próprios esforços". Portanto, a coisa significativa que é gerada por um sistema de cooperação social são os benefícios, não os deveres; e são as coisas geradas pela cooperação social que estão sujeitas aos princípios de justiça social.

Contudo, uma segunda razão, mais interessante, pode ser encontrada em sua hipótese de que todos os membros de tal empreendimento serão participantes ativos, não apenas no sentido limitado de se manterem fiéis a suas normas de conduta, mas também no sentido mais amplo de contribuir para ele como membros colaboradores regulares. As principais concepções de justiça social desenvolvidas durante o longo século XIX ou determinavam as contribuições que os membros deveriam fazer para a sociedade e os benefícios que eles deveriam receber (*de* cada um segundo sua capacidade/*a* cada um segundo sua necessidade) ou vinculavam os benefícios que os indivíduos deveriam receber a suas contribuições (o princípio do merecimento). A teoria de Rawls, por ou-

254 · BREVE HISTÓRIA DA JUSTIÇA

tro lado, concentra-se nos benefícios, deixando em segundo plano as questões relativas às contribuições. Rawls parece pressupor simplesmente que os membros de uma sociedade justa irão contribuir para o produto social da sociedade de acordo com seus diferentes talentos. Esse pressuposto parece fazer parte do que ele pretende dizer quando insinua que os membros de uma sociedade baseada num sistema justo de cooperação entre pessoas livres e iguais seriam, com o passar do tempo, de uma geração para a outra, "membros cooperativos regulares da sociedade a vida inteira"[192].

Para encontrar uma resposta a essa questão fundamental, Rawls adota um método que ele toma emprestado, em parte, de Kant e de alguns de seus antecessores do início do moderno pensamento político, entre eles Thomas Hobbes, John Locke e Jean-Jacques Rousseau. O método é imaginar que a sociedade foi fundada por meio de um acordo entre seus membros que determina as condições de sua associação. Kant havia empregado esse método em sua teoria do direito público ao invocar a ideia do contrato original para pôr à prova a justiça das leis e das políticas públicas. Se é razoável supor que a lei ou política em questão teria recebido a aprovação de todos os membros de uma sociedade num contrato original, então, de acordo com Kant, devemos aceitar que essa lei ou política é justa. Se essa suposição é improvável, então podemos concluir que a lei ou política é injusta.

Kant limitou o uso da ideia de um contrato original hipotético à tarefa de pôr à prova a justiça ou injustiça de leis e políticas. Rawls, por outro lado, utiliza a ideia de um contrato hipotético para identificar um conjunto de princípios de justiça social. Ele utiliza esse artifício de modo mais ambicioso e elaborado que Kant.

Rawls pede a seus leitores que imaginem que cada membro da sociedade é representado por um agente numa condição que ele

A TEORIA DA JUSTIÇA COMO EQUIDADE · 255

chama de "posição original", um estado de coisas hipotético no qual os agentes se reúnem para chegar a um acordo que irá moldar as condições segundo as quais a sociedade deve funcionar. O objeto do acordo entre os agentes (adotando uma linguagem jurídica, Rawls geralmente chama esses agentes de "partes" na posição original) será um conjunto de princípios de justiça social cujo foco é a distribuição de benefícios na sociedade. Uma vez adotados esses princípios, eles podem ser utilizados numa segunda etapa de deliberação, que ele chamava de etapa da convenção constitucional, para escolher entre as diversas alternativas de estruturas básicas disponíveis para a sociedade. Por sua vez, a estrutura básica que eles selecionarem irá fornecer a estrutura dentro da qual as leis serão adotadas, as políticas desenvolvidas e as decisões específicas tomadas. Uma vez que toda a sua teoria da justiça social é uma teoria ideal, esses princípios de justiça serão concebidos, naturalmente, tendo em vista uma sociedade perfeitamente justa.

Como pretende que os leitores imaginem um contrato hipotético que seja muito mais ambicioso (no sentido de representar um esforço intelectual maior) do que a ideia que Kant faz do contrato original, Rawls oferece uma descrição muito mais detalhada da posição original do que a descrição feita por Kant do contrato original. Ele enfatiza que as partes na posição original são racionais, no sentido de preferirem que os membros da sociedade por elas representados obtenham uma cota maior, em vez de menor, dos benefícios da cooperação social. O fato de as partes serem racionais não significa que elas ou os membros da sociedade representados por elas sejam egoístas. Por exemplo, esses membros podem querer usar uma parte de suas cotas para promover causas que beneficiem outras pessoas. Ele também enfatiza que as partes são razoáveis. Elas compreendem que devem estar dispos-

256 · BREVE HISTÓRIA DA JUSTIÇA

tas a realizar um acordo com seus pares em termos justos. A fim de ajudar a garantir sua razoabilidade, Rawls pede que imaginemos que as partes na posição original foram colocadas atrás (do que ele chama) de um "véu de ignorância" que impede que elas tomem conhecimento das capacidades, posições sociais ou até mesmo da própria identidade dos membros que elas representam. Esse tipo de conhecimento poderia influenciá-las a lutar por benefícios injustos. Por exemplo, se um representante soubesse que o membro que ele representa é excepcionalmente inteligente, ele poderia exigir princípios de justiça que tenderiam a favorecer os intelectualmente dotados. Por fim, Rawls insinua que as partes na posição original adotariam um critério de medida diferente para determinar quão afortunados são os membros que elas representam comparados com os outros. Os critérios de medida mais comumente usados para esse fim são a renda e a riqueza. Os utilitaristas clássicos usavam a felicidade (embora eles geralmente supusessem que as pessoas com renda ou riqueza maior fossem mais felizes que as outras). Rawls defende que o critério de medida adequado seria composto de diversos elementos variados, entre eles certos direitos e liberdades, renda e riqueza, e os fundamentos básicos do respeito próprio, elementos que ele chamava de "bens sociais primários".

A sugestão de Rawls, então, é que podemos descobrir o melhor conjunto de princípios de justiça social imaginando uma quantidade de representantes, no cenário hipotético que ele chama de posição original, que queiram chegar a um acordo entre si que mais bem atenda aos interesses de seus clientes, em que os "clientes" são os membros da sociedade perfeitamente justa que surgirá com base nesses princípios. Como vimos, é uma premissa da teoria de Rawls que alguns membros de tal sociedade – não simplesmente de qualquer sociedade real, mas de uma sociedade

A TEORIA DA JUSTIÇA COMO EQUIDADE · 257

perfeitamente justa – estarão numa situação melhor do que outros. E não apenas isso: alguns nascerão em posições diferentes, desenvolverão expectativas diferentes e terão oportunidades diferentes na vida do que outros. Assim como ele tomou emprestada de Adam Smith a ideia de que a divisão do trabalho é, de longe, a fonte mais importante da produtividade e, em última análise, da riqueza, ele também herdou de alguns dos economistas políticos clássicos a suposição de que a mesma divisão do trabalho conduz, inevitavelmente, à disparidade de oportunidades disponíveis aos diversos membros da sociedade. Rawls supunha que os seres humanos têm o mesmo valor. Essa suposição é um dos aspectos que se revelam no fato de ele começar com a ideia intuitiva fundamental da sociedade como um sistema justo de cooperação social entre pessoas livres e iguais. Mas ele também acreditava que todos os membros de uma sociedade só podem se beneficiar de vantagens obteníveis por meio de uma complexa divisão do trabalho, e que as desigualdades eram um subproduto inevitável de tal divisão do trabalho. Embora Rawls parta de premissas igualitárias, os princípios de justiça social a que ele chega são projetados para justificar essas desigualdades que (segundo ele) atuam em benefício de todos.

IV

A principal conclusão da teoria da justiça como equidade é que as condições de cooperação social que constituiriam os princípios básicos da justiça social numa sociedade perfeitamente justa – as condições com as quais as partes na posição original concordariam – podem ser resumidas assim:

1 Toda pessoa tem o mesmo direito a um sistema plenamente adequado de liberdades fundamentais idênticas que seja compatível com um sistema similar de liberdades para todos.

258 · BREVE HISTÓRIA DA JUSTIÇA

2 As desigualdades sociais e econômicas têm de satisfazer duas condições. Primeiramente, elas têm de estar vinculadas a profissões e cargos acessíveis a todos em condições justas de igualdade de oportunidade; e, em segundo lugar, elas devem beneficiar ao máximo os membros menos favorecidos da sociedade.[193]

O primeiro desses princípios tem (aquilo que Rawls chama de) prioridade léxica sobre o segundo, e a primeira parte do segundo princípio tem prioridade léxica sobre a segunda parte. Em outras palavras, o primeiro princípio precisa ser plenamente satisfeito antes que o segundo entre em cena, do mesmo modo que todas as palavras que começam com a letra "a" são relacionadas num dicionário antes das palavras que começam com a letra "b". O modo pelo qual as desigualdades sociais e econômicas de uma sociedade são distribuídas só é relevante para avaliar a justiça da estrutura básica dessa sociedade quando todos os membros desfrutam de um sistema de liberdades plenamente adequado. Chamemos a primeira dessas exigências de *princípio das liberdades fundamentais*. Uma vez que o segundo princípio tem duas partes, chamemos a primeira parte de *princípio de igual oportunidade* e a segunda (de acordo com a própria prática coerente de Rawls) de *princípio da diferença*.

Rawls também chega a uma segunda conclusão importante, com a qual ele acredita que as partes na posição original concordariam. Ele afirma que, além de um conjunto de princípios que podem ser invocados para escolher entre as estruturas básicas alternativas (os dois princípios de justiça especificados há pouco), essas partes concordariam que os membros de uma sociedade justa deveriam possuir determinados atributos. Primeiramente, elas desejariam que os membros (cidadãos) de tal sociedade possuíssem um verdadeiro senso de justiça. Com isso ele quer dizer que elas desejariam que esses membros fossem capazes de compreender, aplicar e agir com base num conjunto de princípios públicos de justiça (a saber, os dois princípios de justiça como equidade). Essencial para sua concepção de justiça social e de uma sociedade bem-ordenada é a convicção de que, para que uma sociedade seja realmente justa, seus membros devem compreender as condições de cooperação por meio das quais eles são governados e concordar com elas. Esse primeiro ponto põe em destaque essa convicção. Em segundo lugar, elas desejariam que os membros possuíssem e desenvolvessem suas capacidades na busca de uma concepção do bem. Em outras palavras, cada membro da sociedade desejaria que todos os outros desenvolvessem a capacidade de criar, rever e perseguir racionalmente uma concepção do bem, uma concepção que constituiria a base do projeto de vida do membro. Rawls chama esses atributos de duas capacidades morais do "mais alto nível" porque ele acredita que esses são os atributos que as partes na posição original mais desejariam que os cidadãos de uma sociedade perfeitamente justa desenvolvessem. Ele classifica a teoria que descreve essas capacidades de "teoria da personalidade moral"[194]. Portanto, para Rawls a teoria da justiça como equidade especifica tanto um conjunto de princípios de justiça social (os dois princípios de justiça como equidade), os quais devemos levar em conta ao escolher entre as estruturas básicas fundamentais da sociedade, quanto um conjunto de atributos (os atributos da personalidade moral) que uma sociedade justa deve desenvolver em seus membros.

Essas duas conclusões estão interligadas. Por exemplo, de acordo com Rawls, somente as liberdades que são essenciais para o de-

260 · BREVE HISTÓRIA DA JUSTIÇA

senvolvimento e o exercício das duas capacidades de mais alto nível das pessoas morais é que devem ser protegidas pelo princípio das liberdades fundamentais. Embora não tente oferecer uma relação completa dessas liberdades, ele menciona, entre outras, a liberdade de pensamento, a liberdade de consciência e a liberdade de associação; liberdades pessoais como a liberdade de não ser detido de maneira arbitrária, os direitos a um devido processo legal e a um julgamento justo; e liberdades políticas como o direito ao voto e à liberdade de imprensa. Ele dá uma ênfase especial às liberdades políticas, insistindo que os membros de uma sociedade justa devem usufruir o "valor justo" dessas liberdades, querendo dizer com isso que cada membro deve estar numa posição de exercer tanta influência sobre as decisões comuns quanto qualquer outro membro.

O princípio de oportunidades iguais implica que as posições ou papéis na sociedade aos quais estão vinculadas recompensas desiguais devem estar abertos a uma concorrência justa baseada em oportunidades iguais. Esse princípio deve estar respaldado pela educação para todos, entre outras medidas.

O princípio da diferença determina que as desigualdades sociais e econômicas só se justificam na medida em que atuem para beneficiar os membros menos privilegiados da sociedade. À primeira vista, a ideia de que tais desigualdades possam beneficiar os menos privilegiados – os membros da sociedade que desfrutam das oportunidades mais limitadas e das menores quantidades de recursos – parece paradoxal. Lembrem-se, no entanto, de que Rawls herdou dos primeiros economistas políticos a hipótese de que a mesma divisão do trabalho que responde pela produtividade e riqueza sem precedentes das sociedades modernas também leva, inevitavelmente, a disparidades no que se refere às oportu-

A TEORIA DA JUSTIÇA COMO EQUIDADE · 261

nidades ao alcance dos diferentes membros da sociedade. Se o aumento de bens (riqueza e outros bens, medidos por um índice de bens primários sociais) tornado possível por meio de uma complexa divisão do trabalho é suficientemente importante, então mesmo os membros menos privilegiados da sociedade podem estar em melhor situação numa estrutura básica em que predomine essa complexa divisão do trabalho do que estariam numa estrutura básica diferente sem ela. O princípio da diferença leva em conta essa possibilidade.

O princípio da diferença é a mais peculiar de todas as conclusões da teoria da justiça como equidade. Nesse como em outros casos, o principal alvo de Rawls é a teoria que ele considera a mais séria rival da teoria da justiça como equidade, a saber, a teoria utilitarista clássica. Para perceber por quê, examinem este exemplo. Imagine que você faça parte de uma sociedade com cem membros. Suponha que o bem-estar de cada um desses membros, que é medido por um índice de bens primários sociais, possa ser expresso numa escala cardinal de 1 a 10, na qual 10 represente o mais alto padrão de bem-estar possível (medido pela cota individual de bens primários) e 1 represente a menor cota possível. (Numa escala cardinal, uma cota de 4 tem o dobro do valor de uma cota de 2, e uma cota de 8 tem o dobro do valor de uma cota de 4, enquanto uma cota de 8 é mais valiosa que uma de 7 pelo mesmo montante que uma cota de 5 é mais valiosa que uma cota de 4. Possuir uma única cota é como possuir uma única laranja ou uma única unidade de qualquer outro bem, enquanto possuir três cotas é como possuir três laranjas.) Imagine, agora, que sua sociedade se vê diante de uma escolha entre duas estruturas básicas diferentes cujas consequências distributivas podem ser representadas assim:

	Estrutura Básica A	Estrutura Básica B
Cota de Bens Primários		
10		
9	25 pessoas	
8		
7		25 pessoas
6	50 pessoas	
5		50 pessoas
4		25 pessoas
3	25 pessoas	
2		
1		

Na Estrutura Básica A, então, 25 dos 100 membros da sociedade usufruem de 9 cotas de bens primários cada um enquanto 50 usufruem de 6 cotas cada um e 35 têm de se virar com 3 cotas cada um.

Se considerarmos as cotas de bens primários como unidades de bem-estar, então fica fácil perceber que o bem-estar coletivo que seria usufruído pelos membros se eles adotassem a Estrutura Básica A pode ser representado pelo número 600 $[(25 \times 9) + (50 \times 6) + (25 \times 3)]$, enquanto um cálculo semelhante revelará que a Estrutura Básica B gera um bem-estar coletivo de 525. Se imaginarmos, para efeito de raciocínio, que o bem-estar medido pelas cotas de bens primários é equivalente ao bem-estar medido pela utilidade, então fica claro que o princípio da maior felicidade nos levaria a adotar a Estrutura Básica A. No entanto, o princípio da diferença determinaria a adoção da Estrutura Básica B, já que nela os membros menos favorecidos da sociedade têm uma situação melhor (4 na escala de bens primários) do que teriam na Estrutura Básica A (que os deixaria com 3 na escala). Embora a Estrutura Básica B resulte em desigualdade, esse resultado é mais vantajoso para os membros menos favorecidos da sociedade do que o apresentado pela outra alternativa.

O exemplo pressupõe que as Estruturas Básicas A e B são as únicas alternativas disponíveis. Se dispuséssemos de alguma outra opção que deixasse os membros menos favorecidos numa situação ainda melhor do que estariam na Estrutura Básica B, então o princípio da diferença determinaria que, por uma questão de justiça social, deveríamos adotar essa terceira estrutura básica. Por exemplo, se o conjunto de estruturas básicas possíveis incluísse uma Estrutura Básica C em que todos os membros da sociedade mereceriam cotas idênticas de bens primários classificadas no nível 5 em nossa escala de 1 a 10, então o princípio da diferença nos levaria a adotar essa estrutura, mesmo que com ela o bem-estar conjunto fosse inferior ao das outras alternativas ($100 \times 5 = 500$), porque os membros menos favorecidos da sociedade estariam em melhor situação na Estrutura Básica C do que nas estruturas A e B. Embora Rawls não parecesse acreditar que tal alternativa fosse possível, em razão de suas hipóteses a respeito da produtividade e da divisão do trabalho, os princípios de justiça como equidade não a descartam.

A afirmação clássica que Rawls faz do princípio da diferença parece destoar ligeiramente de sua defesa da estrutura básica como o objeto apropriado da teoria da justiça social. O princípio da diferença, que afirma que "as desigualdades sociais e econômicas [...] devem existir levando em conta o maior benefício dos membros menos favorecidos da sociedade", dá a entender que o foco são os resultados finais, isto é, que nível de bem-estar (medi-

264 · BREVE HISTÓRIA DA JUSTIÇA

do pelas cotas de bens primários) os membros da sociedade acabam usufruindo[195]. Contudo, a defesa feita por Rawls da estrutura básica como o principal objeto de sua teoria da justiça concentra-se nas oportunidades ("pontos de partida"), não nos resultados finais. Quando se estende mais sobre o princípio da diferença, ele às vezes fala do "maior benefício *esperado*"; e fica evidente, em diversos trechos de sua obra, que Rawls compreendia a diferença importante entre oportunidades iniciais e resultados finais. Não obstante, quando discute os princípios de justiça como equidade, Rawls frequentemente elide essa distinção.

V

A teoria da justiça como equidade é uma proeza extraordinária. Como uma visão de justiça social para uma sociedade composta por cidadãos supostamente livres e iguais, ela é única. Apesar disso, a teoria não é isenta de falhas. Concentrarei meus comentários no modo pelo qual Rawls interpreta o objeto de sua teoria.

A declaração de Rawls de que a estrutura básica da sociedade é o objeto relevante de uma teoria da justiça social é percebida pela maioria das pessoas como uma das afirmações mais características de sua teoria. Como vimos, ele não afirma simplesmente que a estrutura básica seja, casualmente, o objeto relevante de uma teoria da justiça social, do mesmo modo que (digamos) as violações da lei são o objeto relevante de uma teoria da justiça criminal. E, sim, que a estrutura básica possui um tipo de prioridade sobre todos os outros tipos de objetos que dizem respeito à justiça, de tal sorte que a justiça social é a justiça em seu sentido mais abrangente e fundamental. Para Rawls, uma teoria da justiça social razoável oferece a base necessária sobre a qual podemos elaborar soluções para outros problemas de justiça menos abrangentes. (Nos últimos anos de carreira, Rawls começou a estudar uma sé-

A TEORIA DA JUSTIÇA COMO EQUIDADE · 265

rie de questões acerca da justiça que extrapolavam as fronteiras nacionais, questões que, pode-se dizer, são tão ou mais abrangentes que as questões a respeito da justiça em âmbito nacional.) Se examinarmos mais de perto os argumentos de Rawls, perceberemos que sua afirmação compõe-se de três partes distintas. A primeira é uma afirmação causal de que as instituições e práticas que contêm a estrutura básica de uma sociedade determinam o quanto os membros dessa sociedade são capazes de se sair bem na vida. A segunda é uma afirmação conceitual de que os princípios de justiça que se aplicam à estrutura básica podem ter uma natureza bem diversa das normas e critérios que se aplicam a outros problemas de justiça. A terceira é uma afirmação de prioridade intelectual. Segundo ela, a melhor maneira de tratar o amplo conjunto de questões que surgem acerca da justiça é desenvolver, primeiro, uma teoria da justiça social razoável. Essa teoria pode, então, constituir a base de ideias defensáveis a respeito da justiça com relação a outros temas.

A primeira dessas afirmações é, de forma geral, indiscutível. Até que ponto a estrutura básica de uma sociedade determina o quanto seus membros são capazes de se sair bem pode ser algo discutível, mas não resta muita dúvida de que as principais instituições da sociedade têm uma profunda influência sobre seus membros e sobre a divisão de benefícios entre eles.

Também não é difícil perceber a força da segunda afirmação de Rawls. Considerem o exemplo dos contratos de trabalho. Numa sociedade composta de patrões que possuem pequenos negócios e recursos limitados, e empregados que são proprietários independentes com um importante leque de oportunidades de emprego à sua escolha, pode-se esperar que a justiça será bem servida se todas as partes tiverem a liberdade de celebrar contratos de trabalho segundo condições mutuamente favoráveis. Já que todas

266 · BREVE HISTÓRIA DA JUSTIÇA

as partes possuem aproximadamente o mesmo poder de barganha, podemos esperar que os acordos realizados sejam normalmente justos. A questão é diferente numa sociedade controlada por gigantescas corporações que dispõem de recursos imensos, tendo, do outro lado, empregados que dispõem de poucas alternativas (ou, no caso limite de uma cidade que gira em torno de uma única empresa, somente uma oportunidade real de emprego). Em razão das grandes disparidades do poder de barganha desse último cenário, é provável que a liberdade de contrato leve a acordos trabalhistas que sejam injustos para os empregados. Nesse caso, as negociações coletivas, que reduzem as disparidades do poder de barganha entre patrões e empregados, podem devolver um pouco de equilíbrio e justiça aos contratos trabalhistas acertados pelas partes. (Certamente, em determinados casos os acordos coletivos podem conferir um poder excessivo àqueles que negociam em nome dos empregados.) É preciso uma mudança importante de perspectiva para compreender o fato de que, em situações de grande disparidade no poder de barganha, garante-se melhor a equidade por meio de providências que se diferenciem nitidamente daquelas que em geral conduzem a acordos justos em situações em que o poder de barganha é relativamente idêntico. Não surpreende que talvez seja necessária uma mudança de perspectiva semelhante, ou maior, para compreender o fato de que princípios de justiça satisfatórios relativos à estrutura básica de uma sociedade podem diferenciar-se marcadamente das normas ou critérios de justiça que se aplicam às interações habituais entre os indivíduos.

A afirmação de que os princípios de justiça social precedem racionalmente, e servem de base para, as ideias defensáveis a respeito da justiça com referência a outros assuntos é mais problemática. Considerem, só mais um momento, o exemplo dos con-

A TEORIA DA JUSTIÇA COMO EQUIDADE · **267**

tratos de trabalho. Se os acordos realizados por patrões e empregados que possuem aproximadamente o mesmo poder de barganha em condições de liberdade de contrato provavelmente são justos, isso se deve ao fato de que eles em geral incorporam a regra da reciprocidade equilibrada. Se as providências para um acordo coletivo ajudam a restaurar a equidade sob condições de poder de barganha extremamente desiguais, isso se deve ao fato de essas providências aproximarem mais os acordos trabalhistas da regra da reciprocidade equilibrada.

Nada é mais essencial para o modo pelo qual os seres humanos pensam a respeito da equidade entre pessoas relativamente iguais do que a regra da reciprocidade equilibrada. No capítulo "The Sense of Justice", em *A Theory of Justice*, Rawls observa:

> reciprocidade, uma tendência para responder na mesma moeda [...] é um fato psicológico profundo [...]. A capacidade para um senso de justiça construído por respostas dadas na mesma moeda seria, aparentemente, uma condição da sociabilidade humana. (494-95/433)

Nesse caso, o tipo de reciprocidade que Rawls tem em mente é a reciprocidade equilibrada, "uma tendência para responder na mesma moeda". Embora a justiça das providências para um acordo coletivo não seja intuitivamente evidente para a maioria das pessoas, o argumento em defesa da justiça dessas providências baseia-se em intuições que são extremamente acessíveis, bem como ampla – talvez até universalmente – compartilhadas. O mesmo pode ser dito dos princípios de justiça social, como Rawls parece reconhecer quando observa que "é provável que as concepções de justiça mais estáveis sejam aquelas com relação às quais o senso de justiça correspondente está baseado mais solidamente nessas tendências" (495/433).

268 · BREVE HISTÓRIA DA JUSTIÇA

Resumindo, embora pareça sensato afirmar, simultaneamente, que a estrutura básica da sociedade desempenha um papel causal abrangente na determinação de o quanto seus membros são capazes de se sair bem e que os princípios de justiça social podem ser diferentes daqueles que se aplicam a outros assuntos, é enganoso supor que os princípios de justiça social antecedem racionalmente as – e constituem o fundamento das – ideias a respeito da justiça quanto a todos os outros assuntos. O tipo de justiça que se aplica diretamente aos relacionamentos entre as pessoas não é eclipsado pelos princípios de justiça social. Pelo contrário, os princípios de justiça social têm origem na ideia de justiça nas relações diretas entre as pessoas. Essa ideia – que a justiça entre pessoas relativamente iguais baseia-se na regra da reciprocidade equilibrada – possui uma coerência que não é ofuscada por, e na verdade fornece a base intelectual para ideias razoáveis a respeito da justiça social. Princípios de justiça social são diferentes dos princípios que se aplicam a relações diretas entre pessoas relativamente iguais porque a complexidade das instituições e das práticas sociais exige que sejam feitos ajustes nesses princípios. Em última análise, contudo, princípios razoáveis de justiça social baseiam-se na regra da reciprocidade equilibrada entre pessoas relativamente iguais.

Se ideias razoáveis a respeito da justiça social têm origem na regra da reciprocidade equilibrada, então o conceito de merecimento – que Rawls descarta sumariamente – talvez tenha, apesar de tudo, um papel a desempenhar no modo como concebemos a justiça, incluindo a justiça social. Se duas pessoas, A e B, são relativamente iguais, e A concede um benefício a B, então faz sentido que A mereça ser recompensada com um benefício de valor similar àquele que ela concedeu; e B tem o dever de justiça de conceder um benefício a A em troca do benefício que ele recebeu. Igualmente, se Q causa um prejuízo a R, então faz sentido, independen-

A TEORIA DA JUSTIÇA COMO EQUIDADE · 269

temente de qualquer concepção particular de justiça social, que Q mereça sofrer o mesmo prejuízo em troca.

Certamente, a regra da reciprocidade equilibrada em sua forma mais simples – a forma que é aplicada a relações bilaterais entre pessoas relativamente iguais – não é um manual de justiça adequado para as relações entre pessoas em circunstâncias complexas. Nas situações que envolvem diversos lados ou em que as pessoas estão colocadas em situação de desigualdade, as providências sociais que conduziriam à justiça nas relações entre as pessoas podem ser dramaticamente diferentes daquelas que se aplicam a simples relações bilaterais entre iguais. Para acomodar essas situações são necessários ajustes importantes, mais ou menos do mesmo modo que os requeridos nas negociações entre empregados e patrões quando as disparidades do poder de barganha entre eles são grandes.

Portanto, podemos perceber como o *conceito* de merecimento pode desempenhar um papel importante no modo como consideramos a justiça, sem que isso nos leve a endossar o *princípio do merecimento* (o princípio de contribuição) ou o modelo clássico do raciocínio retributivista (que se baseia numa reciprocidade equilibrada absoluta entre supostos iguais). Rawls estava certo ao considerar que os princípios de justiça que se aplicam à estrutura básica de uma sociedade são conceitualmente diferentes das normas de justiça aplicadas a simples relações bilaterais entre pessoas. Na verdade, seu *insight* pode ser extrapolado para muitos temas além da estrutura básica da sociedade. Porém, embora os princípios de justiça estejam voltados para um tema específico, para ser reconhecidos e aceitos pelos seres humanos eles precisam estar enraizados no senso de justiça – um senso que é mais bem expresso por meio dos conceitos de reciprocidade e merecimento.

EPÍLOGO

DA JUSTIÇA SOCIAL À JUSTIÇA GLOBAL?

A mais importante inovação na história das ideias a respeito da justiça – ao menos na era moderna e, possivelmente, em sua história como um todo – foi a difusão da ideia de justiça social. Essa ideia é fruto da noção de que os seres humanos são capazes de reformular a esfera de seu mundo social de modo a adaptá-lo a um projeto intencional – uma noção que apareceu pela primeira vez na antiga Atenas, mas só ganhou aceitação ampla no século XVIII. Baseada no postulado de que todos os seres humanos têm o mesmo valor, a moderna ideia de justiça social gerou uma série de percepções da justiça e de teorias sobre a justiça que estão intimamente ligadas a instituições e práticas recentes e contemporâneas. Quer concebamos essas teorias e percepções como causas ou como consequências das inovações institucionais que as acompanharam, é impossível compreender o mundo moderno sem elas.

A maior parte das teorias de justiça social incorporou o *insight* de que praticamente todas as riquezas geradas nas sociedades modernas – bem como as habilidades extremamente desenvolvidas que permitem que os seres humanos produzam essa riqueza – são produtos sociais que só se tornaram possíveis por meio de uma complexa divisão do trabalho, em vez de representarem simplesmente a soma dos produtos de indivíduos considerados sepa-

272 · BREVE HISTÓRIA DA JUSTIÇA

radamente. A principal exceção é a primeira concepção de justiça a ter assumido uma forma definitiva, a saber, a concepção contida no princípio do merecimento. Esse princípio tornou-se inválido ao não conseguir lidar com o desafio trazido por esse *insight* e suas implicações. O fato de que praticamente todas as nossas habilidades e toda a nossa riqueza são produtos sociais não nos obriga, necessariamente, a descartar o *conceito* de merecimento do repertório de ideias a que podemos recorrer para compreender questões de justiça; porém, ele nos oferece bons motivos para rejeitar o *princípio* de merecimento como o princípio fundamental de justiça social.

A outra concepção de justiça social importante que surgiu no século XIX, incorporada no princípio de necessidade, não sofre dessa mesma deficiência. Esse princípio expressa algumas das mais nobres e generosas aspirações que o ser humano jamais concebeu. Não obstante, ele é imperfeito, porque elimina todas as relações entre as contribuições que os indivíduos fazem aos outros e os benefícios que têm direito de receber. O princípio de necessidade não leva em conta o senso de justiça, cuja sensibilidade à reciprocidade nas relações entre os seres humanos é algo fundamental.

A teoria da justiça como equidade, que enuncia uma terceira concepção de justiça social importante – uma concepção que dominou as discussões a respeito da justiça social, especialmente no mundo de fala inglesa, durante quarenta anos –, desenvolveu-se por meio de uma compreensão aguda das consequências do fato de que tanto a riqueza como as habilidades mais valorizadas que encontramos nas sociedades altamente desenvolvidas são produtos sociais. Como o princípio de necessidade, a teoria da justiça como equidade expressa uma visão nobre e generosa da sociedade humana. No entanto, apesar de toda a pompa e a despeito das melhores

EPÍLOGO · 273

intenções de seu criador, ela também ignora o senso de justiça e a percepção de que a justiça não pode estar desligada de algum tipo de reciprocidade entre os seres humanos – que é fundamental para o senso de justiça. Apesar de toda a sua grandeza, as teorias de justiça social recentes perderam contato com as origens da ideia de justiça, que estão ligadas ao conceito de reciprocidade.

Se a justiça fosse algo que existisse no mundo de maneira totalmente independente do pensamento humano, como acontece com as estrelas e as árvores, não seria importante – ou, ao menos, poder-se-ia usar tal argumento – que uma teoria da justiça mantivesse uma ligação palpável com as percepções e sensibilidades que constituem o senso de justiça. Pois, nesse caso, o propósito de tal teoria seria explicar um conjunto de coisas existentes no mundo que, embora passíveis de ser conhecidas pelo ser humano, não são, de maneira nenhuma, produto da atividade humana. Embora os interesses dos seres humanos pudessem determinar se essas coisas seriam tratadas, pelo menos, como objeto de conhecimento, suas percepções e sensibilidades não teriam nenhuma relação relevante com o conteúdo de tal teoria. Nesse caso, uma teoria da justiça seria igual à teoria da mecânica quântica, ou igual às teorias existentes na astrofísica, na biologia e em inúmeros outros campos, em que aceitamos que um objeto de conhecimento existe independentemente dos seres humanos e esperamos descobrir os atributos e características desse objeto. Embora muitas pessoas – pelo menos desde Platão – tenham pensado a respeito da justiça (e a respeito de muitas outras ideias abstratas) mais ou menos dessa maneira, não é crível aceitar que, nesse sentido, a justiça seja um elemento objetivo do mundo.

Por outro lado, se a justiça fosse um constructo estritamente subjetivo que pode ser formulado ao gosto de cada um, então é evidente que o fracasso de uma teoria da justiça em se manter li-

274 · BREVE HISTÓRIA DA JUSTIÇA

gada, de modo claro, ao senso de justiça não representaria nenhuma objeção a ela. Essa visão, ou uma variável próxima a ela, tem sido defendida por muitos pensadores céticos, de Trasímaco (pelo menos como Platão o representa) a Nietzsche, além de outros que vieram depois dele. Ela tornou-se popular no século XX quando, diante das dificuldades apresentadas pelas teorias objetivistas de valor, muitas pessoas – intelectuais ou não – passaram a endossar a afirmação de que todos os valores são estritamente subjetivos, do mesmo modo que se acredita que acontece com as questões de gosto. Todavia, o resultado dessa visão é que nenhuma teoria da justiça pode ser defendida racionalmente, já que muitas teorias da justiça diferentes e contraditórias seriam igualmente razoáveis e igualmente estúpidas.

Na verdade, nenhuma dessas visões é correta. A justiça é um conceito. Como todos os conceitos, ela é uma ferramenta inventada e aperfeiçoada por seres humanos – por um grande número de seres humanos; e, para a maioria deles, toda contribuição voltada à adaptação ou à transmissão do conceito de justiça é um subproduto involuntário de pensamentos e ações que visam a outros objetivos. Embora possamos aperfeiçoar, rever e até mesmo (potencialmente) transformar o conceito de justiça, ele não é infinitamente maleável, e não somos livres para reinventá-lo na forma que desejarmos – ao menos se quisermos que ele trabalhe para nós, como geralmente queremos que as ferramentas façam. Se queremos que as ideias sobre a justiça sejam reconhecidas e aceitas como ideias sobre a *justiça*, em vez de ser reconhecidas e aceitas como invenções arbitrárias, devemos respeitar as percepções que são fundamentais para o senso de justiça.

A sensibilidade à reciprocidade nas relações entre seres humanos é algo essencial para o senso de justiça. É comum que pessoas que receberam benefícios significativos de outras sintam que

EPÍLOGO · 275

devem retribuí-los de alguma forma, se puderem fazê-lo. Mais impressionante, talvez, é que muitas vezes as pessoas não medem esforços para se desforrar de quem as prejudicou. Não é incomum pessoas se vingarem de responsáveis por injustiças mesmo que as vítimas não sejam elas e que o ato de vingança lhes custe caro. É verdade que a disposição de incorrer em prejuízo a fim de agir com justiça ou de punir quem não o faça varia bastante de pessoa para pessoa. Também é verdade que a percepção do que constitui uma reciprocidade justa varia de maneira significativa de uma cultura para outra. Não obstante, tanto pesquisas de comportamento monoculturais como transculturais relativas à equidade descobriram que questões de reciprocidade geralmente motivam as pessoas e que elas se dispõem a fazer sacrifícios pessoais a fim de satisfazer as exigências de reciprocidade[196]. Os autores de uma das mais impressionantes pesquisas transculturais desse tipo de comportamento sugerem que processos evolutivos de longo prazo podem ter deixado os seres humanos predispostos a renunciar a benefícios para si próprios a fim de retribuir benefícios recebidos ou prejuízos sofridos.

Qualquer tentativa de prever o futuro da ideia de justiça seria ainda mais especulativa do que o esforço para reconstruir a pré-história dessa ideia. Contudo, podemos afirmar com algum grau de certeza de que a sensibilidade para a reciprocidade nas relações entre as pessoas seria uma característica fundamental de qualquer futura teoria da justiça convincente.

O conceito de reciprocidade foi essencial para as ideias a respeito da justiça antigas e pré-filosóficas. Podemos perceber nos textos dos babilônios, dos antigos israelitas e dos primeiros poetas gregos um critério no qual a justiça está associada à reciprocidade equilibrada entre aqueles que têm a mesma posição social e à reciprocidade desequilibrada entre aqueles cuja posição

276 · BREVE HISTÓRIA DA JUSTIÇA

social é desigual. Entre desiguais, considerava-se justo (segundo os registros escritos que chegaram até nós) que os indivíduos de posição social inferior fossem punidos mais severamente do que os indivíduos de posição social mais elevada que haviam cometido agressões equivalentes e, em geral, que as pessoas de posição social inferior recebessem menos e dessem mais do que as pessoas de posição social elevada. Entre desiguais, a reciprocidade era desequilibrada de uma forma que favorecia aqueles de posição ou *status* social mais elevado, prejudicando as pessoas de posição social inferior.

Esse antigo critério é incompatível com o postulado de que todos os seres humanos têm o mesmo valor. Baseado nesse postulado, poderíamos concluir que a justiça, ao menos nas transações entre indivíduos, é mais bem concebida como a reciprocidade rigorosamente equilibrada. Kant chegou mais ou menos a essa conclusão. No entanto, ela não leva em conta o fato de que os seres humanos que são considerados iguais em *valor* geralmente não são também iguais em *capacidades*.

Deveríamos pensar em rever a noção de justiça como reciprocidade para que ela possa acomodar as desigualdades de capacidade dos seres humanos de uma maneira que inverta as prioridades evidentes nas antigas ideias a respeito da justiça. Entre indivíduos relativamente iguais, poderíamos pensar na justiça nas transações como uma questão de igualdade nas trocas, ou, essencialmente, de reciprocidade equilibrada. Entre pessoas desiguais quanto à capacidade – quer essa desigualdade se origine da diferença de talentos ou de outros recursos –, parece sensato sugerir que a justiça acontece quando se exige ou se espera menos daqueles com menos capacidade e se espera mais daqueles com mais capacidade. Suponhamos que uma conhecida minha esteja internada numa clínica, que ela exija uma série de cuidados pessoais e não

EPÍLOGO · **277**

tenha capacidade de ajudar os outros. Imaginemos, ainda, que eu me desdobre para ajudá-la, talvez lhe fazendo visitas frequentes nas quais leve comidas saborosas para completar o cardápio insosso da clínica e uma grande variedade de leituras e discos interessantes. Pareceria impróprio sugerir que minha conhecida está sendo injusta comigo por não retribuir esses benefícios com bens ou favores de valor equivalente. Ao contrário, parece razoável dizer que, se me agradecer de vez em quando, ela estará sendo justa comigo. Nas circunstâncias em que ela se encontra, esse tipo de retribuição é proporcional à sua capacidade.

Ao defender que uma profunda sensibilidade à reciprocidade nas relações entre as pessoas seria uma característica fundamental de qualquer teoria da justiça convincente, não estou sugerindo que devemos deixar de lado a ideia de justiça social ou o problema da distribuição justa do produto social. Pelo contrário, as distribuições a que as instituições e práticas de uma sociedade conduzem têm um impacto significativo na natureza e na qualidade das relações entre seus membros. Meu argumento é que a prioridade, especialmente a prioridade intelectual, que Rawls e muitos outros teóricos da justiça social conferiram a esse tema está mal colocada. Uma revisão em nosso pensamento do tipo sugerido por mim afastaria a ideia de justiça social, tal como tem sido habitualmente concebida, do papel de concepção principal à qual todos os outros temas e ideias acerca da justiça deveriam se subordinar. A ideia de justiça social deve ser reinventada como parte de uma concepção mais ampla de justiça, em cujo centro se encontre o conceito de relações sociais de respeito mútuo e de reciprocidade entre os cidadãos.

Aparentemente, essa reinvenção poderia acarretar uma mudança inevitável voltada para temas mais específicos, afastando-se das questões de tipo mais abrangente relacionadas à justiça.

278 · BREVE HISTÓRIA DA JUSTIÇA

Na verdade, embora tal revisão removesse a ideia de justiça do pedestal que ela tem ocupado durante muitos anos, essa remoção também abriria um caminho que poderia conduzir a formas novas e revigoradas de reflexão sobre o problema de justiça mais urgente do mundo de hoje, a saber, o problema da justiça e da injustiça globais.

A tendência constante da ideia de justiça social, ao menos na forma que ela assumiu nos dois últimos séculos, tem sido reforçar um provincianismo que contaminou as teorias sobre a justiça desde a Antiguidade. Desde o início da história escrita, a maioria dos pensadores que escreveram sobre a justiça aplicou esse conceito unicamente às relações entre pessoas que compartilham uma identidade política ou cultural comum. Alguns dos antigos pensadores estoicos (incluindo Cícero, que não era "oficialmente" estoico, mas platônico) representam exceções importantes nessa realidade geral, e as ideias universalistas desses pensadores foram transmitidas aos séculos posteriores por compiladores e comentaristas do direito romano e pelos apóstolos e organizadores do movimento cristão. Contudo, o impulso na direção do universalismo sempre encontrou forças poderosas de resistência, especialmente na era moderna do Estado nacional.

A reflexão que Thomas Hobbes faz a respeito do tema é típica. Na esteira de Grócio e de outros escritores da tradição das teorias dos direitos naturais, Hobbes elaborou uma interpretação da lei natural que, em princípio, poderia servir de base a relações pacíficas e de cooperação entre todos os seres humanos. No entanto, Hobbes defendia que a maioria das leis naturais só se aplica a ações humanas entre pessoas unidas numa associação política que esteja sujeita a um poder supremo. Na ausência de um soberano que seja capaz de impor o cumprimento dessas e de outras leis, as leis naturais só se aplicam *in foro interno* (no foro íntimo

EPÍLOGO · **279**

da consciência). Segundo o raciocínio de Hobbes, só no interior de uma associação política com o poder de fazer cumprir as leis é que as pessoas têm a garantia de que os outros vão se relacionar com elas de maneira justa e recíproca. Nas relações com todos os indivíduos que não estão sujeitos ao poder de seu soberano, as pessoas têm a liberdade de deixar de lado considerações de justiça para buscar sua própria segurança e vantagem, empregando todos os meios que considerarem adequado. Na visão de Hobbes, as leis naturais, que são as leis da justiça natural, não impõem nenhuma restrição significativa ao comportamento das pessoas com relação aos de fora.

Apesar do considerável apoio da boca para fora aos ideais universalistas, durante os dois últimos séculos a maioria dos defensores da justiça social endossou expressamente ou aceitou tacitamente as conclusões provincianas do mesmo tipo grosseiro daquelas a que a argumentação de Hobbes conduz. A fonte principal dessa aceitação tem sido o foco desses defensores no produto social como a preocupação fundamental da justiça social. Se o produto social é o resultado de uma complexa divisão do trabalho, na qual os produtores alcançam um alto nível de produtividade tornando-se especialistas e atingindo uma grande eficiência – e se a questão mais importante da justiça social é definir como o produto social deve ser dividido entre os membros da sociedade que o produz –, parece, então, que devemos deduzir que somente aqueles que contribuem com esse produto, ou pelo menos são membros da sociedade que o produz, devem ser recompensados como beneficiários potenciais de um modelo de justiça social. Aqueles que, para todos os efeitos, estão fora e não participam da divisão do trabalho não têm nenhum direito a esse produto. A lógica de uma concepção de justiça social cujo foco é a divisão do produto social, ou, de maneira mais geral, a divisão das vantagens e desvantagens no interior de uma complexa divisão do trabalho, é uma lógica que aponta para uma distinção rigorosa entre os de dentro, que são os objetos humanos adequados de um modelo de justiça social, e os de fora, que não são.

Podemos observar linhas de raciocínio semelhantes a essa expostas tanto nos textos dos primeiros como nos textos de alguns dos mais recentes e importantes defensores da justiça social. Johann Gottlieb Fichte foi um dos primeiros patrocinadores da moderna ideia de justiça social. A ideia fundamental de sua obra *Closed Commercial State* [*O Estado comercial fechado*] é que um Estado só pode assegurar o bem-estar de seus membros na forma exigida pela justiça se mantiver uma sociedade comercial sadia dentro de suas fronteiras, ao mesmo tempo que preserva a autossuficiência com relação aos outros Estados. Defensores posteriores da justiça social tão diferentes como John Maynard Keynes, Gunnar Myrdal e William Beveridge – que é considerado o fundador intelectual do moderno Estado de bem-estar social britânico – flertaram com linhas de argumentação semelhantes. Mais recentemente, em uma de suas últimas obras, *The Law of Peoples* [*O direito dos povos*][197], John Rawls deixa claro que, em sua opinião, princípios de justiça social do tipo imaginado por ele em sua teoria só se aplicam a relações entre pessoas que constituem um "povo", definido por uma identidade coletiva baseada em afinidades culturais ou históricas. Segundo Rawls, esses princípios não se aplicam universalmente nem a todos os povos.

Coletividades do tipo das que Fichte, Rawls e muitos outros usaram como foco têm consequências importantes para a justiça. Os indivíduos que as constituem estão unidos por laços especiais de compromisso e de confiança. A decorrência disso é que é provável que eles tenham obrigações entre si que são diferentes dos deveres de justiça que têm com os de fora. Do mesmo modo que

EPÍLOGO · 281

uma pessoa pode ter obrigações especiais para com determinadas pessoas (como um cônjuge ou um filho), assim também os laços que unem um povo ou os membros de uma associação política definem parcialmente as relações de justiça entre eles. No entanto, laços e relações especiais não tornam inaplicáveis os deveres de justiça que os seres humanos têm um para com o outro como tais. Esses deveres têm origem nas noções de respeito mútuo e reciprocidade.

Atualmente, os principais atores do cenário internacional, tanto "públicos" como "privados", são movidos, em sua esmagadora maioria, pela busca de seu próprio interesse, sem muita consideração pela justiça; e a consideração que demonstram pela reciprocidade fica restrita ao que a cautela impõe. Essa busca extremamente desregulada pelo interesse próprio tem resultado em – e continua levando a – muita injustiça no mundo todo. Inúmeras "transações" entre países são impostas pelas nações mais poderosas às mais fracas. Mesmo quando as transações internacionais parecem ser espontâneas, é comum elas resultarem de acordos comerciais entre partes cujo poder de barganha é extremamente desigual. Dentro das fronteiras nacionais, as desigualdades de poder de barganha às vezes estão sujeitas a regulamentações ou a acordos institucionais (incluindo, como observamos anteriormente, acordos que envolvem contratos coletivos) para reduzir as injustiças decorrentes dessas desigualdades. No entanto, além das fronteiras nacionais, as regulamentações raramente funcionam em benefício das partes mais fracas.

A duradoura e sistemática injustiça nas relações internacionais é uma das grandes responsáveis pelo empobrecimento de uma ampla parcela da população mundial. O problema fundamental da injustiça global – o mais urgente problema de injustiça no mundo atualmente – é causado principalmente pela falta de dis-

282 · BREVE HISTÓRIA DA JUSTIÇA

posição das partes mais poderosas de se comprometer com as partes mais fracas em termos de respeito mútuo e reciprocidade, e pela falta de algum instrumento sistemático que corrija as injustiças acumuladas de um grande número de transações internacionais injustas – e não pela recusa dos países mais ricos em compartilhar seu produto social com as nações mais pobres. O problema da injustiça global tem menos que ver com uma divisão injusta dos produtos sociais das sociedades mais ricas e mais com a falta de respeito mútuo e reciprocidade entre países do que supõe a maioria das pessoas.

Lembrem-se do comentário feito por Aristóteles no século IV a.C.:

> No entanto, não pode senão parecer muito estranho, talvez, a uma mente disposta a refletir que se devesse esperar que um estadista fosse capaz de preparar seus planos para governar e dominar Estados limítrofes sem nenhuma consideração por sua opinião [...] os homens não ficam envergonhados de se comportar com relação aos outros de uma maneira que eles se recusariam a aceitar como justa, ou mesmo apropriada, entre si. Com relação a suas próprias questões, e entre si, eles querem uma autoridade baseada na justiça; mas seu interesse na justiça cessa quando se trata de outros homens.[198]

É provável que Aristóteles pretendesse que seus comentários se aplicassem somente às relações entre os gregos. No entanto, mais de 2 300 anos depois, num mundo que viu sua população aumentar de maneira exponencial, no qual países e impérios surgiram e desapareceram, e no qual o conhecimento e a percepção do mundo por parte dos seres humanos se expandiram de forma extraordinária, suas palavras parecem estranhamente proféticas.

GLOSSÁRIO DE NOMES

ARISTÓTELES (384-322 a.C.): Filósofo grego, aluno de Platão e mestre de Alexandre, o Grande.

FRANÇOIS-NOËL BABEUF (1760-1797): Jornalista e ativista político francês na época da Revolução Francesa. Após sua execução em 1797, passou a ser considerado pela maioria das pessoas um fervoroso republicano e um precursor do comunismo.

BABILÔNIA: Antigo reino situado principalmente em territórios que atualmente compreendem o Iraque.

FRANCIS BACON (1561-1626): Filósofo, cientista e político inglês; serviu como Lorde Chanceler da Inglaterra e foi um importante defensor dos métodos científicos de pesquisa do início da era moderna.

CESARE BECCARIA (1738-1794): Político e filósofo italiano cuja obra *Dos delitos e das penas* é considerada a base da moderna penalogia.

JEREMY BENTHAM (1748-1832): Jurista, filósofo, reformador legal e social inglês. Um eminente teórico da filosofia do direito anglo--americana, Bentham habitualmente é considerado o fundador da rigorosa tradição utilitarista na filosofia.

LOUIS BLANC (1811-1882): Historiador e político francês, tornou-se bastante conhecido como socialista e defensor da população urbana pobre.

ANÍCIO MÂNLIO SEVERINO BOÉCIO (c. 480-524/5): Primeiro filósofo cristão, autor de *Consolação da filosofia*. É reconhecido, há muito

284 · BREVE HISTÓRIA DA JUSTIÇA

tempo, como um importante estudioso da filosofia antiga e um canal por meio do qual ela foi transmitida para o Ocidente medieval.

EDMUND BURKE (1729-1797): Político, orador e filósofo irlandês que serviu durante muitos anos na Câmara dos Comuns da Grã-Bretanha e é bastante conhecido tanto pelo apoio que deu à Revolução Americana como pela oposição à Revolução Francesa. Burke é amplamente considerado o principal porta-voz do conservadorismo moderno.

MARCO TÚLIO CÍCERO (106-43 a.c.): Importante filósofo, político, jurista, orador e pensador político romano. Ele também traduziu obras filosóficas gregas para o latim, contribuindo assim para a formação de um vocabulário filosófico técnico nesse idioma.

DIO CRISÓSTOMO (40-120 a.D.): Grego, foi orador, filósofo e historiador do Império Romano.

FRIEDRICH ENGELS (1820-1895): Historiador, teórico político e cientista econômico e social que colaborou com Karl Marx no *Manifesto comunista* e em outras obras, tendo apoiado Marx e sua obra financeiramente.

ESTOICOS/ESTOICISMO: Uma das quatro principais escolas de filosofia helenista de Atenas. O estoicismo foi fundado por Zenão de Cítio no último quarto do século III a.C., tendo granjeado, posteriormente, um grande número de seguidores entre os intelectuais gregos e romanos.

JOHANN GOTTLIEB FICHTE (1762-1814): Filósofo alemão da tradição do idealismo alemão, situa-se cronologicamente entre Immanuel Kant (1724-1804) e Georg Wilhelm Friedrich Hegel (1770-1831).

HAMURÁBI (morreu c. 1750 a.C.): Rei da Babilônia que expandiu seu reino por meio de uma série de guerras. É mais conhecido dos estudiosos contemporâneos pelo *Código de Hamurábi*, uma das primeiras codificações importantes do direito da história escrita.

GEORG WILHELM FRIEDRICH HEGEL (1770-1831): Filósofo alemão da tradição do idealismo alemão, que brotou principalmente do pen-

GLOSSÁRIO DE NOMES · 285

samento de Immanuel Kant. É mais conhecido por seu primeiro e impressionante livro, *Fenomenologia do espírito*, e por seu último livro, *Filosofia do direito*. Quando jovem, Karl Marx estudou a filosofia de Hegel, vindo, por fim, a criticá-la duramente.

HESÍODO (fl. c. 700 a.C.): Antigo poeta épico grego. Diferentemente de Homero, com quem frequentemente é comparado, ele descreve a vida de laboriosos agricultores beócios como ele.

THOMAS HOBBES (1588-1679): Filósofo e estudioso inglês que traduziu obras de Tucídides e Homero do grego para o inglês e desenvolveu uma filosofia sistemática, conhecida às vezes como materialismo mecânico. É mais conhecido pelo livro *Leviatã*, de 1651, uma das obras fundamentais da filosofia política moderna.

HOMERO: Autor tradicional dos primeiros poemas épicos gregos, *Ilíada* e *Odisseia*, que provavelmente ganharam forma entre os séculos VIII e VII a.C. Desde o fim da Antiguidade, não existe consenso entre os estudiosos quanto aos poemas serem criação de um indivíduo histórico ou de uma associação de poetas orais (a Homeridae); o certo, porém, é que os poemas homéricos foram transmitidos oralmente por meio de declamações e improvisações durante séculos antes de ser escritos. Atualmente, para a maioria dos estudiosos a *Ilíada* e a *Odisseia* foram compostas por dois autores diferentes.

DAVID HUME (1711-1776): Filósofo e historiador escocês; é considerado uma importante figura na história do empirismo filosófico moderno.

JUSTINIANO (483-565): Imperador do Império Romano do Oriente (com a capital em Bizâncio), célebre por ter ordenado a codificação do direito romano.

IMMANUEL KANT (1724-1804): Filósofo alemão cuja obra teve uma influência muito grande na ética e na metafísica modernas. Sua *Crítica da razão pura* é uma das obras fundamentais da filosofia moderna.

286 · BREVE HISTÓRIA DA JUSTIÇA

PETER KROPOTKIN (1842-1921): Zoólogo e teórico evolucionista que defendia o anarquismo (i.e., uma sociedade livre de qualquer governo central) e um comunismo baseado nas associações voluntárias dos trabalhadores.

THOMAS ROBERT MALTHUS (1766-1834): Economista e demógrafo inglês que, contrariamente a alguns pensadores de sua época, advertia que o crescimento populacional limitaria as possibilidades de progresso das sociedades humanas.

KARL MARX (1818-1883): Economista, filósofo, pensador político e ativista revolucionário alemão, amplamente conhecido por sua obra-prima *O capital: uma crítica da economia política*.

MATEUS, O EVANGELISTA (século 1 a.C.-século 1 a.D.): Tradicionalmente identificado como autor de um dos Evangelhos, segundo o qual ele era um cobrador de impostos quando foi chamado por Jesus de Nazaré para ser um de seus discípulos.

JOHN STUART MILL (1806-1873): Economista, filósofo, pensador político e administrador britânico. É conhecido como um defensor do empirismo na filosofia, do utilitarismo e do pensamento político de tradição liberal.

THOMAS MORUS (1478-1535): Jurista e estadista inglês; também uma importante figura da Igreja Católica que resistiu à Reforma inglesa. Morus cunhou a palavra "utopia" a partir do grego, colocando a partícula negativa *ou* ("não") na frente do substantivo *topos* ("lugar"), e usou-a como título de sua obra mais famosa, *Utopia*.

ISAAC NEWTON (1642-1727): Matemático, cientista, filósofo, alquimista e teólogo inglês, mais conhecido por ter formulado a teoria da gravidade universal e por desenvolver os cálculos matemáticos.

PLATÃO (429-347 a.C.): Antigo filósofo grego e fundador da Academia de Atenas, considerada a primeira "escola" formal de filosofia. Os inúmeros textos de Platão influenciaram profundamente todo o desenvolvimento posterior da filosofia. Todos eles têm a forma de

GLOSSÁRIO DE NOMES · 287

diálogo e retratam Sócrates conversando com diversos interlocutores; nem um único ponto de vista dos diálogos é creditado a Platão.

JOHN RAWLS (1921-2002): Filósofo americano cujo livro *Uma teoria da justiça* (1971) é considerado a obra que deu início a uma importante renovação da filosofia política.

JEAN-JACQUES ROUSSEAU (1712-1778): Escritor nascido na Suíça, foi criado em Genebra e passou grande parte da vida na França. Rousseau é mais conhecido pela importante obra de filosofia política *Do contrato social*, considerada uma obra seminal da teoria democrática, e por *Emílio*, tratado sobre a educação na forma de um relato da educação de um jovem.

HENRI DE SAINT-SIMON (1760-1825): Escritor e eminente personalidade pública de nacionalidade francesa. Tinha uma visão tecnocrática da sociedade socialista, que ele defendia; é considerado uma figura importante da história da sociologia.

HENRY SIDGWICK (1838-1900): Filósofo moral inglês cujo livro *Os métodos da ética* geralmente é considerado a obra culminante da tradição utilitarista clássica da filosofia moral e política.

ADAM SMITH (1723-1790): Filósofo moral escocês, cuja *Riqueza das nações* é considerada a obra fundamental da teoria econômica moderna.

SÓCRATES (469-399 a.C.): Filósofo grego e mestre de Platão. Embora não tenha deixado nenhum texto, introduziu o método dialético (o método de arguir sistematicamente por meio do diálogo) e, com ele, a prática da filosofia como um modo de vida. Todos os discípulos de seu círculo escreveram diálogos socráticos; entre eles, o mais famoso foi Platão.

SOFISTAS: Rótulo aplicado a intelectuais conferencistas itinerantes do mundo grego do final do século V a.C. (por volta da época de Sócrates). Embora ensinassem sobre todos os assuntos possíveis,

288 · BREVE HISTÓRIA DA JUSTIÇA

seu princípio geral era a habilidade no uso da oratória, cujo objetivo era convencer os outros.

HERBERT SPENCER (1820-1903): Filósofo, sociólogo e teórico evolucionista inglês.

TEÓGNIS (século 7 ou 6 a.C.): Poeta ou grupo de poetas associados ao início da antiga elegia grega. "Cirno" é o nome de um jovem a quem os poemas de Teógnis são dirigidos.

ALEXIS DE TOCQUEVILLE (1805-1859): Político, sociólogo, teórico político e historiador francês, é mais conhecido pela obra em dois volumes *Democracia na América*, escrita na década de 1830 após uma extensa visita aos Estados Unidos, e por *O antigo regime e a revolução*. Tocqueville é considerado um importante colaborador para o desenvolvimento da teoria democrática.

EDWARD WESTERMARCK (1862-1939): Filósofo e sociólogo finlandês, mais conhecido pelas obras sobre ética e o tabu do incesto.

NOTAS

TÍTULOS ABREVIADOS USADOS NAS NOTAS

Aristóteles, *Ethics*

The Fifth Book of the Nicomachean Ethics of Aristotle, organizado e traduzido por Henry Jackson. Cambridge, Cambridge University Press, 1879.

Aristóteles, *Politics*

Aristóteles, *The Politics of Aristotle*. Para essa obra usei duas traduções. A maioria das referências são a *The Politics of Aristotle*, traduzida por J. E. C. Welldon. Londres, Macmillan, 1901. Quanto a alguns trechos que aparecem no Capítulo 4, adotei a versão de *The Politics of Aristotle*, traduzida, com notas, por Ernest Barker. Oxford, Clarendon Press, 1960. Onde usei a tradução de Barker, a opção está indicada.

Beccaria, *Crimes*

Cesare Beccaria, *On Crimes and Punishments and Other Writings*, organizado por Richard Bellamy, traduzido por Richard Davies. Cambridge, Cambridge University Press, 1995.

Bentham, *Principles*

Jeremy Bentham, *An Introduction to the Principles of Morals and Legislation*. Nova York, Hafner, 1965.

Cícero, *De legibus*

Cícero, *On the Laws*, em *On the Commonwealth and On the Laws*, organizado e traduzido por James E. G. Zetzel. Cambridge, Cambridge University Press, 1999.

Code of Hamurabi

The Babylonian Laws, organizado e traduzido por G. R. Driver e John C. Miles, vol. 2. Oxford, Clarendon Press, 1955.

290 · BREVE HISTÓRIA DA JUSTIÇA

Hobbes, *Leviathan*

Leviathan, or the Matter, Forme, and Power of a Commonwealth Ecclesiastical and Civil, em Thomas Hobbes, *Leviathan: A Norton Critical Edition*, organizado por Richard E. Flathman e David Johnston. Nova York, W. W. Norton, 1997.

Homero, *Iliad*

Homero, *Iliad*, traduzido por Richmond Lattimore. Chicago e Londres, University of Chicago Press, 1951.

Hume, *Enquiry*

An Enquiry Concerning the Principles of Morals, em David Hume, *Hume's Moral and Political Philosophy*, organizado por Henry D. Aiken. Nova York, Macmillan, 1948.

Kant, *Critique*

Immanuel Kant, *Critique of Pure Reason*, traduzido por Norman Kemp Smith. Londres, Macmillan, 1973.

Kant, "Perpetual peace"

"Perpetual peace: A philosophical sketch", em Immanuel Kant, *Political Writings*, organizado por Hans Reiss, traduzido por H. B. Nisbet, 2. ed. Cambridge, Cambridge University Press, 1991.

Kant, *Rechtslehre*

Immanuel Kant, *The Metaphysics of Morals*, traduzido por Mary Gregor. Cambridge, Cambridge University Press, 1991.

Kant, "Theory and practice"

"No ditado popular 'Isto pode ser verdade em teoria, mas não se aplica na prática'", em Immanuel Kant, *Political Writings*, coordenado por Hans Reiss, traduzido por H. B. Nisbet, 2. ed. Cambridge, Cambridge University Press, 1991.

Marx, "Gotha"

Karl Marx, "Critique of the Gotha Program", em *The Marx-Engels Reader*, 2. ed., organizado por Robert C. Tucker. Nova York, Norton, 1978.

Marx, *Ideology*

Karl Marx, *The German Ideology: Part I*, em *The Marx-Engels Reader*, 2. ed., organizado por Robert C. Tucker. Nova York, Norton, 1978.

New Testament

A Bíblia sagrada: Novo Testamento, 2. ed. traduzida em português por João Ferreira de Almeida, ed. revista e atualizada no Brasil. São Paulo, Sociedade Bíblica do Brasil, 1993.

Old Testament

A Bíblia sagrada: Antigo Testamento, 2. ed., traduzida em português por João Ferreira de Almeida, ed. revista e atualizada no Brasil. São Paulo, Sociedade Bíblica do Brasil, 1993.

Platão, *Republic*

Platão, *Republic*, traduzido por Alexander Kerr. Chicago, C. H. Kerr & Co., 1918.

NOTAS · **291**

Rawls, *Collect Papers*	John Rawls, *Collected Papers*, ed. Samuel Freeman, Cambridge, MA, Harvard University Press, 1999.
Rawls, *Restatement*	John Rawls, *Justice as Fairness: a Restatement*, coordenado por Erin Kelly. Cambridge, MA, Harvard University Press, 2001.
Rawls, *Teoria*	John Rawls, *A Theory of Justice* [1971], ed. rev. Cambridge, MA, Harvard University Press, 1999.
Saint-Simon, "Organizer"	"First extract from 'The organizer'", em Henri de Saint-Simon, *Social Organization, the Science of Man, and Other Writings*, coordenado e traduzido por Felix Markham. Nova York, Harper & Row, 1964.
Smith, *Sentiments*	Adam Smith, *The Theory of Moral Sentiments*, coordenado por D. D. Raphael e A. L. Macfie. Oxford, Clarendon Press, 2001.
Smith, *Wealth*	Adam Smith, *An Inquiry into the Nature and Causes of the Wealth of Nations*. Nova York, Modern Library, s.d.
Spencer, *Principles*	Herbert Spencer, *The Principles of Ethics*, 2 vols. Nova York, D. Appleton, 1898.

PRÓLOGO – DO MODELO CLÁSSICO AO SENSO DE JUSTIÇA

1 Hobbes, *Leviathan*, cap. 14, p. 74.

2 Smith, *Wealth* I. 2, p. 14.

3 Richard Alexander, *The Biology of Moral Systems*. Hawthorne, NY, A. de Gruyter, 1987, p. 3.

4 Richard Dawkins, *The Selfish Gene*, nova ed. Oxford, Oxford University Press, 1989, p. 3. Embora a intenção de Dawkins tenha sido descrever a tendência que os genes têm de se reproduzir, a grande maioria das pessoas entendeu que sua afirmação se aplicava aos seres humanos e não a seus genes.

5 Para uma discussão mais completa e precisa, ver Jon Elster, "Introduction", em Jon Elster (org.), Rational Choice. Nova York, New York University Press, 1986, pp. 1-33.

6 Austin, G. e Walster, E., "Participants' reation to 'equity with the world'", *Journal of Experimental Social Psychology* 10 (1974): 528-548. Essa e outras experiências estão discutidas em Melvin J. Lerner, "The justice motive in human relations and the economic model of man: a radical analysis of facts and fictions", em Valerian J. Derlega e Janusz Grzelak (orgs.), *Cooperation and Helping Behavior: Theories and Research*. Nova York, Academic Press, 1982, pp. 249-78.

292 · BREVE HISTÓRIA DA JUSTIÇA

7 Daniel Kahneman, Jack L. Knetsch e Richard Thaler, "Fairness as a constraint on profit seeking: Entitlements in the market", *American Economic Review* 76:4 (setembro de 1986): 728-741.

8 Ver Ernest Fehr e Simon Gächter, "Altruistic punishment in humans", *Nature* 415 (10 de janeiro de 2002): 137-140, e Ernst Fehr e Urs Fischbacher, "The nature of human altruism", *Nature* 425 (23 de outubro de 2003): 785-791.

9 Ver Kristen R. Monroe, *The Heart of Altruism: Perceptions of a Common Humanity*. Princeton, Princeton University Press, 1996.

10 Ver Ernst Fehr e Urs Fischbacher, "The nature of human altruism", *Nature* 425 (23 de outubro de 2003): 785-791.

11 Ver Joseph Henrich, Robert Boyd, Samuel Bowles, Colin Camerer, Ernst Fehr, Herbert Gintis e Richard McElreath, "In search of homo economicus: Behavioral experiments in 15 small-scale societies", *Economics and Social Behavior* 91:2 (maio de 2001): 73-78.

12 Ver Frans de Waal, *Good Natured: the Origins of Right and Wrong in Humans and Other Animals*. Cambridge, MA, Harvard University Press, 1996; e Claudia Rutte e Michael Taborsky, "Generalized Reciprocity in Rats", *PLoS Biology* 5:7 (julho de 2007): e196.

13 Aristóteles, *Politics* I.ii, 1253a (tradução de Welldon).

14 Hobbes, *Leviathan*, cap. 17, pp. 94-95.

15 Essa hipótese é sugerida por Richard Joyce em *The Evolution of Morality*. Cambridge e Londres: MIT Books, 2006, p. 89.

CAPÍTULO 1 – A ESFERA DA JUSTIÇA

16 *Code of Hamurabi*, p. 7.

17 *Code of Hamurabi*, p. 77.

18 *Code of Hamurabi*, p. 17.

19 *Code of Hamurabi*, p. 15.

20 *Code of Hamurabi*, p. 97.

21 Homero, *Iliad* I, 161-68.

22 Homero, *Iliad* VI, 55-65.

23 Ex 21, 12-17 (no Antigo Testamento).

24 Is 59, 15-18 (no Antigo Testamento).

25 Jr 5, 20, 27-29 (no Antigo Testamento).

26 Is 1, 17.

27 Ml 3, 5 (no Antigo Testamento).

28 Gn 13, 2 (no Antigo Testamento).

29 Ex 21, 2, 7, 8, 10, 11, 26, 27 (no Antigo Testamento).

30 Ex 21, 23-25.

31 Ex 22, 1, 3, 4.

NOTAS · 293

32 Ex 20, 12.

33 Ver Jonathan Haidt e Craig Joseph, "Intuitive ethics: How innately prepared intuitions generate culturally variable virtues", em *Daedalus* (outono de 2004): 55-66.

34 Citado por Alvin W. Gouldner em "The norm of reciprocity: a preliminary statement", *American Sociological Review* 25:2 (abril de 1960): 161.

35 Edward Westermarck, *The Origin and Development of the Moral Ideas*. Londres, Macmillan, 1908, vol. 2, p. 155.

36 Para uma discussão proveitosa nessa área, ver Marshall D. Sahlins, "On the sociology of primitive Exchange", em Michael Banton (org.), *The Relevance of Models for Social Anthropology*. Londres, Tavistock Publications, 1965, pp. 139-236.

37 Ver, novamente, Jonathan Haidt e Craig Joseph, "Intuitive ethics: How innately prepared intuitions generate culturally variable virtues", em *Daedalus* (outono de 2004): 55-66.

CAPÍTULO 2 – TELEOLOGIA E TUTELAGEM N'A *REPÚBLICA* DE PLATÃO

Todas as referências a *Republic* [*A república*], de Platão, aparecem no texto principal entre colchetes, de acordo com a sequência de Stephanus: essa notação reproduz o número da página e da coluna do texto, tal como apareceram na *editio princeps* dos diálogos de Platão preparada por Henricus Stephanus (Henri Estienne) em Genebra, em 1578, e é a forma padrão de fazer referência a Platão; como tal, ela é reproduzida em todas as edições e traduções contemporâneas. Assim, os trechos por mim citados podem ser encontrados na maioria das traduções contemporâneas (ou nas edições do texto original) recorrendo-se à sequência de Stephanus. Como observei anteriormente na relação de títulos abreviados, adotei a tradução de Alexander Kerr, na qual fiz algumas poucas modificações.

38 "*se for justo* [*dikaíos*]": Esses versos são atribuídos ao poeta Teógnis, versos 147-148. O texto grego está reproduzido em Arthur W. H. Adkins, *Merit and Responsibility: A Study in Greek Values*. Chicago, University of Chicago Press, 1960, p. 78n. Os estudiosos discordam a respeito de qual seria a tradução correta desses versos, especialmente o decisivo segundo verso. Adkin traduz assim: "todo homem, Cirno, é *agathos* [bom] se for *dikaios* [justo]". No entanto, para Michael Gagarin e Paul Woodruff a tradução seria "todo homem bom, Cirno, é justo" (*Early Greek Political Thought from Homer to the Sophists*. Cambridge, Cambridge University Press, 1995, p. 32). Para Adkins, o verso dá a entender que, se um homem é justo, então ele é necessariamente bom; na interpretação de Gagarin e Woodruff, o verso dá a entender que, se um homem é bom, então ele é necessariamente justo. Embora não tenha aceito a tradução de Adkin em sua totalidade, pensando bem ela parece mais precisa do que a de Gagarin e Woodruff. No entanto, é preciso ter em mente que, pela própria natureza, a poesia se vale da ambiguidade de sentido; e, como essa afirmação certamente é verdadeira quando se trata da poesia arcaica grega, ambas as interpretações podem ser justificadas. O extraordinário nessa pas-

294 · BREVE HISTÓRIA DA JUSTIÇA

sagem é que o papel mais decisivo atribuído à justiça que a interpretação de Adkin sugere poderia muito bem ser avalizado nos dias de hoje.

39 Uma formulação bastante conhecida dessa ideia pode ser encontrada no "Melian Dialogue", na *History of the Peloponnesian War*, de Tucídides, traduzido por Rex Warner. Harmondsworth, Middlesex, Penguin, 1972, Livro V, caps. 84-114 (pp. 400-07).

CAPÍTULO 3 – A TEORIA DA JUSTIÇA DE ARISTÓTELES

Todas as referências à *Nicomachean Ethics* [*Ética a Nicômaco*] e à *Politics* [*Política*] de Aristóteles estão anotadas entre parênteses no texto principal. Elas foram feitas utilizando os tradicionais números de páginas e letras de colunas extraídos da monumental edição que Immanuel Bekker fez do *Corpus Aristotelicum* (Berlim, 1831-1870), que todas as edições e traduções contemporâneas seguem (com exceção das poucas obras que Bekker desconhecia, e que não foram incluídas em sua edição). No que diz respeito às citações de *Política*, também acrescentei os números dos livros e dos capítulos, bastante comuns nas referências feitas às obras aristotélicas. Como observei anteriormente na relação de títulos abreviados, para a *Ética a Nicômaco* utilizei a tradução parcial de Henry Jackson, na qual fiz revisões pontuais. Para os trechos de *Política* apresentados neste capítulo, utilizei a tradução de J. E. C. Welldon (da relação de títulos abreviados citados anteriormente), na qual fiz revisões de pouca monta.

40 Aristóteles, *Nicomachean Ethics*, traduzido por H. Rackham. Nova York e Londres, G. P. Putnam's Sons, 1926.

CAPÍTULO 4 – DA NATUREZA AO ARTIFÍCIO: DE ARISTÓTELES A HOBBES

41 Sl 103, 6 (no Antigo Testamento).

42 Sl 9, 7-8.

43 Sl 9, 5-6.

44 Aristóteles, *Politics* 1324b (tradução de Barker).

45 Aristóteles, *Politics* 1324b (tradução de Barker).

46 Para reconstituir o pensamento de Zenão e o pensamento estoico posterior, baseei-me, em grande medida, em Malcolm Schofield, *The Stoic Idea of the City*. Cambridge, Cambridge University Press, 1991.

47 Cícero, *De legibus* I.19, p. 112.

48 Cícero, *De legibus* I.30, p. 116.

49 Cícero, *De legibus* I.30, p. 116.

50 Dio Crisóstomo, com a tradução para o inglês de J. W. Cohoon e H. Lamar Crosby, em cinco volumes. Cambridge, MA, Harvard University Press, 1961, vol. 3, pp. 417-75.

NOTAS · 295

51 Cícero, *De legibus* I.61, p. 127.

52 *The Digest of Justinian*, traduzido e organizado por Alan Watson, ed. rev., 2 vols. Filadélfia, University of Pennsylvania Press, 1998.

53 Lc 4, 14 (no Novo Testamento).

54 Aristóteles, *Politics* I.ii, 1253a (tradução de Welldon).

55 Aristóteles, *Politics* I.v, 1254b (tradução de Welldon).

56 Aristóteles, *Politics* I.v, 1254b (tradução de Welldon).

57 Aristóteles, *Politics* I.v, 1254b (tradução de Welldon).

58 Aristóteles, *Politics* I.vi, 1255a (tradução de Welldon).

59 Para uma discussão completa sobre a história da iconografia da justiça, ver Judith Resnick e Dennis Curtis, *Representing Justice: Invention, Controversy, and Rights in City-States and Democratic Courtrooms*. New Haven e Londres: Yale University Press, 2011.

60 Cícero, *De legibus* I.30, p. 116.

61 Cícero, fragmento citado por Santo Agostinho em *The City of God*; segundo a tradução em Cícero, *On the Commonwealth and on the Laws*, organizado por James E. G. Zetzel. Cambridge, Cambridge University Press, 1999, p. 73.

62 *The Digest of Justinian*, traduzido e organizado por Alan Watson, ed. rev., 2 vols. Filadélfia, University of Pennsylvania Press, 1998, I, 5 (grifo meu).

63 Mt 19, 24 (no Novo Testamento). É bastante plausível que o texto tradicional desse verso seja uma deturpação do original, que provavelmente seria: "é mais fácil passar uma corda pelo fundo de uma agulha [...]". As palavras que significam "corda" e "camelo" no idioma grego – no qual o Evangelho foi escrito – eram muito semelhantes (*kamilos* e *kamelos*).

64 Hobbes, *Leviathan*, cap. 14, p. 72.

65 Hobbes, *Leviathan*, cap. 15, p. 85.

66 Smith, *Wealth* I.2, p. 15.

67 Tal como recontado por Platão em *Protagoras* 320c-22d, traduzido por W. K. C. Guthrie em *The Collected Dialogues of Plato*, organizado por Edith Hamilton e Huntington Cairns. Princeton, Princeton University Press, 1973.

68 Platão, *Protagoras* 322d.

69 Heródoto, *Histories*, traduzido por Robin Waterfield. Oxford, Oxford University Press, 1998, Livro III, caps. 80-82.

70 Aristóteles, *Politics* I.ii, 1253a (tradução de Welldon).

71 Cícero, *De legibus* I.33, p. 117.

72 Cícero, *De legibus* I.28, p. 115.

73 R. W. Southern apresenta uma discussão desse processo, hoje clássica, em *The Making of the Middle Ages*. New Haven e Londres, Yale University Press, 1953.

74 Thomas Morus, *Utopia*, organizado por George M. Logan e Robert M. Adams. Cambridge, Cambridge University Press, 2002.

296 · BREVE HISTÓRIA DA JUSTIÇA

75 Hobbes, *Leviathan*, cap. 30, pp. 170-71.

76 Hobbes, *Leviathan*, cap. 30, p. 171.

CAPÍTULO 5 – O SURGIMENTO DA UTILIDADE

77 Hume, *Enquiry* III, parte 2, p. 200.

78 Hume, *Enquiry* III, parte 2, p. 201.

79 Beccaria, *Crimes*: "To the reader", pp. 4-5.

80 Beccaria, *Crimes*, cap. 2, p. 11.

81 Beccaria, *Crimes*, cap. 2, p. 11.

82 Smith, *Sentiments* II. ii, p. 86.

83 Smith, *Wealth* I. 2, p. 13.

84 Jeremy Bentham, *Anarchical Fallacies*, em *The Works of Jeremy Bentham, Published under the Superintendence of his Executor, John Bowring*, 11 vols. Edimburgo, 1838-1843, vol. 2, p. 501.

85 "Of the original contract", em David Hume, *Hume's Moral and Political Philosophy*, organizado por Henry D. Aiken. Nova York, Macmillan, 1948, p. 357.

86 Hume, *Enquiry* III, parte 1, pp. 190-91.

87 Hume, *Enquiry* III, parte 1, p. 191.

88 Beccaria, *Crimes*, cap. 13, pp. 32-33.

89 Beccaria, *Crimes*, cap. 14, pp. 34-36.

90 Smith, *Wealth* I. 2, p. 15.

91 Smith, *Wealth* V. 1, p. 734.

92 Jeremy Bentham, conforme citação feita em Paul J. Kelly, *Utilitarianism and Distributive Justice: Jeremy Bentham and the Civil Law*. Oxford, Oxford University Press, 1990, p. 179.

93 John Stuart Mill, *Utilitarianism*, em *John Stuart Mill on Liberty and Other Essays*, organizado por John Gray. Oxford, Oxford University Press, 1998, p. 199.

94 Hume, *Enquiry* III, parte 1, p. 185.

95 Hume, *Enquiry* III, parte 1, p. 189.

96 Hume, *Enquiry* III, parte 1, p. 187.

97 Smith, *Sentiments* II. ii, p. 87.

98 Smith, *Sentiments* II. ii, p. 87.

99 Smith, *Sentiments* II. ii, p. 87.

100 Smith, *Sentiments* II. ii, p. 86.

101 Smith, *Sentiments* II. ii, pp. 90-91.

102 Smith, *Wealth* I. 2, p. 13.

103 Smith, *Wealth* IV. 2, p. 423.

NOTAS · **297**

104 Beccaria, *Crimes*: "To the reader", p. 3.

105 Beccaria, *Crimes*: "Introduction", p. 7.

106 Beccaria, *Crimes*, cap. 3, pp. 12-13.

107 Beccaria, *Crimes*, cap. 27, p. 64.

108 Beccaria, *Crimes*, cap. 12, p. 31.

109 Beccaria, *Crimes*: "Introduction", p. 7.

110 Beccaria, *Crimes*, cap. 41, p. 103.

111 Bentham, *Principles*, cap. 17, p. 329, nota 1.

112 Jeremy Bentham, citação extraída de *A Fragment on Government*, em *A Comment on the Commentaries and A Fragment on Government*, organizado por J. H. Burns e H. L. A. Hart. Oxford, Clarendon Press, 2010, p. 393.

113 Paul Kelly discute essa mudança na formulação de Bentham em *Utilitarianism and Distributive Justice: Jeremy Bentham and the Civil Law*. Oxford, Oxford University Press, 1990, p. 75.

114 Bentham, *Principles*, cap. 1, p. 1.

115 No cap. 6 de *Utilitarianism and Distributive* (mencionado anteriormente) Paul Kelly apresenta uma ampla discussão desse princípio nos últimos textos de Bentham.

116 Bentham, *Principles*, cap. 14, p. 179.

117 Smith, *Wealth* V. 3, p. 862.

118 Smith, *Wealth* I. 1, p. 12.

119 Adam Smith, *Lectures on Jurisprudence*, organizado por R. L. Meek, D. D. Raphael e P. G. Stein. Oxford, Clarendon Press, 1978. Ver as notas sobre a conferência de Smith de 3 de fevereiro de 1763, pp. 158-60 (pp. 132-33 em Meek et al.) e o relatório de suas conferências datado de 1766, pp. 197-98 (p. 483 em Meek et al.).

120 Beccaria, *Crimes*, cap. 12, p. 31.

121 Ver adiante, cap. 8, I.

CAPÍTULO 6 – A TEORIA DA JUSTIÇA DE KANT

Todas as referências a *Rechtslehre* de Kant (Parte I de *Metaphysics of Morals* [*Metafísica da moral*]) estão anotadas entre parênteses no texto principal pelo número da página. O primeiro número refere-se à paginação da tradução de Mary Gregor (ver a relação de títulos abreviados). O segundo número, entre colchetes, refere-se à paginação da edição da Real Academia Prussiana de Ciências (comumente chamada de edição da Academia), que oferece uma base padronizada de referência das obras de Kant. Nas notas que seguem, as referências a *Grounding for the Metaphysics of Morals* [*Fundamentos da metafísica da moral*] também incluem, entre colchetes, os números das páginas da edição da Academia. As referências à *Critique of Pure Reason* [*Crítica da razão pura*] de Kant nas notas que se seguem incluem o número da página da tradução de Norman Kemp Smith (ver a relação de títulos

298 · BREVE HISTÓRIA DA JUSTIÇA

abreviados) e o número da página da primeira e da segunda edições da *Crítica*. A primeira edição está identificada pela letra "A" e a segunda, pela letra "B".

122 "Theory and practice", pp. 70-71.

123 "Theory and practice", p. 70.

124 *Ver também* "Theory and practice", p. 74.

125 "Theory and practice", p. 74.

126 "Theory and practice", p. 81n.

127 Kant, *Critique* (em geral).

128 Kant, *Critique*, p. 631 [A798/B826].

129 Kant, *Critique*, p. 634 [A802/B830]; ver também a discussão similar em Kant, *Rechtslehre* p. 42 [213-14].

130 *Homo noumenon* e *Homo phaenomenon* (*passim* neste capítulo) não são expressões do *Homo sapiens* (substantivo + adjetivo correspondente), mas fórmulas de identidade entre o substantivo masculino latino *Homo* e um particípio neutro grego (*noumenon, phainomenon*), tratado como um substantivo: em seu uso nominal, *to noumenon* indica regularmente, em Kant, *das Ding an sich*, "a coisa em si". Esse termo pertence à mesma família de *nous* e *noesis* discutidos anteriormente.

131 Ver também Immanuel Kant, "Perpetual peace", p. 99n.

132 Immanuel Kant, *Grounding for the Metaphysics of Morals*, traduzido por James W. Ellington, 3. ed. Indianápolis e Cambridge, Hackett, 1993, p. 30 [421]. Kant apresenta formulações semelhantes em *Rechtslehre* p. 51 [224] e em "Perpetual peace" p. 122.

133 Mt 7, 12.

134 Mt 5, 38-41.

135 Kant, "Theory and practice", p. 75.

136 Kant, "Theory and practice", p. 75.

137 Kant, "Theory and practice", p. 75.

138 Kant, "Theory and practice", p. 74 (grifo meu).

139 Kant, "Theory and practice", p. 73.

140 Além de *Rechtslehre*, ver também "Theory and practice", p. 81, e "Perpetual peace", pp. 118n e 126.

141 "Perpetual peace", p. 99n.

142 "Theory and practice", p. 79.

143 "Theory and practice", p. 74.

144 "Theory and practice", p. 74.

145 "Theory and practice", p. 75.

146 "Theory and practice", p. 79, e "Perpetual peace", p. 99n.

NOTAS · **299**

147 A concepção particular (do que mais tarde viria a ser chamado) de justiça social de Kant *não* está contida na, nem é transmitida pela, expressão "justiça distributiva". Essa expressão, para ele, refere-se às alocações de bens e responsabilidades que são determinadas – ou "distribuídas" – por um tribunal público de justiça. Ver *Rechtslehre*, pp. 113 [297] e 118 [302].

CAPÍTULO 7 – A IDEIA DE JUSTIÇA SOCIAL

148 Platão, *Republic* 592b.

149 Thomas Morus, *Utopia*, organizado por George M. Logan e Robert M. Adams. Cambridge, Cambridge University Press, 2002.

150 Francis Bacon, *The New Organon*, organizado por Fulton H. Anderson. Indianápolis, Bobbs-Merrill, 1960.

151 Alexis de Tocqueville desenvolve essa argumentação em *The Old Regime and the Revolution*, organizado por François Furet e Françoise Mélonio, traduzido por Alan S. Kahan. Chicago, University of Chicago Press, 1998.

152 Saint-Simon, "The Reorganization of the European Community", em *Social Organization, the Science of Man, and Other Writings*, organizado e traduzido por Felix Markham. Nova York, Harper & Row, 1964, p. 29.

153 Marx, *Capital: A Critique of Political Economy*, organizado por Friedrich Engels, traduzido por Samuel Moore e Edward Aveling. Nova York, International Publishers, 1967, pp. 8, 10.

154 Marx, *Ideology*, p. 160.

155 Marx, *Ideology*, p. 161.

156 Marx, *Ideology*, p. 160.

157 John Stuart Mill, *The Subjection of Women*, em *On Liberty and Other Essays*, organizado por John Gray. Oxford, Oxford University Press, 1998.

158 Henry Sidgwick, *The Methods of Ethics*, 7. ed. Indianápolis e Cambridge, Hackett, 1981, p. 274.

159 Saint-Simon, "Organizer", pp. 72-75.

160 Saint-Simon, "Organizer", p. 72.

161 Saint-Simon, "Organizer", p. 74.

162 Marx, "Gotha", pp. 529-30.

163 Spencer, *Principles*, vol. 2, p. 37.

164 Spencer, *Principles*, vol. 2, p. 37.

165 Para uma discussão ampla, ver P. S. Atiyah, *The Rise and Fall of Freedom of Contract*. Oxford, Clarendon Press, 1979.

166 Spencer, *Principles*, vol. 2, p. 42.

167 *Ancient Law*, de Henry Sumner Maine (publicado em 1861 e reeditado pela Dorset Press em 1986), é, entre várias outras, uma das obras mais importantes que indicaram essa mudança.

300 · BREVE HISTÓRIA DA JUSTIÇA

168 Ver David Thompson, *The Babeuf Plot: the Making of a Republican Legend*. Londres, Kegan Paul, 1947, p. 7.

169 Johann Gottlieb Fichte, *Foundations of Natural Right*, coordenado por Frederick Neuhouser, traduzido por Michael Baur. Cambridge, Cambridge University Press, 2000, p. 185.

170 Johann Gottlieb Fichte, "*The Closed Commercial State*", traduzido por Abraham Hayward, revisado por H. S. Reiss e P. Brown, em *The Political Thought of German Romantics, 1793-1815*, organizado por H. S. Reiss. Oxford, Blackwell, 1955, p. 90.

171 Karl Marx, "On the Jewish question", em *The Marx-Engels Reader*, 2. ed., coordenado por Richard C. Tucker. Nova York, Norton, 1978, p. 42.

172 Karl Marx, "On the Jewish question" (acima), p. 42.

173 Marx, "Gotha", p. 530.

174 Marx, "Gotha", p. 531.

175 Marx, "Gotha", pp. 529-30.

176 Marx, "Gotha", p. 530.

177 Ver, por exemplo, Joel Feinberg, "Justice and personal desert", em sua obra *Doing and Deserving: Essays in the Theory of Responsibility*. Princeton, Princeton University Press, 1970.

178 Smith, *Wealth* V. 2, p. 822.

179 Spencer, *Principles*, vol. 2, p. 37.

180 Esse é um tema fundamental nos últimos textos de Friedrich A. Hayek, especialmente *Law, Legislation and Liberty*, vol. 2: *The Mirage of Social Justice*. Chicago e Londres, University of Chicago Press, 1976.

181 Esse ponto de vista foi defendido por Michael Walzer em *Spheres of Justice: a Defense of Pluralism and Equality*. Nova York, Basic Books, 1983, e de uma forma mais nuançada em *Thick and Thin: Moral Argument at Home and Abroad*. Notre Dame e Londres, University of Notre Dame Press, 1994.

CAPÍTULO 8 – A TEORIA DA JUSTIÇA COMO EQUIDADE

Todas as referências à *Teoria* de Rawls estão anotadas entre parênteses no texto principal; o primeiro número de página refere-se à primeira edição de seu livro (1971), e o segundo número refere-se à edição revista (1999), como em "o direito vem antes do bem (31/28)".

182 Rawls mencionou esse hábito durante uma conversa com o autor em Washington, DC, em setembro de 1991.

183 A análise mais clara dessa faceta de sua teoria encontra-se em John Rawls, "Social unity and primary goods", em Amartya Sen e Bernard Williams (orgs.),

NOTAS · 301

Utilitarianism and Beyond. Cambridge, Cambridge University Press, 1982, pp. 159-
-85 (republicado em Rawls, *Collected Papers*, pp. 359-87).

184 Esse ponto de vista é nitidamente kantiano. Para uma breve discussão sobre
ele, ver citação acima, cap. 6, I.

185 Ver citação acima, cap. 5, III.

186 John Rawls, "Two concepts of rules", *Philosophical Review* 64:1 (janeiro de
1955): 3-32 (republicado em Rawls, *Collected Papers*, pp. 20-46 à p. 23).

187 John Rawls, "Kantian constructivism in moral theory", *Journal of Philosophy* 77 (setembro de 1980): 515-72 (republicado em Rawls, *Collected Papers*, pp.
303-58 à p. 337).

188 Para uma explicação mais completa dessa ideia, ver Rawls, *Restatement*,
pp. 4-8.

189 Rawls, *Restatement*, p. 5.

190 "Justice as fairness: Political not metaphysical", *Philosophy and Public
Affairs* 14 (1985): 223-51 (republicado em Rawls, *Collected Papers*, pp. 388-414 à
p. 403n).

191 Rawls, *Restatement*, p. 4.

192 Rawls, *Restatement*, p. 4.

193 John Rawls, *Political Liberalism*. Nova York, Columbia University Press,
1993, p. 291.

194 John Rawls, "Kantian constructivism in moral theory" (acima) e Rawls,
Restatement, pp. 18-19.

195 Em *Restatement*, Rawls observa: "Dizer que as desigualdades de renda e riqueza devem ser conciliadas em defesa do maior benefício aos menos favorecidos
significa simplesmente que devemos comparar modelos de cooperação verificando
*quão alto é o nível de bem-estar que os menos favorecidos desfrutam em cada mode-
lo*" (p. 59, grifo meu).

EPÍLOGO – DA JUSTIÇA SOCIAL À JUSTIÇA
GLOBAL

196 Joseph Henrich, Robert Boyd, Samuel Bowles, Colin Camerer, Ernst Fehr,
Herbert Gintis e Richard McElreath, "In search of homo economicus: Behavioral
experiments in 15 small-scale societies", *Economics and Social Behavior* 91: 92
(maio de 2001): 73-78.

197 John Rawls, *The Law of Peoples*. Cambridge, MA, Harvard University Press,
1999.

198 Aristóteles, *Politics* 1324b (tradução de Barker).

ÍNDICE REMISSIVO

A república de Platão, 5, 45-74, 290
como crítica da cultura grega, 61-8,
73
desafio de Glauco, 53
e a igualdade, 49-51
ideias preliminares de justiça em,
47-54
Alexander, Richard, 8, 291
Ancien Régime, 213, 227
Aquino, Tomás de, 94
areté ("virtude"), 22, 45-8, 66
aristocracia, 31, 33, 63, 189
Aristóteles, 14, 140, 283
crítica de Platão, 99-100
e a causa final, 136
e a naturalidade da *pólis*, 133, 137
e as diferenças categóricas entre os
seres humanos, 107, 108-23,
121-2, 125
Ética a *Nicômaco*, 75, 77, 83, 95, 101,
102, 293
influência nos conceitos
modernos a respeito da justiça,
105, 282
localismo (ou particularismo) de,
107-8, 110-2, 114
Política, 14, 98, 100, 103, 110, 119,
126, 132, 293

pressupostos/suposições de, 107,
108
aristotélico, sistema lógico, 134
artifício, e justiça, 49-50
ver também esfera do mundo
social, enquanto sujeito ao
planejamento humano
Augusto, César, 117
Austin, William, 291

Babeuf, François-Noël, 219, 220, 232,
234, 283
Babilônia, 17, 18, 19, 283
ver também direito, babilônico
Bacon, Francis, 203, 283
Beccaria, Cesare, 157, 158, 162, 163, 164,
166, 193, 283
do delito e da pena, 155-8, 163
Dos delitos e das penas, 144, 283
bem, conceito de, 1
ver também certo, conceito de
Bentham, Jeremy, 137, 139-41, 145,
158-62, 283
concepção errônea sobre, 159-60
Falácias anárquicas, 145
*Introdução aos princípios da moral
e legislação*, 139, 160, 289

304 · BREVE HISTÓRIA DA JUSTIÇA

princípio da maior felicidade, 157-9
sobre a igualdade natural, 148-9
sobre a pena, 161-2
Um fragmento sobre o governo, 159
Beveridge, William, 280
Blanc, Louis, 219, 232, 283
Boécio, Anício Mânlio Severino, 134, 283
Bowles, Samuel, 291, 301
Boyd, Robert, 291, 301
Burke, Edmund, 138, 209, 284

Camerer, Colin, 292, 301
Ceticismo, 5, 274
Cícero, Marco Túlio, 34, 113-6, 119, 121-3, 133
De legibus, 113, 115, 289
coerção, 61, 186
comunidade, como lugar da justiça, 83-4, 92, 108-11
ver também justiça, global; justiça, internacional; justiça, associação política como sujeita à
Condorcet, 137
contrato hipotético, 126, 157-8, 225, 254
ver também teoria da justiça de Kant, e contrato original; teoria da justiça de Rawls, e posição original
Crisóstomo, Dio, 115, 284
cristandade, 4, 125, 180
Antigo Testamento, 290
Novo Testamento, 290

Darwin, Charles, 152
Dawkins, Richard, 291
deontologia, 1
desigualdade, *ver* igualdade
dikaíos, 46
dikaiosýne, 22, 46, 70
díke, 22, 70

direito (*right*), conceito de, 1-2
prioridade sobre o bem (*good*), 1-2, 173, 240
direito mesopotâmico, 18
ver também direito, babilônico
direito:
babilônico, 17-21, 27-34, 42-3
hebraico antigo, *ver* Escritura hebraica
natural, 92-6
positivo, 92-3, 94-8
romano, 31-2, 116-7, 103-4
direitos, 27-9
divisão do trabalho, 56-7, 105, 206, 257
como fundamento do conceito moderno de justiça social, 168

Elster, Jon, 291
Engels, Friedrich, 207-8, 284
equidade, capacidade para, 12-3
ver também justiça, sentido de
Escravidão, 30, 101, 118-24
Escritura hebraica, 21-34, 36-9, 108-11, 129-30
Dez Mandamentos, 31-2
reciprocidade na, 33, 37
esfera do mundo social, 40
como determinada pela natureza, 132-6
como sujeita ao projeto humano, 4, 129-37
e hierarquia social, 39-42
justiça como padrão de avaliação da, 202
transformação da, 201-6
ver também justiça, esfera da
estoicos, 111-7, 121, 288
estrutura básica da sociedade, *ver* teoria da justiça de Rawls, estrutura básica da sociedade enquanto sujeita

ÍNDICE REMISSIVO · 305

Fehr, Ernst, 292, 301
Feinberg, Joel, 300
Fichte, Johann Gottlieb, 220-1, 280, 284

Gächter, Simon, 292
Galileu, 137
Gerbert, 134-5
Gintis, Herbert, 292, 301
Gouldner, Alvin W., 293
Grócio, Hugo, 278

Haidt, Jonathan, 293
Hamurábi, 18, 21, 289, 284
Hamurábi, Código de, 18-9, 21-2, 289
   ver também direito, babilônio
Hayek, F. A., 300
Hegel, Georg Wilhelm Friedrich, 243, 284
   Fenomenologia do espírito, 243
Henrich, Joseph, 292, 301
Heródoto, 130
Hesíodo, 46, 60, 285
hierarquia, social, 19-24, 29, 32-3
   e justiça, 18-21, 24-6, 32-2
   e reciprocidade desequilibrada, 38-43
Hobbes, Thomas, 107, 125, 203, 254, 278, 285
   crítica de Aristóteles, 126, 135-7
   direito natural, 125-6
   e a igualdade natural, 126-7, 221
   e o planejamento humano do mundo social, 136-7
   e o sentido de justiça, 14
   individualismo em, 125-6
   Leviatã, 125, 290
   pressuposto do interesse próprio, 155
Homero, 45-6, 60, 64-5, 285
   Ilíada, 22-5, 33-6, 64, 129, 290
   Odisseia, 65
   reciprocidade em, 23-4

Hume, David, 139-40, 203, 209, 235
   "Do contrato original", 146
   e a propriedade privada, 142, 150-1
   e a sociedade civil, 149
   e a utilidade como origem da justiça, 150-1
   e as afinidades naturais, 142
   e as condições da justiça, 251
   e os deveres artificiais, 141-3
   Investigação sobre os princípios da moral, 146, 241
   sobre a igualdade, 146-7, 221

igualdade, 3, 29, 146-7
   aritmética, 78-9, 88-9, 91-2, 97
   de capacidades naturais, 75, 119-21, 126, 146-9, 220, 276
   de valor inerente, 4, 171, 181, 188-9, 192, 221, 250, 276
   e cristandade, 3, 124
   e reciprocidade, 232-3, 276
   ideias emergentes de, 124
   isos, 82
   na distribuição do produto social, 233
   política, 126-7
   universal, 124
israelitas, *ver* escritura hebraica

Jesus Cristo, 117, 184
Joseph, Craig, 293
Joyce, Richard, 292
justiça, global, 278-82
   ver também justiça, internacional; justiça, universalidade da
justiça, social, 4, 19, 201-36
   como fundamental para Rawls, 245-6
   divisão do trabalho como fundamento da, 168-9, 209, 251, 271

306 · BREVE HISTÓRIA DA JUSTIÇA

e igualdade, 214-6, 271
e princípio de merecimento, 272
e princípio de necessidade, 272
e sociedade de mercado, 215-8
ideia de, 209-10
recusa de Platão da, 67-8
suposta prioridade intelectual da, 266-7, 277
justiça:
associação política enquanto sujeita à, 78-80, 93, 108-15, 278
como relação entre pessoas, 3, 268, 274-7
conceitos antigos de, 17-43, 70-2
concepções hierárquicas de, 17, 19-29, 32-4
condições da, 251
convencional, 142-4
corretiva, 77-9, 81, 85-91, 233
distributiva, 77, 81-6, 249
e equidade, 78
ver também teoria da justiça de Rawls
e propriedade, 149-51, 187-8
ver também propriedade
e reciprocidade, 2-3, 70-1
ver também reciprocidade
esfera da, 17-43
internacional, 110-1
ver também justiça, global
legal, 4, 96-7
retributiva, 17-27, 90
sentido de, 14-6, 153
universalidade da, 112-8, 278
ver também justiça, global
Justiniano, 116, 285

Kahneman, Daniel, 291
Kant, Immanuel, 129, 209, 285
conhecimento noumenal versus conhecimento phenomenal, 178

Crítica da razão pura, 173, 177, 290
crítica de Beccaria, 193
crítica do utilitarismo, 171-6
e livre-arbítrio, 179
e racionalidade, 180
Fundamentos da metafísica da moral, 173, 297
Homo noumenon versus Homo phaenomenon, 179
influência sobre os conceitos modernos de justiça social, 197-8
"Paz perpétua", 173, 290
Rechtslehre, 173, 290
Teoria e prática, 173, 290
Kelly, Paul, 297
Kepler, 137
Keynes, John Maynard, 280
Knetsch, Jack L., 291
koinonía ("comunidade"), 98
Kropotkin, Peter, 234, 285

Lerner, Melvin, 291
liberdade, 177, 178-81, 186-7, 194-5
de contrato, 215-6
linguagem, 14, 119-20
livre mercado, 214-5
Locke, John, 157, 254
Lutero, Martinho, 135

Malthus, Thomas Robert, 207, 231, 286
Marx, Karl, 205-7, 213, 217, 232, 286
A ideologia alemã, 207, 290
e a divisão do trabalho, 206
e a história, 205, 208
e a transformação social, 207-8
e o princípio de necessidade, 225
"Gotha", 222, 290
influência de Adam Smith em, 205
O capital, 206

ÍNDICE REMISSIVO · 307

rejeição da ideia de justiça, 222
sobre a alienação, 207
"Sobre a questão judaica", 222
Mateus, o evangelista, 124, 183, 286
McElreath, Richard, 292, 301
merecimento, 82, 211-3, 220-1
como princípio liberal, 218, 227
como princípio socialista, 218
conceito de *versus* princípio de,
269, 272
e reciprocidade, 211-3, 234
objeções ao, 227-31
recusa de Rawls do, 245
rejeição de Marx do, 223
ver também princípio de
contribuição
versus princípio de necessidade,
226
mi-ša-ra-am ("justiça"), 18
Mill, John Stuart, 149, 160, 208-9, 239,
286
mishpat ("justiça"), 28
modelo padrão do comportamento
humano, 8-10
e o sentido de equidade, 9-15
ver também sentido de justiça;
egoísmo
limitações do, 8-13
Monroe, Kristen R., 292
Montesquieu, Charles de Secondat,
barão de, 137
moralidade:
e livre-arbítrio, 179
universalidade da, 173-5
Morus, Thomas, 135, 202, 286
mulheres, 37, 75, 80, 101, 119, 121, 124,
146
Myrdal, Gunnar, 280

natureza humana
e capacidade de raciocinar, 113-4

e linguagem, 119-20
ver também pressuposto do
interesse próprio
necessidade, princípio de, 218-21
como teleológico, 224-6
formulação de Marx do, 223-5
objeções ao, 230-5
prescindindo da reciprocidade, 235
versus princípio do merecimento,
225-8
Newton, Isaac, 137, 143, 163, 203, 286
Nietzsche, Friedrich Wilhelm, XVI,
274
noblesse oblige, 42

Platão, 3, 201, 286
pólis, 98-102, 103, 107, 111-2, 140, 201
pressuposto do interesse próprio, 7-9
como modelo padrão do
comportamento humano, 8-10
limitações explicativas do, 8-13
princípio de contribuição, 84, 88, 105,
212-5
e a divisão do trabalho, 169
ver também merecimento
proporcionalidade, 33, 82
ver também reciprocidade,
proporcional
propriedade, 142, 149-51, 187-9
ver também justiça, e propriedade
Protágoras, 130
psykhé, 65
punição, 65, 155-9
ver também justiça, corretiva;
justiça, retributiva

Rawls, John, 160, 236, 286
Collected Papers, 291
crítica do utilitarismo, 237-41
influência sobre a filosofia política
contemporânea, 237

308 · BREVE HISTÓRIA DA JUSTIÇA

Justice as Fairness: A Restatement, 291

O direito dos povos, 280

recusa do princípio do merecimento, 245, 286

rejeição do monismo, 239, 247

sobre a justiça global, 280

sobre a prioridade da justiça social, 226-8, 277

Uma teoria da justiça, 237, 247

reciprocidade, 2, 33-43

como fundamental para a ideia de justiça, 2-4, 33, 274, 277

conceito pitagórico de, 78

ver também igualdade, aritmética

desequilibrada, 35, 38-43, 274-89

e hierarquia, 38-43

e igualdade, 34-6, 39-43

e respeito mútuo, 277, 281-2

equilibrada e desequilibrada diferenciadas, 34-40

equilibrada, 34-9, 275

nas antigas ideias de justiça, 33-8, 70-3

proporcional, 39, 82, 86-8

tensão com a teleologia, 4

universalidade da, 33-4

reforma social, 201

ver também esfera do mundo social, transformação da

Regra de ouro, 183

comparada ao imperativo categórico, 182-3

Revolução Americana, 204

Revolução Francesa, 204-5

Rousseau, Jean-Jacques, 137, 200, 254, 287

Rutte, Claudia, 292

Saint-Simon, Henri de, 204, 210-5, 287, 291,

e o merecimento, 211-3, 217

Schofield, Malcolm, 294

Sidgwick, Henry, 209, 240, 251-3, 287

Métodos da ética, 209

Singer, Peter, 160

Smith, Adam, 4, 105, 127-8, 140, 144-6, 201-3, 205, 232, 257, 287

A riqueza das nações, 145, 147-9, 155, 291

e a divisão do trabalho, 145, 154-6, 164, 206, 251

e a justiça social, 4

e o pressuposto do egoísmo, 7-9

influência sobre Karl Marx, 206

mão invisível, 155

o sentido de justiça, 153

observador imparcial, 140

projeto humano do mundo social, 152

sistema de liberdade natural, 56, 155, 216

sobre a igualdade natural, 127, 147-9, 220-3

sobre a regulação do governo, 155-6

Teoria dos sentimentos morais, 144-5

socialismo, 223

Sócrates, 38, 287

Sofistas, 47, 72-4, 108, 131, 137, 287

Southern, R. W., 295

Spencer, Herbert, 85, 214-9, 231, 287

Taborsky, Michael, 292

tecnologia, 203

teleológico, 168

e utilitarismo, 1, 166-9

tensão com a reciprocidade, 4

versus deontologia, 1

Teógnis, 46, 76, 288

Teoria da justiça de Aristóteles, 75-107

ÍNDICE REMISSIVO · **309**

associação política como tema da,
83, 92, 110-5
comparada à de Platão, 99-104
considerada entre categoricamente
desiguais, 98-9, 107, 118-9
considerada entre relativamente
iguais, 76, 79-80, 81-2, 88, 83-4
corretiva, 77-8, 81, 85-92, 98
distributiva, 77, 80-6
e comunidade política, 80-2, 92, 95,
97-8
e proporcionalidade, 79-80, 82,
87-8, 92
ver também igualdade,
aritmética
e reciprocidade desequilibrada, 80
e reciprocidade equilibrada, 78-9,
89-90
em sentido parcial, 76-7
em transações, 85-6
no sentido irrestrito/absoluto,
78-9, 81, 92, 99
por convenção, 92-3
por natureza, 92-4
reciprocidade na, 78-80
retributiva, 90
sentido restrito da, 78, 80
teleologia na, 103-4
teoria da justiça de Kant, 171-6
como ramo da teoria moral, 185
distributiva, 188-90, 196-7
e ação externa, 186-7
e coerção, 186-7
e contrato original, 195-8, 219-22,
224-5, 254
e desigualdade material, 196-7
e direito privado, 188
e direito público, 188, 193
e igualdade do valor inata, 181-2,
189, 192
e imperativo categórico, 182-3

e liberdade como não submissão,
176-7, 178-81, 186-7, 194-6
e princípio universal do direito,
185-8
e propriedade privada, 187-8
e punição, 189-94
e reciprocidade, 189, 192-3, 196-8
proibição à resistência, 194
relação com a lei ética, 185
relação com a lei jurídica, 185-6
relação com a metafísica de Kant,
180
teoria da justiça de Platão, 45-74
como um rompimento com
ideias anteriores de justiça, 66,
69-72
crítica de Aristóteles da, 99-102
e coerção, 61, 67
e divisão do trabalho, 56-7
e doutrinação social, 59-61
e elementos da cidade ideal
(Calípolis), 53-6
e rejeição da reciprocidade, 3, 51,
70-3
e tipos de regime político, 63-4
na alma bem-ordenada, 58-60
na cidade, 53-9
no indivíduo, 53-60
rejeição da injustiça social, 68
teleologia na, 72-4, 104, 168
teoria da justiça de Rawls, 237-69
como concepção de justiça social,
246
como teoria ideal, 247-9
distributiva, 251-3
e a posição original, 254-7
e a sociedade bem-ordenada, 248
e a sociedade como um sistema
justo de cooperação social,
249-52
e as capacidades morais, 259

310 · BREVE HISTÓRIA DA JUSTIÇA

e as condições da justiça, 251
e as liberdades fundamentais,
258-9
e o véu da ignorância, 256
e os bens primários, 256-8
e os cidadãos como livres e iguais,
249-52, 257
e reciprocidade, 266-9
estrutura básica da sociedade
enquanto sujeita à, 243-58, 264-6
o senso de justiça, 258, 267
princípio da diferença, 258, 260-5
princípio de igual oportunidade,
258, 260
princípios da, 256-8
utilitarismo como alvo principal,
237, 242
Thaler, Richard, 291
The Principles of Ethics, 291
Thierry, Augustin, 204
Tocqueville, Alexis de, 204, 299, 288

tradição estoica, 4
Tucídides, 146

utilitarismo, 1, 161
como concepção teleológica de
justiça, 166
e bem-estar, 163
e deslocamento da ideia de
reciprocidade, 165
e punição, 155-8, 161-3
princípio da maior felicidade, 1,
158-9, 238, 241, 261-3

Waal, Frans de, 292
Walster, Elaine, 291
Walzer, Michael, 300
Westermarck, Edward, 288
Origem e desenvolvimento das
ideias morais, 34

Zenão de Cítio, 112-6

GRÁFICA PAYM
Tel. [11] 4392-3344
paym@graficapaym.com.br